THE DARK SIDE OF

LARKFIELD

THE DARK SIDE OF LARKFIELD

Franz Hirmer

Impressum

Bibliografische Information der Deutschen Nationalbibliothek:
Die Deutsche Nationalbibliothek verzeichnet diese Publikation
in der Deutschen Nationalbibliografie; detaillierte
bibliografische Daten sind im Internet über dnb.dnb.de
abrufbar.

© 2025 FRANZ HIRMER
Verlag: BoD · Books on Demand GmbH, Überseering 33,
22297 Hamburg, bod@bod.de
Druck: Libri Plureos GmbH, Friedensallee 273,
22763 Hamburg

Lektorat - Elfi die Viertel vor Zwölfte

ISBN: 978-3-7583-5141-9

Lieber Leser

Wer die Wahrheit nicht sehen will, wer sie nicht verträgt, wer sich vor ihr fürchtet oder wer sich vor ihr verstecken will, der sollte hier nicht weiterlesen.

Wer Angst hat, schlimme Wörter zu lesen, schlimme Dinge beim Namen zu nennen oder wer das, was unmenschlich und grausam ist, verharmlost oder es durch eine rosa Brille sehen möchte ... auch der sollte hier nicht weiterlesen.

Allerdings sollte er auch bedenken, was er damit bewirkt. Denn wegschauen und die Dinge, die überall um uns herum passieren, klein zu spielen und sie zu ignorieren, das hilft niemandem ... Am wenigsten den Opfern.

Darum: Helft den Opfern. Schaut den Narzissten und Soziopathen ins Gesicht und sagt laut und deutlich, was ihr über sie wisst! Klagt die Schweine an!

Dieses Buch soll helfen. Es soll denen, die nicht wissen, was eine Bitch, ein Narzisst, ein Psychopath, ein Soziopath oder eine toxische Person ist, dabei helfen, solche Monster zu erkennen. Und es soll denen, die mit einer toxischen oder bösartigen Person zusammenleben, die Augen öffnen.

Hier könnt ihr abgrundtief böse Geschichten lesen, die irgendwo zwischen Himmel und Hölle passiert sind und in denen Menschen von grausamen, toxischen und asozialen Unmenschen gepeinigt, erniedrigt, bestohlen und bis zum Selbstmord getrieben wurden.

All die Gedichte und Geschichten in diesem Buch sind natürlich frei erfunden. Es gibt keinerlei direkte Parallelen zu irgendwelchen lebenden Menschen. Sie stellen sich zusammen aus Teilen von Erzählungen und Erlebnissen wahrer Opfer und der Lektüre verschiedenster Art, wie zum Beispiel dem Internet oder der Tageszeitung!

Die hier erzählten Geschichten entbehren jeglichen Beweises. Teilweise wurden sie mir von Menschen erzählt, die ich nur ein einziges Mal getroffen habe. Trotzdem sind sie ehrlich, grausam und wahr. Und sie sind es wert, erzählt zu werden!

Und noch was: Dieses Buch ist kein wissenschaftliches Buch. Es wurde weder von Ärzten, Psychologen noch von irgendwelchen Wissenschaftlern geschrieben. Es hat keinerlei akademischen Hintergrund und auch der Autor hat keinerlei akademische Ausbildung genossen. Es ist einfach nur eine Zusammenfassung von Gesprächen mit Menschen, die das, was sie erlebt (und vor allem „überlebt") haben, erzählen. Mehr nicht. Auch das Lesen von Zeitungsartikeln mit offenen Augen und das Hören von YouTube - Kanälen wie „Die schwarze Akte", haben einen Beitrag zu diesem Buch geleistet!

Danke für den Kauf dieses Buches! Ich wünsche viel Spaß beim Lesen!

Inhaltsverzeichnis

Für Elfi
Die Viertel vor Zwölfte

Gewidmet all den Millionen von Menschen,
die wegen einem Soziopathen
gestorben sind

DIE TEUFEL DER WELT

Kapitel 1: Die Teufel!

Der Teufel sitzt nicht in der Hölle und wartet darauf, dass du zu ihm kommst … Nein, mein Lieber. Der Teufel sitzt neben dir! Es ist der Sohn eines Unternehmers, der seine Arbeiter ausbeutet, ein Politiker, der plötzlich Milliarden von Euro besitzt, ein Betreuer im Kinderheim, der gerne an Mädchen Slips schnuppert oder der Beamte, der so gerne Ferrari fährt … Solche „Personen" gibt es seit Jahrtausenden und seit Jahrtausenden finden sie sich in Institutionen zusammen, welche sie „Gemeinschaft des Glaubens", „Verein" oder „Partei" oder „Königreich" oder „Ehe" oder sonst wie nennen und unter deren Deckmantel sie die schlimmsten Verbrechen der Welt ausüben können, ohne dafür bestraft zu werden.

Diese „Institutionen", die ja eigentlich aus guten Dingen entstanden sind, gibt es seit der Zeit, als die „Toxischen" auf die Erde kamen und sie wurde von ihnen benutzt und infiltriert. Manchmal, ohne dass diese Institutionen etwas dagegen machen können, schleichen sich die Toxischen in sie hinein und verbergen ihr schändliches Tun hinter eigentlich guten Absichten. Wer aber sind die „Toxischen"?

Nun … „Toxische Wesen" sind Individuen, die empathielos sind. Es sind Wesen in Menschengestalt, die keine Gefühle haben und die auch keinerlei Skrupel kennen, einem anderen Menschen weh zu tun. Sie fügen anderen Menschen Schmerzen zu und lachen noch dabei und sie stehlen, morden, vergewaltigen und machen „Geschäfte", bei denen „sie" Milliarden an Dollar verdienen, auch wenn Milliarden von Menschen dabei drauf gehen … Man nennt sie Narzissten, Soziopathen und Psychopathen.

Vor tausenden von Jahren wurden diese Einrichtungen also von denen infiltriert, die zu faul waren, um zu arbeiten und sich selbst zu versorgen. Es waren die, die sich den Glauben und das Vertrauen der wahren Menschen erschlichen haben und zunutze machten, um sich von ihnen versorgen und befriedigen zu lassen. Die Toxischen aber versteckten sich in diesen Institutionen und wurden bald mächtig. Jeder von ihnen hielt die Hand auf den anderen, damit keiner dieser „Elite" (wie sie sich selbst bald nannten) behelligt oder verurteilt werden konnte … Sie waren damals (und sind es vielleicht auch noch heute) füreinander da und halfen sich gegenseitig und unterstützten sich bei ihren finsteren Machenschaften. Als „normaler Mensch" kommst du niemals an sie ran! Denn „sie" sind ganz oben, halten sich an keine Gesetzte und weil sie kalte und asoziale Wesen sind, denken sie ganz anders, als wir Menschen.

Bald gründeten sie ihre eigenen Institutionen. Es gibt Institutionen, die das Geld ranschaffen und wieder andere, die dafür die richtigen Gesetzte machen … Es gibt welche, die den Krieg auslösen und wieder andere, die dafür die Panzer bauen. Eine „Institution" lebt von der anderen und lässt die andere leben … Nur der kleine Mann ist immer der, der mit seinem Geld, seinem Besitz und dem Leben seiner Kinder dafür bezahlen muss, um diese toxische „Elite" zu füttern, zu versorgen und sexuell zu befriedigen … Das schlimme daran ist, dass diese Kreaturen niemals genug bekommen … Sie waren immer schon so reich, dass sie das Geld geradezu scheißen könnten, aber sie sahen gerne und mit Genuss und mit viel Interesse dabei zu, wie vor ihren Augen tausend Kinder verhungern, während sie sich dabei mit Crème Brulée vollstopfen…

Sie nannten sich damals „Götter", „Heilige", „Priester", „Häuptling", „König", „Kaiser"; „Herrscher", „Präsident"

15

„Manager", „Diktator" „Führer" oder sonst wie … und erzählten den Menschen die Lüge vom Frieden und vom Wohlstand … Doch viele von diesen erbärmlichen Lebewesen waren in Wirklichkeit nichts anderes als „kriminelle Kriegstreiber", „Todesengel", „Folterknechte" und (verzeiht mir:) „bestialische Säue"… Und so besetzten diese „Personen" damals die Machtpositionen dieser Erde, weil sie einfach nur … (diese Worte wurde vom Autor gelöscht - zur Erklärung: Solch eine Klammer wirst du in diesem Buch immer wieder mal finden - Hier darfst du dann selbst das Wort einsetzten, das dir passend erscheint) … sind, die ohne Skrupel bestialische und unmenschlichen Handlungen ausüben können, ohne dafür Reue zu zeigen und vor allen Dingen: Ohne dafür eine Strafe fürchten zu müssen!

In der Regel sind es Narzissten und Soziopathen, die in so einer Machtwelt nach „oben" kommen. Und jetzt geht´s los … Denn das ist das erste, was du aus diesem Buch lernst …

Merke dir: Das Verhalten, kein Mitleid, kein Gefühl und keine Reue zu haben, ist absolut typisch für Narzissten und Soziopathen. Man nennt dieses Verhalten: „Empathielos". Die Übersetzung für „Empathielos" lautet: „Gefühlskalt"…

Wer aber jemals mit so einer (diese Wörter wurden vom Autor gelöscht) zu tun hatte, der weiß spätestens, nachdem ihn dieses Monster geschächtet und ausgeweidet hat, dass „Gefühlskälte" als Übersetzung für so eine Person sehr stark untertrieben ist. Menschen, die mit solchen asozialen, bösen und hinterhältigen Wesen zu tun hatten, übersetzten die Empathielosigkeit eines Soziopathen mit:

Mörder! Vergewaltiger! Drecksau! Ratte! Monster! Schwein und „Saufotze"! Wobei das letzte Wort die Sache wohl am besten … aber lassen wir das…

(Es tut mir Leid … aber genauso wurde es von einer Gruppe von Opfern gesagt, als man sie bat, sie sollen doch die Erfahrung mit ihrem Peiniger in einem einzigen Wort zusammenfassen!)

Kinder missbrauchen? Kein Thema. Einen Krieg anzetteln? Machen wir. Stehlen, morden, ganze Länder überfallen oder niederbrennen? Was ist denn schon dabei? Kindern von Rauschgift abhängig machen? Aber natürlich … das machen wir doch auch. Millionen von Menschen vernichten oder Menschen in Reservate einsperren? Klar, das machen wir … Hauptsache wir werden reich und reicher und reicher und reicher und reicher und reicher und reicher und immer reicher … denn blanke Gier geht einem Soziopathen über alles! Es ist sein „Lieblingsgefühl". Sie macht ihn geil und noch geiler und sabbernd und lebendig!

Von ihr ist er abhängig: Von der blanken Gier nach Macht und Geld! Diese unmenschliche und säuische Gier steuert unablässig sein Denken und sein Handeln! Da aber Soziopathen, Narzissten und all die anderen toxischen Wesen laut der Studien der besten Psychologen der Welt, äußerst dumm sind, ist es kein Wunder, dass sie sich von einem so niederen und verächtlichen Instinkt, wie der Gier, leiten lassen. Sie sind einfach nur zu dumm dazu, anständig zu leben! Und so müssen sie, um sich selbst zu beweisen, wie „groß" und „toll" und „wunderbar" sie sind, immer wieder stehlen, rauben und ununterbrochen die anderen Menschen ausbeuten, sie benutzen und bescheißen …

Jetzt glaubt ihr natürlich, ich erzähle euch was von der großen Welt und der Weltpolitik, oder? Nein … Ich muss euch leider enttäuschen. Natürlich gibt es das, aber: Erstens sind nicht alle Länder und Regierungen mit Narzissten und Soziopathen besetzt und es gibt auch sehr viele Länder, in denen alles stimmt! Und Zweitens findet ihr das, was ich beschrieben habe, viel öfter ganz wo anders: Denn der Ort, an dem ihr diese toxischen Säue am meisten findet, der liegt unmittelbar vor euch: Es sind eure Familien! Ja ... Deine Familie, dein Job, dein Nachbar und vor allen Dingen: Es ist es sehr, sehr oft deine Beziehung zu einem anderen Menschen, die du als „Freundschaft", „Ehe" oder „Lebenspartnerschaft" kennst! Und die bei deinem toxischen Gegenüber nicht unter diesen Kriterien abgespeichert sind, sondern die bei so einem verlogenen Vieh unter: „Knechtschaft", „Sklavenhaltung" oder „Hurenficken" läuft ... Denn mehr bist du ihm nicht wert.

Nochmal was zum Lernen: Ein toxischer Soziopath führt immer einen „p a r a s i t ä r e n" Lebensstil! Und zwar mit dir! Das heißt, er arbeitet nichts, oder zumindest nur sehr wenig, und lässt sich von dir aushalten, bedienen und bezahlen. Zu guter Letzt fickt er dich auch noch jeden Abend brutal zusammen, um sich an deinem Körper zu befriedigen! Ja! Es stimmt: Ein Soziopath sucht sich seinen „Lebenspartner" nicht danach aus, ob er ihn liebt oder nicht... (Anmerkung: Das kann er gar nicht. Weil solche Wesen empathielos sind, können sie weder Liebe geben, noch sie empfinden – Aber: Sie können Liebe vorspielen! Und zwar so echt und so gut, wie kein anderer das kann ... dazu aber später mehr) ... Er sucht sich seinen „Lebenspartner" also nicht danach aus, ob er ihn liebt ... Nein... Er, der Soziopath sucht gezielt und vorsätzlich nach jemand, den er eiskalt und bestialisch ausbeuten und zusammenficken kann!

Und bestehen die Kriterien der Partnersuche bei einem Menschen aus „Liebe, Zuneigung und Respekt", sind die Kriterien der Partnersuche eines Soziopathen ganz andere:

„Wieviel Geld hat der, den ich mir aussuche? Wieviel Geld verdient er monatlich? Wie lange wird er Geld haben, um mich zu bedienen? Ist er/sie naiv genug, dass ich ihm sein Geld abschwatzen kann? Ist er/sie naiv genug, dass er mir meine Liebesschwüre und meine Heiratsversprechen (die ich niemals!

einhalten werde) glauben wird? … Ist er/sie naiv genug, dass er mir glaubt, wenn ich ihm erzähle, dass ich sehr arm bin und mich mein Mann immer nur geschlagen und vergewaltigt hat, was natürlich alles Lügen sind? … Ist er/sie naiv genug, dass ich ihn so lange manipulieren kann, bis er mir sein komplettes Vermögen überschreibt oder es mir durch meine ständige Manipulation zur Aufbewahrung gibt, wo ich es dann verschwinden lassen kann? Hat er/sie Immobilien und wird er naiv genug sein, sie mir zu überschreiben, damit ich für ihn darauf „aufpassen" kann, bis seine Scheidung durch ist, die „ich" ihm einrede? … Wird er auf alle Rechnungen meinen Namen schreiben lassen, weil ich ihm immer wieder einrede, dass er das wegen seiner Scheidung/Finanzamt/Geschäftspolitik tun muss? … Wird er/sie mir alles kaufen und bezahlen, was ich haben will und wird er so dumm sein, dass er meinen Namen auf die Rechnungen schreiben lässt, nur weil ich ihm eine Lüge auftische? … Kann er/sie gut ficken und wird er alles tun, was ich in meiner Perversität von ihm haben möchte? … Wie groß und wie interessant ist sein Geschlechtsteil? Wird mich dieses auch in drei Monaten noch anständig befriedigen können? … Versteht er es, Sexpraktiken so auszuüben, dass ich Orgasmen erleben werde? Wird er zum Sex die Kleidung tragen, die ich ihm stellen werde, um mich geil zu machen? Oder ist er für abnormalen, geilen und unmenschlichen Sex einfach nur zu prüde? … Wird er so dumm sein und mich dabei unterstützen, wenn ich andere Personen ausbeute, bestehle und sie fertig mache? … Wird er so dumm sein und auch meine Familie und meine Kinder finanziell unterstützen und sich auch von ihnen ausbeuten zu lassen? … usw, usw, usw, usw, usw, usw, usw, usw, usw, usw, usw, usw, usw, usw, …

Du siehst schon … da ist einiges im Busch. Bis du merkst, an wen du da geraten bist, hat so eine Sau bereits deine Vagina oder deinen Penis so pervers benutzt und bearbeitet, dass du für den Rest deines Lebens gezeichnet bist! Und: So einer wird dich soweit bringen, dass du nach dem „Zusammenleben" mit ihm dein Vermögen oder sogar deine Immobilie an ihn abgegeben hast… Man nennt das dann „Manipulation!" … Wir nennen es: Diebstahl!

Und hier kommt wieder was zum Lernen: Diese Tiere stehlen, ohne dass ein Richter sie verurteilen kann! Sie manipulieren dich in eine Situation hinein, in der du ihnen alles gibst, was sie von dir haben wollen! Das erreichen sie mit den dreckigsten Lügen, die es gibt. Nämlich mit Sätzen wie: „Ich liebe dich! Ich kann ohne dich nicht mehr leben! Ich werde alles für dich tun! Endlich habe ich jemanden gefunden, der zu mir hält und zu dem ich auch halten kann! Ich will dich unbedingt und am liebsten und sofort heiraten! Du bist alles, wofür ich noch leben will! Oder: Du kannst mich jederzeit haben! Auf dem Tisch, im Bett, ganz egal: Sag einfach, wie ich dir zu Diensten sein soll!

Einhalten wird dein Gegenüber diese Sätze nie! (Außer denen, die mit Sex zu tun haben, weil Sex ja das beste und einfachste Mittel für einen Soziopathen ist, dich blind und hörig zu machen und an dein Geld ran zu kommen!)

Sagen wird er dir diese Sätze jeden Tag ein paar Mal. Weil er deine Kohle will! Und weil er will, dass du für ihn arbeitest! Und weil er will, dass du „ihn" sexuell befriedigst! Er wird dir jederzeit sexuell zur Verfügung stehen und dabei immer so tun, als ob er es „nur für dich" tut, weil „er dich ja so sehr liebt"…

Was du natürlich nicht weißt, ist folgendes: Dass es ihm nämlich unsagbaren Spaß macht, sich in irgendeiner Form sexuell zu betätigen! Das sagen dir später dann auch die Personen, die deinen „Soziopathen" von früher kennen und die er vor dir durchgefickt hat … Die „Befriedigung", die er dir „schenkt", dient also eigentlich nicht dazu, „dich" zu befriedigen … Nein … sondern mehr dazu „ihn" selbst zu befriedigen … So läuft nämlich der Hase. Der Typ braucht es dreimal am Tag und tut so, als ob er es „für dich" tun würde… Dabei lässt er dich nur für sich arbeiten: „Los! Stoß zu! Zeig mir, was du kannst!" … usw…

Und du? Du bist nur das Werkzeug dazu, dass er sich mehrmals am Tag anzapft … (Schließlich hat er dich ja auch nach deiner Schwanzlänge ausgesucht! Oder nach deiner Vagina!)… Und das alles natürlich, ohne dass du es merkst oder auch nur das Geringste davon ahnst! Du glaubst ja tatsächlich an die „große und wahre Liebe", die dir dein soziopathischer Schlächter jeden Tag vorspielt! Denn er lässt dich ja ständig in dem Glauben, dass „er" alles für dich tun wird! (Damit du wirklich alles für „ihn" tust!) … kapiert?

Er hat also ein Winn – Winn Situation geschaffen, in der „er" der „doppelte" Gewinner ist! Interessant, gell? Und ich garantiere dir: Du fickst mit dem und du merkst gar nicht, dass er genau bei diesem Fick überlegt, wie er an dein Konto rankommt und wie er es machen soll, dass du ihm ein Auto, eine Wohnung, ein paar teure Reisen oder ein Zweirad kaufst…) Du siehst also: Solche Wesen sind in jeder Hinsicht einfach nur asoziale, (diese Wörter wurden vom Autor gelöscht)! … Aber auch dazu später mehr…

Kapitel 2: Verlogenheit! Gier! Und bestialische Lüge!

Ja … Die Lüge macht´s möglich: Die Toxischen können tun und lassen was sie wollen, denn sie belügen die Menschen eiskalt und vor allem geplant und gezielt und sie belügen auch ganze Völker. Diejenigen, die hinter die Kulissen der Toxischen schauen und ihre Lügen aufdecken; Die dem Volk oder der Familie sagen, was diese „Leute" so alles treiben; Diese ehrlichen Menschen, die die anderen retten wollen, werden von den Toxischen als die „Bösen" hingestellt und man erklärt dem Volk, dass man diese „Personen" verbieten oder einsperren oder töten muss, um „das Volk" vor ihnen zu schützen …

Wahnsinn! Und der größte Wahnsinn ist: Dass das Volk das immer wieder glaubt! Es ist wahr und die Geschichte von so vielen Völkern bestätigt das ja immer wieder: Das Volk schreit: „Jaaaaaa!" … wenn die da oben es fragen: „Wollt ihr den totalen Krieg?" … Und es schreit: „Jaaaa!" … wenn sie fragen: „Wollt ihr, dass wir eure Kinder abschlachten und sie verbrennen und sie wie räudige Säue sterben lassen und dass wir euch alles nehmen, was ihr habt?"… „Jaaaa!" „Jaaaa!" „Jaaaa!" … Siehe Mittelalter!

Nun … Dem einen oder anderen ist es unverständlich, sich auf einem „Schlachtfeld" abschlachten zu lassen. (Sie sagen es euch ja sogar noch, was sie mit euch vorhaben: Schlacht – Feld! Dort werden sie eure Kinder „schlachten"!) Denk mal darüber nach:

Nur mal so ein Gedanke: Im Umgekehrten Fall hätte sich wohl keiner von „denen da oben" für „dich" töten lassen oder würde sein ganzes Geld für dich geben, oder? Aber „du" tust es! … Seltsam, gell?

Aber wahrscheinlich ist es so, dass die meisten Befragten einfach nur … ähm … ein kleines bisschen zu „naiv" sind, um selbst zu denken! Sie denken immer erst hinterher nach! … Wenn alles schon zu spät ist und der Karren so tief im Dreck steckt, dass die, die ihn reingefahren haben, millionenschwer ins Ausland flüchten und die anderen mit zerrissenen Bauchdecken im Graben liegen und nach ihrer Mama rufen, bevor sie Blut kotzen und schreiend verrecken…

(Wie? Ach, wusstest du das gar nicht? Ich glaube, ich habe es mal in einem Buch über den WK 1 gelesen: Es ist sehr traurig, aber wahr: Die meisten Soldaten, die zerrissen oder zerschossen am „Schlacht – Feld" liegen und dort ausbluten und verrecken wie eine geschlachtete Sau, pissen und scheißen sich noch mal voll, bevor sie sterben müssen und stell dir vor: Sie schreien fast alle… nach ihrer Mutter! …

Wie? Ach so? … Das haben sie euch bei der Ausbildung nicht erzählt? Wie das dann ist, wenn man auf diesem … wie nennen sie es? „glorreichen Feld der Ehre" mit abgerissenen Beinen und zerfetzten Unterleib liegt, und versucht, seine Gedärme wieder in sich hinein zu stopfen, weil man glaubt, es gäbe dann noch eine Rettung? … Und wie man dann so stirbt du so schreit und so? … Hm? … Niemand hat euch das gesagt? Ok … War wohl nicht im ersten Teil der Ausbildung mit dabei, oder? Aber weißt du was? Sei nicht traurig: Denn im zweiten Teil deiner „Ausbildung" wird diese Sache dann bestimmt sehr ausgiebig behandelt! Diesen „zweiten" Teil deiner Ausbildung nennt man nämlich: Wirklichkeit! Und in der stirbst du! Unweigerlich!

Ja … Das Volk von so manchen Ländern glaubt! Es glaubt furchtbar viel! Und es glaubt einfach alles! Vor allem dann, wenn man vor das Volk hin steht und ihm sagt: „Ich bin wer! Und ich darf dir sagen, was du zu tun hast!" Ja … so manches Volk in so manchen Ländern wird sogar in Schulen dazu erzogen, so etwas zu glauben! Aber das zu behandeln, würde wohl wieder zehn weitere Bücher füllen! … Darum steht einfach stramm, wenn einer kommt, der nichts kann und nichts ist und geht euch schlachten lassen!)

Ein Beispiel? Na, ganz einfach: Den Bürgern der DDR wurde eindringlich und mit liebevoller, zärtlicher Stimme erklärt, dass der eiserne Vorhang und die Mauer nicht etwa dazu da wäre, um keinen von ihnen aus dem Land zu lassen! (Sie hatten eine sehr hohe Abwanderungsrate! Alles, was lesen und schreiben konnte, wollte in den Westen!) Nein, nein! Natürlich nicht! Niemand wird eingesperrt! Die Mauer wäre einzig und alleine dazu da, um das geliebte Volk der DDR vor dem Westen zu schützen! Sie wäre einzig dazu da, damit die westlichen Personen nicht unbemerkt in die DDR gelangen könnten! Und alle haben es geglaubt … Naja … Fast alle …

Nun … Wie jedem bekannt sein wird: Wer aber an diese Mauer, die das Volk „schützen" sollte und die niemals dazu da war, niemanden hindurch zu lassen, und die natürlich nur zum Guten des Volkes aufgebaut war, auch nur bis auf zwanzig Meter hingegangen ist, wurde eiskalt abgeknallt! Es gab sogar „Selbstschussanlagen", damit man auch noch schießen konnte, wenn der Wachhabende zufällig mal beim Kakken war… Interessant, gell? … Soweit also die Lüge, dass „die anderen" immer die Bösen sind und man euch vor ihnen „Schützen" muss! Aber Gott sei Dank gibt es das heute ja nicht mehr! Oder? Kannst du es irgendwo noch finden?…

Das mit dem: „Euch vor den Bösen schützen", haben euch eure „Herren" (viele Völker sind ja so heute noch dumm und erkennen solche Wesen als ihre „Herren" oder „Herrscher" oder „Führer" an!) schon im Mittelalter vorgelogen und ihr habt es ihnen geglaubt!

Ihr habt Jan Hus und all die anderen verbrannt und seid ums Feuer (und um das goldene Kalb) getanzt und habt genau das gemacht, was die da oben von euch wollten! … Und so ging es all die Jahrhunderte! In den Dreißigern haben sie euch wieder angelogen und da habt ihr dann nicht nur Jan Hus verbrannt, sondern gleich ganze Völker … Ihr habt Kennedy und Martin

24

Luther King erschossen und auch Mahatma Gandhi. Ihr kreuzigt immer den, der euch die Wahrheit sagt und der euch retten könnte! Und da fragt man sich dann schon ein bisschen: Wann werdet ihr endlich mal wach und sehen, was los ist? Wann werdet ihr endlich anfangen, selbst zu denken? Glaubt niemals denen, die einen anderen schlecht machen oder sagen, mit „dem oder dem" darf man nicht reden! Denn hinter so einer Behauptung und so einer Vorgehensweise steckt immer! ein Soziopath! Ein wahrer Mensch tut so was nicht! Ein wahrer Mensch hört sich an, was die anderen zu sagen haben und lässt, wenn der andere gute Argumente hat, diese gelten!

Merke dir: Soziopathen sind die kalten und bestialischen Krebsgeschwüre dieser Erde! Und erst wenn der letzte Soziopath, der letzte Narzisst und die letzte toxische Person diesen Planeten verlassen hat, wird es für die Menschen Frieden, Wohlstand und Menschlichkeit geben! Und zwar für alle! Aber niemals vorher! Soziopathen sind das Krebsgeschwür dieser Erde!

Nun … Das mit dem eisernen Vorhang und der Lüge: Das geht übrigens nicht nur im Großen! Das geht auch im Kleinen! Eine uns bekannte Soziopathin sagte zum Beispiel sehr oft zu ihrem Opfer: „Geh niemals in den EDEKA Laden! Die Verkäuferinnen dort erzählen nur Lügen über mich!" Oder: „Rede niemals mit der Nachbarin! Die erzählt nur Lügen über mich!" Oder: „Rede niemals mit dem Freund, der ich vor dir hatte! Der erzählt nur Lügen über mich!" … Nun: Genau das hätten die Opfer nämlich tun sollen! … Sie hätten mit denen reden sollen, die ihnen „verboten" waren! Denn genau diese Personen kannten die Wahrheit über die toxische Person und sie wussten um ihre schlimme Vergangenheit! Sie wussten auch darüber, dass sie bereits mehrere Männer ausgenommen und abgezockt hatte, ohne mit der Wimper zu zucken! Eines der Opfer hätten sich vielleicht an die achtzigtausend Euro gespart, die ihm diese Soziopathin von seinem Konto gestohlen hat, wenn er „ihren" Rat „eben nicht!" befolgt und mit den anderen gesprochen hätte!

Und hier kommt gleich das nächste, was wir lernen: Wenn jemand wegen tiefsten Vertrauens zu einer anderen Person, dieser Person sein Geld zur Aufbewahrung gibt, zum Beispiel in einer Geldkassette, dann muss die Person, die das Geld aus der Kassette stiehlt, vor Gericht einfach nur behaupten: „Ja… das Geld … das hat man mir … äh … „geschenkt"!

Dann steht nämlich Aussage gegen Aussage und keiner kann dieser Person das Geld, das sie gestohlen hat, jemals wieder nehmen! Da kannst du dir eine auf deine Babbel hauen, aber deine Kohle … die bekommst du nie mehr wieder! Der Fall wird dann ganz einfach zu den Akten gelegt und gut! Und weil Diebe auch immer gute Lügner sind … klappt das meistens wunderbar! Aber natürlich niemals für das Opfer! Dessen schwer verdientes Geld ist dann nämlich … weg! (Siehe dazu vielleicht auch die Geschichte „Der Schließfach – Trick" aus meinem Buch „Die Toxischen")

Dabei schützen die Toxischen mit solchen Parolen (wie z.B. „Du sollst mit „dem oder dem" nicht reden") nichts anderes, als sich selbst! Sie verhindern damit die Offenlegung ihrer Lügen und ihrer Taten und das, lieber Leser, geht wie gesagt, im Großen wie auch im Kleinen! Ich sage dir: Du würdest dich wundern, wie viele „narzisstische, toxische und bösartige Kreaturen" da draußen in so manchen Familien den „Kommander" spielen und ganze Familien empathielos und toxisch „erziehen", „regieren" oder sie indirekt „terrorisieren"…

Die meisten bekommen das gar nicht so richtig mit: Die Außenstehenden nicht, weil die Toxischen nach außen hin immer einen „Guten Menschen" spielen und einen „Gut Mensch

26

Mantel" um sich bilden, die Familie nicht, weil es für sie einfach schon „normal" ist, dass die „Mama" oder der „Papa" so sind, wie sie sind! Nämlich herrisch, brutal, parasitär, verstohlen, verlogen und pädophil! ... Ja, sehr viele dieser toxischen Männer und Frauen bilden einen sogenannten „Gut - Mensch - Mantel" um sich herum aus, damit sie ihr wahres Gesicht dahinter verbergen können! Auch das ist sozusagen eine „Institution", die sich „um sich herum" aufbauen ... Sie tun also so, als ob sie ganz gute Menschen wären, aber in Wirklichkeit sind sie tausendmal böser als der Teufel selbst!

Merke dir: „Wahre Menschen" brauchen keine Institutionen. Sie brauchen auch keinen „Gut - Mensch - Mantel" um sich herum!... Denn das, was wahre Menschen tun, ist „menschlich" und man muss es nicht verstecken. Die Toxischen aber ... sie brauchen diese Verstecke ... Denn das, was sie machen, hat mit „Menschlichkeit" nichts mehr zu tun ... Dazu aber später mehr...

Wie funktioniert nun dieses „System" der toxischen Narzissten und Soziopathen? Nun ... Diese „Personen" finden und fanden sich also seit Jahrtausenden immer wieder in solchen „Institutionen" zusammen und sähten Angst und Schrecken unter die Menschheit. Und genau das ist das Schlüsselwort ... Angst! Merke dir: Der Schlüssel zu all den Manipulationen und Lügen der Soziopathen und Narzissten lautet:

Angst!

Denn mit Angst kannst du Menschen manipulieren!

Kapitel 3: Angst ist ein Milliardengeschäft

Mit Angst kannst du Menschen manipulieren. Zum Beispiel mit der Angst, dass es deinen Kindern mal schlecht gehen könnte. Mit dieser „Angst" kannst du ganze Völker so dumm machen, dass sie mit Freuden (für dich und deinen Reichtum) in den Krieg ziehen werden ... (Was wir ja schon ein paar Mal gesehen haben)... Im Mittelalter sagten die Toxischen zu uns Menschen: „Du wirst ins Fegefeuer kommen, wenn du nicht den Ablassbrief kaufst!" ... Und heute?

Naja... Heute sagen sie etwas anderes... Aber kaufen musst du diesen Ablassbrief immer noch ... Er heißt nur anders ... Ach ja... übrigens: Das Fegefeuer ... Welch eine wahnsinnige, verdummende und lächerliche Erfindung unserer toxischen Führer – Elite, mit der man damals unsere Vorfahren dumm gemacht hat und wodurch man heute sehr gut erkennen kann, mit wie viel Ideenreichtum und Kälte die Toxischen damals vorgegangen sind, um die Menschen auszubeuten, sie zu manipulieren, sie einzuwickeln und sie, kurz gesagt: Zu vergewaltigen. Und wisst ihr was? Ich frage mich, was man in fünfhundert Jahren über das erzählen wird, was uns unsere „Führer" heute sagen ... Na?

Nun ... Man kann mit „Angst" ganze Völker steuern. Und zwar in jede Richtung. In eine Gute ... und eben auch in eine weniger Gute ... Du kannst es selbst ausprobieren: Mit Angst ... zum Beispiel mit der Angst, dein Partner könnte dich nicht mehr lieben oder ihm würde etwas „ganz bestimmtes" fehlen, damit er „glücklich" sein kann ... (zum Beispiel ein Auto? Ein E Bike? Ein Haus? Ein Bankkonto? Eine schöne Wohnung? Ein paar Luxusreisen? Usw ...?) ... kannst du deinen Freund oder deine Freundin so weit manipulieren, dass er/sie dir alles gibt, was du willst … Also vor allem ihr/sein Geld! Aber das klappt natürlich nur, wenn du eine skrupellose und abartige (dieses Wort wurde vom Autor gelöscht) bist, die ohne Gewissen den anderen tot ficken und bestehlen kann … Und zwar ohne mit der Wimper zu zucken! … Ein Soziopath halt … Wie? Hm? Du glaubst, das gibt es nicht? Tut mir leid: Das gibt es! Und zwar öfter, als du denkst! Wir haben ganze Listen davon!

Merke dir: Angst macht dumm! Wenn dir also jemand Angst macht, dann hat das immer einen Grund und es ergibt immer einen Sinn! Aber natürlich niemals für dich, sondern ausschließlich für den, der dir die Angst gemacht hat! Denn der wird … und glaube mir, das ist wahr … mit deiner Angst Milliarden verdienen …

Ein Beispiel? … Bitteschön: Nehmen wir eine Geschichte aus einem fiktiven Land und nennen wir das Land „Soziopazien", weil dort schon seit Jahren soziopathische und toxische Wesen die Regierung stellen.

In Soziopazien gibt es ein Schulsystem, das dich dumm macht. Es gibt ein abartig, asoziales Konsumsystem, das von der Regierung nicht etwa verboten, sondern sogar noch gefördert wird, weil man von den Konsumartikelherstellern Parteispenden bekommt, welche man sich in der Partei aufteilt und auf Schweizer Konten überführt.

Die Konsumartikelhersteller verkaufen dir Scheiße als Wertarbeit und arbeiten mit der Pharmaindustrie zusammen, die den Konsumartikelherstellern Geld gibt, damit sie Nahrungsmittel produzieren, die das Volk dick, dumm und krank machen. Auch das Gesundheitswesen arbeitet mit dieser Pharmaindustrie zusammen und bildet ein Monopol, indem es alle Krankenhäuser aufkauft. Sie erfinden Krankheiten, an denen man Milliarden

verdienen kann und jeder, der diese Krankheit bekommt, muss…
in eines dieser Monopol Krankenhäuser, in denen man für die
Behandlungen dann verlangen kann, was man will!

Die Konsumartikelhersteller machen aus Würmern, Maden und
Spinnen und Käfern, Hamburger, Steaks und Schinken, den sie
den Menschen als „Delikatesse" verkaufen, weil Maden und
Spinnen viel, viel billiger zu züchten sind als Rinder oder
Schweine! Und niemand weiß das … Weil es zwar ein Gesetz
gibt, nachdem sie offenlegen müssen, was in ihren
„Lebensmitteln" drin ist, man diese „Gesetzte" aber durch andere
„Gesetzte" so leicht umgehen kann, als wäre es ein Kinderspiel!

Die Kinderärzte von Soziopazien bekommen sehr teure
„Geschenke" und werden angewiesen, den Eltern zu erklären,
dass „absolut natürliche Muttermilch" schädlich sei und man den
Kindern lieber industriell hergestellte Babynahrung geben soll, in
der die Pharmaindustrie zusammen mit den Konsumartikelherstellern die Dinge mischt, die bei den Kindern später dann
chronische Krankheiten auslösen könnten …

In Soziopazien gibt es eine ganz spezielle Regierungsform, welche
die Arbeiter in einer Diktatur hält, als wären sie Vieh … Während
die anderen, die Reichen und Mächtigen, absolut gesetzlos sind
und sie tun und lassen können, was sie wollen! Wenn du in
diesem Land korrupt bist, Lügen verbreitest, die Arbeiter
betrügst, sie bis aufs Blut schindest und sie auspresst, ohne dafür
Lohn zu bezahlen, wenn du dann noch über minimal eine Million
Taler im Jahr verdienst und pädophil, überheblich und
empathielos bist, kannst du in diesem Land nicht verurteilt
werden! Weder für Diebstahl, Vergewaltigung oder Mord! Weil
du dann zur „Elite" gehörst und Parteispenden abführst! (Die du
in diesem Land so von der Steuer absetzten kannst, dass am

Ende nicht du sie bezahlt hast, sondern die Arbeiter!) Niemand wird dich, wenn du einer dieser „Elite" bist, auf deinem brutalen und kriminellen Weg aufhalten! Im Gegenteil! Je mehr du Menschen ausbeutest, sie betrügst und belügst und zu Millionen abschlachtest oder vergiftest, desto angesehener wirst du in Soziopazien sein!

Hier also ein Beispiel aus Soziopazien: In diesem Land füttert ein Milliardär die Presse mit halb wahren Berichten aus ein paar zwielichtigen, wissenschaftlichen Instituten, die genau von ihm die meisten Fördermittel bekommen und in diesen Berichten wird behauptet, deine Ernährung würde dich fett machen. Dann verkauft dir dieser Milliardär Fitnessdrinks, Schlankmacher, Abnehmpillen und Gemüse in allen Arten und Variationen, weil dieses Zeug dich angeblich wieder schlank machen soll! Er lässt das in jedes Schmierblatt des Landes schreiben, und zwar so, dass es wie echt wirkt und jeder es lesen und vor allem, jeder es fressen kann.

Seine „Schlankmacher und Nahrungsergänzungsmittel" werden dort als Wunderwaffe gegen dein Unwohlsein und deine Wampe bis in den Himmel gepriesen! Und er verkauft sie dir natürlich zu absolut überhöhten Preisen! ... Und weil seine „Schlankmacher und Nahrungsergänzungsmittel" nur aus fetten und billigen Abfallprodukten, wie uraltem Milchpulver und Gipstabletten bestehen, verdient er dabei wieder Milliarden. Er verdient, weil er dich ununterbrochen belügt und belügt und belügt und sich einen Dreck um dich oder um die Gesundheit deiner Kinder schert! Man muss aber zu den Bürgern aus Soziopazien auch sagen: Er verdient an deiner!!!! Dummheit, so einer (dieses Wort wurde vom Autor gelöscht) zu glauben ...

Weil keiner von euch nachdenkt: Ihr lasst euch so schön „führen“ … So wie Vieh, das man zum Schlachthof führt … Dass es vielleicht gar nicht erstrebenswert ist, „schlank“ zu sein, sondern dir so eine Scheiße nur durch Werbung, Medien und Manipulation eingeredet wird, ist nebensächlich und darüber denkst du in deiner Borniertheit ja nicht einmal nach! Obwohl es sehr, sehr wichtig für dich und dein Leben und dein Wohlbefinden wäre, über dich und über so etwas mal ganz objektiv und sachlich und selbstständig nachzudenken! Weil du so erzogen bist! Und weil du das „Nachdenken“ immer! einem anderen überlässt! Nämlich den Konsum - Psychologen einer Konsummittelfirma! Es stimmt schon: „Denken“ ist in Soziopazien n i c h t erwünscht! „Denken“ wird den Kindern dort in den Schulen „aberzogen“!

(Eine Bitte des Autors an die Bürger von Soziopazien: Fangt doch bitte, bitte endlich damit an, eigenständig zu denken! Bitte! Und lasst euch von diesen (dieses Wort wurde vom Autor gelöscht) nicht ständig vorschreiben, was ihr zu tun habt!)

Ja, denken ist nicht unbedingt gut angesehen, in Soziopazien! Schließlich bezahlen die Herren da oben ja auch Garnisonen von verdorbenen und geldgierigen Psychologen, die ihnen sagen, wie man das konsumierende Volk am besten anlügen, anscheißen und manipulieren kann! „Die da unten“ sollen ja ANGST haben, zum Beispiel, als dicker Mensch nicht anerkannt zu werden! Das ist wichtig, denn „Angst“ bedeutet für „die da oben“ bares Geld! Denn was haben wir ein Kapitel weiter oben gelernt? Ja, ja … Soziopathen sind nicht unbedingt die klügsten Wesen der Welt und…? Na? … Ja … Super, du weißt es noch: Sie leben für ihre G i e r !

Ja! … Sie g i e r e n ! Sie sabbern und geifern und sind gierig und gieren und gieren und gieren! Und sie bekommen niemals genug!

Deswegen machen die das auch! Weil sie zu dumm dazu sind, jemals „genug" zu bekommen! Ja, sie machen es nicht, weil sie „Geld verdienen" … Nein … Davon haben wollen sie schon viel zu viel… Sie gieren! Bis ihnen die Augen rausquellen und ihnen der Schwanz platzt! Gier ist alles, was sie kennen! Dafür vergessen sie alles! Das Leben, die Freundschaft, jeden Vertrag und jedes Versprechen! Für ihre unmenschliche, asoziale G i e r ! Dafür lügen, pressen und vergewaltigen sie! Weil sie gierig sind! Denn mehr als diese G i e r können sie nicht, diese (diese Wörter wurden vom Autor gelöscht)!

Eines ist erwiesen und menschlich: Mit Angst im Leib konsumierst du vollkommen anders, als ohne! Wenn du Angst hast, krank zu werden oder das deine Kinder unglücklich sein könnten, kaufst du einfach Sachen, ohne nachzudenken. Und natürlich ohne zu lesen, was auf der Packung steht! Du kaufst und kaufst und kaufst! Und wenn dir irgendein abgewrackter, alkoholkranker Schauspieler, der sich mit einem Docktorkittel bekleidet, in einer Zeitschrift, die dir als „gut und ehrlich" suggeriert wird, verspricht, dass „sein Produkt" deine Wampe weg macht, kaufst du auch Kamelscheißdreck für hundert Euro das Gramm und frisst ihn vor unseren Augen mitsamt der Packung! So blöd bist du! … Aber: Du wirst trotzdem immer fetter! Merkst du was?

Das Schulsystem von Soziopazien führt das konsumierende Volk in die Zukunft! In diesem Schulsystem wird „Glaube" anerzogen! Glaube, ohne nachzudenken! Wer aus dieser Schule kommt, der glaubt den Toxischen jedes Wort! Ein Krieg, billigste Arbeitskräfte oder Steuererhöhungen von bis zu einhundert Prozent sind von der „Elite" also jederzeit durchführbar, ohne auf irgendeinen Wiederstand zu stoßen! Man muss nur „denen da unten" in die Medien schreiben, dass es „notwendig" wäre oder was sie kaufen sollen um zum Beispiel, „die Umwelt zu retten" und schon fließen Milliarden! Und genauso geht es mit den Wahlen!

Nicht der Geist des Wählers setzt in Soziopazien das Kreuz auf den Wahlzettel, nein… Die Medien führen die Hand des Wählers genau zu dem Kästchen hin, in das er sein Kreuz machen muss!

Die, die dieses Schulsystem genossen haben, sind zombieähnliche Marionetten, denen man Scheiße zum fressen und Fußball zum Nachdenken gibt! Die „Elite" hat übrigens ihre eigenen Schulen! Niemals würde ein Kind der „Elite" die normale, verdummdämlichende Schule der „Unterschicht" besuchen, das ist klar! Auch würde man als Angehöriger der Elite niemals! dieselben Dinge essen, die „die da unten" zum fressen bekommen! Auch das ist klar! Als Mitglied der Elite weißt du nämlich, dass die „Schulen" des niederen Volkes nicht dazu da sind, um in ihnen zu lernen. Nein … Sie sind lediglich ein Werkzeug der Elite, um das „Vieh" (wie die Arbeiter und das Volk im Kreise der Soziopazien genannt werden) „ruhig" zu halten!

Ja, ja, so ist das … Aber weiter in der Geschichte: Dass es ein paar billionäre Familien gibt, die sich jeden Tag den Bauch vor Lachen halten, weil genau du und Milliarden von anderen Menschen so dumm sind, und ihnen glauben, dass „schlank" wichtig ist (ist es übrigens nicht… jedenfalls nicht bis zu einem gewissen Grad! Genauso wenig, wie ein bisschen Alkohol trinken nicht schädlich, sondern eher gesund ist und Hamburger essen dich nicht umbringt, sondern, wenn man alles objektiv betrachtet, sogar eine vollwertige Mahlzeit mit Vitaminen und Mineralien darstellt!) … und dass sie dir mit ein paar verlogenen Zeitungsartikeln total „Angst" machen können … Und dass sie jeden Morgen die ansteigende Konsumkurve studieren und darüber beraten, welche neuen Lügen man dir noch erzählen könnte ... Aber das weißt du ja nicht!

Weil du in der Schule gelernt hast, dass alles, was auf einem Bildschirm steht oder was dir jemand sagt, den du überhaupt nicht kennst, die Wahrheit ist!

Und noch was: Dass es eigentlich die Hormone sind, welche sich schon seit den fünfziger Jahren kontinuierlich im Trinkwassernetz von Soziopazien anreichern, und die mit jedem Medikamenten-rückstand, den irgendjemand in eine Kloschüssel pisst, mehr und mehr werden ... Und dass es das ist, was die Bürger fett macht, das sagt einem ja auch keiner ... Vor allem nicht den Mädchen, die mit Hüftspeck zu kämpfen haben, weil deren Hormon-haushalt mit jedem Schluck Wasser den Befehl bekommt: „Hey! Du bist Schwanger! Du musst mehr Fett einlagern, damit du das Kind ernähren kannst!" ...

Dieser „Hormonbefehl" stammt übrigens noch aus der Urzeit der Menschheit und soll eigentlich nur Mutter und Kind schützen. Aber auch das wissen die Mädchen nicht, die im Fitnesscenter verzweifelt versuchen, sich durch Muskelaufbau-training! die Hüften von diesen Fett - Paketen zu befreien! Was sie natürlich nie schaffen werden ... (Aber auch das sagt ihnen im Fitness Center niemand, weil sie dann nicht mehr kommen und b e z a h l e n würden ...) Und auch die Jungs, denen Titten wachsen, weil das Fett beim Mann in Brust und Bauch eingelagert wird, wissen nichts davon! Ganz einfach deswegen nicht, weil jeder, der es den Bürgern von Soziopazien sagen könnte, schweigt! Außer ein paar ideologischen Wissenschaftlern natürlich, die aber sofort von den zugehörigen Obrigkeiten als „dumm" und „unglaubwürdig" eingestuft und zum Schweigen gebracht werden! Man kündigt ihnen Job und Wohnung! Ganz einfach! Dann ist Ruhe! So glauben wir Bürger aus Soziopazien dann doch lieber (und ohne nachzudenken) den unabhängigen Instituten, die obgleich ihrer Unabhängigkeit aber trotzdem von privaten Fördermitteln und Spenden leben … und schauen wir auf dem Parkplatz vor diesen Instituten. Und dann machen wir uns keine Gedanken darüber, wie gut und phantastisch und absolut reich diese Institute von diesen Fördermitteln leben.

Ja, liebe Soziopazier: Euer Hormonhaushalt spielt wegen dieser hohen Werte im Trinkwasser einfach nur verrückt und bunkert bei manchen Menschen Fett ein und bei manchen nicht! Weil jeder anders reagiert. Den Befehl und die Hormone dazu, bekommen wir mit jedem Süppchen oder jedem Tee, den man sich aus Trinkwasser macht. Und das alles natürlich, ohne es zu wissen. Und ja … eigentlich wäre genau „das" die Aufgabe der Regierung von Soziopazien! So etwas zu erforschen und dagegen zu wirken! Aber solche und andere Tatsachen werden dem Volk verschwiegen, damit ein paar Leute Milliardäre werden können… Sonst kommt ja wohlmöglich noch einer auf die Idee, und filtert die schönen Hormone aus dem Wasser heraus … Und das ganze Milliardengeschäft und auch die Spenden … wären dann beim Teufel …

Also… Lassen wir alles so, wie es ist: Lassen wir die Mädchen im Studio bezahlen, weil sie saubere Hüften wollen und die Jungs teure Tabletten schlucken, weil sie wegen der dauernden Überhormonisierung beim Sex den Schwanz nicht mehr hoch bekommen … Und lassen wir die anderen, die in ihrer Familie nur gereinigtes Wasser verwenden, weil sie alles wissen und die niemals eine Tablette schlucken, die es auch am freien Markt für das „Untervolk" zu kaufen gibt, Ferrari fahren und Crème Brulée fressen…

Ja ... das war jetzt nur e i n Beispiel. Und solche Verhaltensmuster lassen sich übrigens auch auf andere Länder, auf Kriege, auf die Umwelt, den Klimawandel oder auf Krankheiten übertragen: Jemand macht dir Angst und verkauft dir ein paar Minuten später genau das, was dich dagegen schützen soll ... Merkst du schon, wie dumm du bist? Oder fängst du jetzt an, selbst zu denken?

Zum Thema „Spenden" fällt mir gerade noch folgende Geschichte aus einem anderen Land ein. Es handelt sich um das Land Toxien: Ein Baggerfahrer arbeitete dort beim größten Bauunternehmer der Welt. Der Bauunternehmer war ein eiskalter „Self - Made Milliardär". Er war ein eiskalter und absolut skrupelloser Rechner. Wer mit ihm zu tun hatte, der wusste genau, dass dieser Mann nicht einmal 0, 00000000000000000001 Cent freiwillig hergeben würde. Selbst um diesen geringen Betrag musstest du mit ihm bis aufs Blut kämpfen! Dieser Mann war so gierig und so auf Geld fixiert: Für ihn gab es nichts anderes! Nur Geld! Und: Er war geizig! Und zwar sehr geizig! Es gibt wahrscheinlich im Umkreis von 2000 Kilometer keinen einzigen Menschen, der es an Geiz mit ihm hätte aufnehmen können! ... Niemals verließ auch nur ein einziger Cent die Firma, ohne dass nicht der Chef persönlich das genehmigt hätte und ohne dass er persönlich noch sieben Mal mit seinen Untertanen besprochen hätte, ob man diesen Cent wirklich ausgeben muss! ... Und ein jedes Mal, wenn er einen Cent hergeben musste, musste dieser Cent mindestens zehn Cent Gewinn einfahren, sonst wurde der, der das Geschäft vorgeschlagen hat, gekreuzigt! Es musste so sein! Musste! Musste! Musste! Ein Gewinn musste erzielt werden! Anders ging´s nicht! Dieser Mann ... dieser Self Made Milliardär... dieser gierige, geizige Bauunternehmer ... Er hätte nie! ... also wirklich nie! jemandem etwas gegeben!

Und jetzt fragt man sich dann schon, wie es sich zuträgt, dass so ein Mensch plötzlich am Morgen wach wird und sagt: „Oh… Heute habe ich so ein Gefühl in mir! Wie ein barmherziger Samariter! Ich möchte etwas „Gutes" tun und geben! Ich möchte Geld spenden! Ja! Ich will ganz frei sein und selbstlos Geld spenden! Oh ja! Weil mein offenes und gutes Herz förmlich danach schreit, gute Dinge zu tun! Nehmt doch bitte eine Million Taler aus meinem Firmenvermögen und macht eine freiwillige und eine selbstlose Spende! Und zwar … an die Partei! Und: Ich möchte das immer wieder tun!"

Seltsam, gell? Wie das Schicksal so einem kaltherzigen Mann dann doch so plötzlich so sehr bekehren kann? Und aus einem so geizigen Menschen innerhalb von Minuten einen barmherzigen Spender macht! … Dankeschön, Schicksal! Übrigens hat Toxien wunderschöne Autobahnen.

Kapitel 4: Angst, die Zweite:

Genau durch diese Art der Angst zwangen und manipulierten sie auch schon damals die Menschen des Mittelalters dazu, die Deppen und Sklaven für sie zu spielen. Sie setzten die Menschen unter Druck und vor allem: Sie machten ihnen Angst! Sie sagten zu ihnen: „Wenn du nicht das tust, was „wir" wollen, dann wird dich der Teufel holen! Oder: „Wenn du nicht an „uns" glaubst (welch ein Irrsinn!) wirst du tausend Jahre im Fegfeuer brennen, weil wir doch die „Vertreter der Götter auf Erden" sind! (Wahnsinn! … Wie kann man so einen Scheißdreck nur glauben?!) … Oder: „Wenn du nicht das tust, was „wir" wollen, dann wird unser Staat in Gefahr sein! Oder die Freiheit! Oder dein Leben! Oder dein Wohlstand! Oder deine Kinder … oder: Dann wird es Krieg geben!

Der übrigens niemals, niemals niemals niemals niemals niemals niemals niemals niemals von den Menschen selbst ausgelöst wurde! Sondern immer!! von einem Einzelnen oder einer kleinen Gruppe von Personen! Und zwar immer von gierigen und bestialischen Soziopathen!

Merke dir: Krieg wird niemals von Menschen ausgelöst! Der Krieg wurde immer (aber das ist natürlich nur eine Meinung) von einem einzelnen Narzissten, Soziopathen oder von sonst einem gierigen, empathielosen und toxischen Monster ausgelöst! Aber niemals von einem Menschen!

Sie stahlen unseren Vorfahren das Geld, die Freiheit, die Arbeitskraft und sie fickten ihre Kinder und ihre Frauen auf brutalste Art und Weise zusammen! Wer im Mittelalter nicht parierte, wurde als Ketzer oder Staatsfeind verurteilt und so grausam wie möglich hingerichtet. (Gibt es das heute auch noch?) Dazu empfehle ich, sich einmal darüber zu informieren, was das „Malefizhaus" in Bamberg war … Hier hat diese „selbsternannte Elite" der damaligen Zeit zum Beispiel ihr wahres Gesicht gezeigt… In den uralten Büchern der damaligen Zeit kann man heute noch lesen, wie viele Menschen sie damals umgebracht haben! Die Lohnbuchhaltung verrät es bis heute! Nämlich jeden Tag mindestens einen … Und das über Jahrzehnte hinweg … Sie zogen ihren Gegnern (also denen, die die „Regierenden" als Lügner oder Psychopathen erkannt hatten und dies auch noch öffentlich sagten …) die Haut vom Leib und schlachteten sie ganz öffentlich vor allen Augen. Wenn du „Geld" hattest, konnte es sein, dass jemand auf dein Vermögen ein Auge warf und dich als Ketzer angeklagt hat. Das bedeutete: „Tot auf dem Scheiterhaufen". Dein Vermögen wurde eingezogen. Die Betreiber des „Malefizhaus" sollen laut den Büchern einmal sogar eine jährliche Einnahme von … wenn man es in die heutige Zeit umrechnet … etwa einer Billion Euro gehabt haben! Interessant, gell? Stell dir nur Mal vor, deine Familie hätte im Mittelalter eine Billion Euro organisiert und es verstanden, dieses Geld bis heute am Weltmarkt zu vermehren und zu vermehren … Cool, oder?

Oder man wollte einfach nicht, dass jemand dem Volk sagte, was wirklich los war! Hier empfehle ich die Lebensgeschichte von Jan Hus zu studieren! Dem wurde nämlich vom König Sigismund und vor unserem heiligen Gott und auf die Bibel und auf Jesus persönlich und auch noch auf die heilige Maria und auf alle Heiligen zusammen und noch dazu ganz, ganz, ganz ehrlich und wirklich ganz, ganz, ganz ehrbar, tausendmal freies Geleit geschworen, wenn er doch zum Konzil nach Konstanz kommen würde… Er bekam sogar eine Urkunde mit drei Siegel des Königs, worin genau das aufgeschrieben war … „Freies Geleit" Weil man doch einfach nur mit ihm über seine Theorien „reden" wollte … Zum Beispiel über seine „Theorie", dass man die teuren „Ablassbriefe" abschaffen sollte, weil der dumme, dumme Jan nämlich glaubte, dass nur Gott Sünden vergibt und er überhaupt nicht glauben konnte, dass Sünden vergeben werden, wenn man einem Buchhalter des Königs und der katholischen Kirche seinen halben Bauernhof oder sein halbes Vermögen überschreibt! Ja, ja … „Ablassbriefe" waren eine sehr teure Angelegenheit! (Das muss man sich ungefähr so vorstellen, wie man heute den Emmisionsabgaben betreibt! Du kannst jederzeit die Umwelt verpesten, wenn du das Zertifikat dafür bezahlst! Und damals konntest du eben Frauen poppen oder fremdgehen, wie du wolltest, wenn du den Ablassbrief dafür gekauft hast! Aber das eine hat natürlich mit dem anderen nichts zu tun, nur das Prinzip des Handels ist ungefähr dasselbe!)

Drei Tage später haben ihn dieselben Soziopathen, die vor ihrem heiligen Gott und vor Jesus und vor Maria kniend und weinend (und dreckig verlogen!) geschworen haben, ihm nichts zu tun, Jan

Hus am Scheiterhaufen bei lebendigem Leibe verbrannt und haben sich dabei ihre fetten Schwänze gehalten und wie die Säue gequiekt und gelacht … Sie haben Jan einfach nur belogen und belogen und wieder belogen. Genauso, wie Soziopathen es immer tun. Mit Jan Hus, mit jedem anderen und auch mit dir und mit mir! Und da sieht man mal, wie solche Säue ihr Wort halten … Und ihr? … Glaubt ihr ihnen immer noch … ?

Sie fickten die Kinder. Sie stahlen den Menschen das Hab und Gut und nannten es „Leibzins". Sie versklavten die Menschen als Arbeitskraft oder als den, der ihnen sein Geld geben musste, damit er nicht von „ihnen" (die selbst noch nie etwas dazu getan haben oder dafür gearbeitet haben, einen sozialen Staat zu erhalten, sondern immer! nur faul und korrupt auf ihren Stühlen gesessen haben!) bestraft wurden. Wahnsinn! Sie machten die Gesetzte für sich selbst und sie machten die Gesetzte so, dass sie für „sie" passen! Und niemals für irgendeinen anderen! Und schon gar nicht für das „niedere Volk", welches man jeden Tag aufs Neue belog und belog …

Sie spielten sich als Herrscher auf, als Kommander und als Befehlshaber. Dabei waren die Hälfte von ihnen nur dummdämliche Idioten, die zu dumm waren, einen Nagel in die Wand zu schlagen. Die andere Hälfte von ihnen war nichts weiter, als verlogen und skrupellos. Eben genauso, wie es in deiner Familie oder in deiner Beziehung sein kann. Denn was

41

haben wir gelernt? Die meisten von „ihnen" finden wir nicht in den Regierungen ferner Länder ... nein ... die meisten von ihnen finden wir in unserer unmittelbaren Nähe: Nämlich in unseren Familien und Beziehungen. Bitte dies immer zu bedenken und vielleicht geistig umzuwandeln, wenn du so ein Kapitel liest ...

Kapitel 5: Die Lüge der Soziopathen, dass man sie nicht hassen darf!

Sie rafften alles zusammen, was sie kriegen konnten und standen in einem millionenschweren und prunkvollen Gewand vor den in Lumpen gehüllten, arbeitenden Menschen und sagten: Du darfst mich nicht schlagen! Auch wenn ich dir alles stehle! Du musst mir sogar noch deine andere Backe hinhalten! Damit ich auf die auch noch draufhauen kann! Du darfst auch nicht auf mich böse sein, wenn ich deine Frau und deine Kinder ficke und dir dein ganzes Geld stehle! Nein! Du musst mir verzeihen! Ja! Du musst mir verzeihen! Das habe ICH! dir in deine blöden Bücher hinein geschrieben! In die Bücher deines Glaubens und in die Bücher deiner Gesetzte! Und ich lasse es dich in den Kirchen und in den Schulen von klein auf lernen und lernen und lernen und lernen und lernen und lernen und lernen und lernen und lernen und lernen und lernen und lernen und lernen und lernen und lernen und lernen ...

Und die Toxischen Herrscher von so manchen Ländern sagten im Mittelalter zu den Menschen:

Ich „erziehe" es dir an, bis du es bedingungslos glaubst und ICH! mit dir machen kann, was ICH! will! Ohne Angst davor haben zu müssen, dass du Rache an mir nimmst und mir wohlmöglich sogar noch weh tust ... ! Weil... (der Soziopath lacht jetzt sehr laut): Du musst mir ja verzeihen! Das habe ich dir so gelernt!

Und die Toxischen Herrscher von so manchen Ländern sagten im Mittelalter zu den Menschen:

Ja! „Du" musst nur an den Scheißdreck glauben, den „ich" dir in deinen Scheißdreck - Kopf hineingelogen habe! Und dann musst du mir verzeihen! Immer und immer wieder! Und wenn nicht … Wenn du so klug bist, dass du meine bestialischen Absichten erkennst und dich dagegen wehrst, was ICH dir lerne! Wenn du mir vielleicht sogar an die Gurgel willst, weil ich euch alle ficke und schächte … Dann lasse ich dich einfach verbrennen! Weil ich die Macht dazu habe! Und: Weil ich am besten l ü g e n kann! Ich kann alle anlügen und ihnen sagen, dass „du" der Böse bist! Und das dummdämliche Volk wird MIR! glauben! MIR! Und keinem anderen! Dann lassen wir dich durch die Gesetzte, die ICH für MICH gemacht habe, einfach verurteilen und hinrichten!… ganz einfach … Und dann… Dann bin ich dich los!… (Der Soziopath lacht)

Und die Toxischen Herrscher von so manchen Ländern sagten im Mittelalter zu den Menschen:

Du musst für mich arbeiten, den Kopf hinhalten, mir dein Blut geben und mir dein Geld schenken! Und ich gebe dir die Befehle dazu! Und du? Du musst sie ausführen! Und warum? Weil „ICH" es in dein Gesetzbuch so hineingeschrieben habe! Ich werde euch alle todficken und ich werde euch alle für meinen Neid und für meine Gier und für meine Raffsucht arbeiten lassen! Ich werde euch alle verheizen und auspressen! Weil ihr den Scheißdreck, den ich euch erzähle, auch noch glaubt! Und das ist euer großer Fehler! Weil ihr nämlich „menschlich" seid und „menschliche" Tugenden habt! Und genau deswegen habt ihr gegen so eine gefühllose (dieses Wort wurden vom Autor gelöscht), wie ich eine bin, keine Chance! Ihr glaubt an „Ehrlichkeit" und an „Freundschaft" und an „Nächstenliebe" und an Verträge! Ich glaube an gar nichts!

Und die Toxischen Herrscher von so manchen Ländern sagten im Mittelalter zu den Menschen:

ICH! nutze das aus!! Denn ICH! glaube nicht einmal an den Gott oder an die Freiheit oder an die Menschlichkeit! Und das, obwohl ich euch genau DAS predige! Jaaaa! Ich lüge euch an! Eiskalt und so brutal und bestialisch, wie ich nur kann! Ich lüge euch an! Und erzähle euch, dass „ich" den Frieden oder den Wohlstand oder die Freiheit bringe! Dabei scheiß ich auf euch! Und nur deswegen habe ich diese ganze Macht bekommen! Weil ich euch immer wieder belogen habe! Schon seit tausend Jahren! Und weil ich euch immer wieder belüge! Es gibt keinen einzigen Beweis dafür, dass alles so ist, wie es ist! Es gibt keinen einzigen Beweis dafür, dass es einen Gott gibt! Es gibt keinen einzigen Beweis dafür, dass es „ein Leben nach dem Tod" gibt, oder dass „meine" Regierungsform die beste ist oder dass „meine Macht" mir „von Gott gegeben" wurde… Nein! Es gibt nichts! Überhaupt nichts! Ich habe alles erfunden und euch diese Lügen nur deswegen erzählt, damit ich die Macht über euch bekommen kann!

Und ihr? Ihr glaubt mir diesen Scheißdreck trotzdem und müsst mir immer und immer und immer und immer wieder verzeihen und mich immer und immer und immer wieder an die Macht wählen! Weil „ICH" nämlich das Buch geschrieben habe, in dem euer Glauben steht! Und „ICH" habe das Buch geschrieben, in dem eure Gesetzte stehen! ICH! ICH! ICH!

Oder glaubt ihr wirklich, dass diese „göttlichen" Bücher vom Himmel gefallen sind? Nein… ICH! habe sie für euch geschrieben! ICH! All die Bücher der Gesetzte! Und all die anderen auch! Alle habe ich für euch geschrieben! Und dort steht:

ICH darf alles! Und ihr dürft nichts! ICH bin der König! Und ihr müsst für mich buckeln, mich bedienen, mich bezahlen, mir alles geben, was ich will, und ICH darf euch ficken und ermorden, wann immer ich will! Ja! ICH habe diese Bücher „so" geschrieben, dass sie für m e i n e Gier und m e i n e n Reichtum passen!! Und nicht für euch!

Aber das sage ich euch natürlich nicht und ich belüge euch immer mehr und mehr und mehr und ich erzähle euch für alle Ewigkeit, dass ich euch den Frieden und die Freiheit bringe … Und ihr glaubt mir diesen Scheißdreck schon wieder! Seht ihr denn nicht, dass ich euch alle nur knechten, ficken und schächten will? Seid ihr denn so blind? Ich mache euch zu meinen Geldgebern, Sklaven und Soldaten! Und ihr macht das alles mit? Für mich? Und nur, weil ich es in ein „Buch" geschrieben habe? Wie blöde seid ihr denn? Hört mir zu: „ICH" würde so etwas für „EUCH" niemals tun! NIE! MALS! Ich würde für euch niemals in den Krieg ziehen oder euch freiwillig etwas geben, das mir gehört! ICH! würde mich für keinen von „euch" im Krieg schlachten lassen, oder ihm mein Geld geben, nur weil er einen Leibbzins von mir haben will!… Niemals! Nie! Nie! Niemals!" Aber ihr tut das ohne mit der Wimper zu zucken!

Und dann drehten sich diese toxischen (dieses Wort wurde vom Autor gelöscht) um und schickten die Kinder, die Alten und die Kranken in den Steinbruch zur Schwerstarbeit. So ungefähr war das Mittelalter …

Dann legten sich diese (dieses Wort wurde vom Autor gelöscht) in ihren Palästen auf den goldgefassten Marmorboden und hielten sich ihre vollgesoffenen Bäuche vor Lachen über die Menschen, die den Scheißdreck über den Frieden, die Staatsform, die Freiheit, die Götter, die Gesetzte und die Hölle und was weiß ich, was sie ihnen noch alles vorgelogen haben, auch noch glaubten!

Und das machten diese (dieses Wort wurde vom Autor gelöscht) in manchen Ländern vielleicht noch heute! Und glaube mir: Den „Frieden", den diese toxischen (dieses Wort wurde vom Autor gelöscht) euch predigen, gäbe es nur, wenn „sie" nicht mehr da wären. Denn genau „sie" sind die, die den Unfrieden bringen. Und genau „sie" sähen nämlich Unruhe, Hass, Neid, Gier und Krieg unter die Menschen, um daraus „ihren" Vorteil zu ziehen … Der immer aus Gier nach Geld und Gier nach Geld und Gier nach Geld und Gier nach Geld und Gier nach Geld und Gier nach Geld und Gier nach Geld und Gier nach Macht besteht.

Wohlgemerkt gab es in dieser dunklen Zeit auch andere Herrscher und freie Länder. Aber sehr viele Länder und Staaten waren halt von diesen toxischen und empathielosen Soziopathen infiltriert … Tut mir leid. Und es ist ja nur gut, dass heute alles anders ist. Oder?

Mit Schwert, Blut, Tod und Neid ist dann alles zerstört worden, was man heute als „Ur – Glauben" oder „Ur - Wissen" abhandelt. Das große Wissen unserer Vorfahren über die Zusammenhänge in der Natur und über die vorbeugenden Heilmittel … All das wurde zerstört und auf dem Scheiterhaufen verbrannt. Die überaus weit entwickelte Kultur des Nahen Ostens oder die so weit fortgeschrittene Wissenschaft der Urvölker Amerikas … Alles wurde niedergemetzelt und zum Schweigen gebracht. Es galt nur noch das dummdämlichste Wort der dummdämlichsten Anführer: Das Wort der Narzissten und Soziopathen! … Ja … Seitdem gilt nur noch das Wort der Gier und des Neides auf dieser Erde. Der Gier nach mehr und mehr und mehr und mehr und mehr und mehr …

Und so beschritt die Welt ein schwarzes Tal, dass wir heute „die Geschichte der Menschheit" nennen und dass von Europa aus seinen Zug um die Erde nahm. Die Menschheit fiel zurück in die Steinzeit und glaubte von nun an den Lügen der Lügner und tat die Dinge, die ihnen von diesen toxischen und kriegs-verherrlichenden „Führer" in ihr Gehirn hinein geschissen wurde... So ist es also auch nicht verwunderlich, dass sehr, sehr viele Völker nicht die allerbeste Meinung zu so manchen Ländern dieser Erde haben und diese sogar als „das Krebsgeschwür des Planeten" betiteln. Wer soll es ihnen auch verübeln...

Noch heute stehen an so manchen Orten der Welt diese toxischen (dieses Wort wurde vom Autor gelöscht) in ihren millionenschweren Gewändern auf den Balkonen ihrer millionenschweren Paläste und halten sich ihren fetten Schwanz in einer Hand und drücken ihn und pressen ihn und predigen uns mit der anderen Hand gleichzeitig die Nächstenliebe und den Frieden ... In derselben Sekunde aber, in der sie über den Frieden reden, verkaufen sie den Freibrief zu Mord und Totschlag, zu Krieg und Unglück ... Zu Vergewaltigung und unsagbarer Folter ... Indem sie sagen: Tut es! Macht den Krieg! Kauft meine Waffen! Kauft meine Munition! Kauft meine Flugzeuge und meine Panzer! Tut es für unseren Glauben! Tut es für unser Land! Tut es für die Freiheit oder tut es, für was weiß ich ... Hauptsache, ihr macht Krieg! Weil die anderen anders sind! Weil die anderen eine „Bedrohung" sind! (Ja, wirklich?) Oder weil die anderen anders glauben! (Aha ... mir macht das nichts aus, dass ein anderer anders glaubt ... und dir?)

Und so verrieten die Toxischen wegen ihrer minderen Intelligenz und ihrer daraus folgenden unersättlichen Gier die komplette Menschheit. Ich rede hier von „Menschen" ... und „Menschen" sind „menschlich" und haben keine Probleme damit, mit anderen

Menschen umzugehen und mit ihnen zusammenzuleben! Die Toxischen aber können das nicht und verraten deswegen sogar noch ihre eigenen Familien und ihr eigenes Volk und alle Menschen dieser Erde und schicken unsere Kinder auf das Schlachtfeld, das in Wirklichkeit den richtigen Namen trägt:

Denn dort wird man … vielleicht sogar mit deinem Kind … nichts anderes tun, als es brutalst zu „schlachten".

Ja … lass dir dieses Wort auf der Zunge zergehen: Es tut mir leid, aber es ist so: Wie eine Sau wird man dein Kind abschlachten und zu blutigem Fleisch zerschießen … Man wird es ausweiden, ihm die Beine oder die Hände abreißen, ihm das Gesicht mit einem Gewehrkolben zerschlagen oder ihm zumindest alle Knochen brechen … Und das alles nur, damit ein Toxischer in seinen Palästen reich und noch reicher und reicher wird…

Und ach ja: Glaube nicht, dass genau deinem Kind das nicht passieren kann, weil das ja alles so weit weg ist … nein … Glaube mir: Ein Wort genügt und genau dein Kind wird dorthin gehen. Auf dieses „Schlacht – Feld" … Und glaube mir nochmal: Wenn es auf dieses … wie nennen sie es? … „Schlachtfeld" geht, dann wird dein Kind nie mehr wiederkommen… und wenn es wiederkommt … dann ist es nicht mehr das Kind, das du kennst.

Übrigens ist auch das sehr typisch für die Toxischen: Sie sagen es euch ganz unverblümt, was sie mit euch machen … Sie gehen mit euch zum „Schlachten" auf das „Schlachtfeld"… Aber ihr! Ihr hört diese Worte nicht. Ihr hört nicht, was sie sagen, weil ihr blind manipuliert worden seid … Ja… Bei einem Krieg geht es nur um das Geld. Und um den fetten Schwanz eines toxischen Narzissten! Seit tausenden und abertausenden von Jahren geht es nur darum, dass eine toxische (hier kannst du selbst das Wort einfügen, das dir passend erscheint) jeden Tag schön abspritzen kann… Pervers und abartig… Und es geht darum, dass solche Leute Kinder, Frauen und die ganze Welt vergewaltigen dürfen, ohne dafür belangt zu werden, weil sie ja was „Besseres" sind.

„Sie" nennen es „Macht" … und haben in ihrer Dummheit überhaupt keine Ahnung, was „Macht" wirklich bedeutet!

„Sie" nennen es „Führen" … und haben in ihrer Dummheit überhaupt keine Ahnung, was „Führen" wirklich ist! Ja… So steht es jedenfalls in allen Geschichtsbüchern, die bis heute auf diesem Planeten geschrieben wurden … Aber natürlich nur, wenn man versteht, sie zu lesen… Und noch was: Diesen toxischen „Personen" schulden wir heute noch den absoluten und schlechten und grausamen Ruf von vielen Ländern dieser Erde. Es gibt fast kein Land auf dieser Erde, in dem diese Tiere nicht wie die Bestien gewütet hätten. Und noch heute werden in vielen Familien der Welt die alten Geschichten erzählt …

Zum Beispiel die Geschichte von Rittern, die auf dem Weg in den Osten die Kinder ganzer Dörfer geschlachtet haben und den Müttern die Köpfe ihrer Kinder in die Hände gaben, damit diese unter Gelächter gezwungen wurden, das Blut ihrer eigenen Kinder zu trinken. Aber das ist ja schon lange her, nicht wahr?

Oder die Geschichte von friedlichen Menschen, die nur dagestanden haben und ein bisschen was zu essen wollten und deswegen zu hunderten von Maschinengewehren und dem höhnischen Gelächter einer „Elite" niedergemäht wurden, so dass das Blut achtundzwanzig Meter weit gespritzt ist! (Die Toxischen haben das wirklich nachgemessen und es als „Trophäe" in der bekanntesten Zeitung der Welt abdrucken lassen … achtundzwanzig Meter!) Und noch was… Es waren übrigens auch Kinder anwesend … Kleine Kinder mit großen Augen … Und zwar auf der Seite, auf der das Blut achtundzwanzig Meter weit gespritzt ist … und nicht

49

auf der, auf der die Toxischen den Abzug durchgedrückt haben…

Oder die Geschichte von den Eingeborenen, von denen jeder einzelne mehr Wissen hatte, als die ganze westliche Welt zusammen, und die zu tausenden und zu abertausenden über einen Felsen in den Abgrund getrieben wurden, wo sie tagelang bestialisch krepierten, weil die Kugeln, die man gebraucht hätte, um sie zu töten, den Toxischen zu „teuer" waren.

Oder von Menschen, die absolut friedlich gelebt haben, und plötzlich eingefangen und verschifft wurden, damit sie in einem fremden Land als Sklave die schwersten Arbeiten und die hässlichsten sexuellen Dinge verrichten mussten, nur damit dieses Vieh reich und reicher und noch reicher und noch reicher wurde und sich jeden Abend an einem Menschen abnorm und pervers befriedigen konnte … mir wird schlecht …

Oder die Geschichte von den Gelehrten und Astronomen unserer Ahnen, die unumstößlich auf einem Wissenstand heutiger Zeit waren und die den Eindringlingen sogar noch ihr Wissen geben wollten, aber trotzdem zur Belustigung und zur „Freude" der toxischen Eroberer bei lebendigem Leib in kochendes Wasser geworfen wurden.

Oder von Millionen und Abermillionen friedlicher Menschen. Von Männern, Frauen und Kindern, die keinerlei Möglichkeit hatte, sich gegen moderne Waffen zu wehren und deshalb wie Vieh bestialisch abgeschlachtet wurden, weil man ihnen das Land gestohlen hatte und sie jetzt „unerwünscht" waren. Und von denen man die Kopfhaut abschnitt, um sie in einem staatlichen Büro (!) vorzuzeigen, damit man dort eine „Abschlachtungsprämie" bekam … usw. usw. usw. usw. usw. usw. usw. usw. usw. usw. usw. usw. usw. usw. usw. usw. usw. usw. usw. usw.

50

usw. usw. usw. usw. usw. usw. usw. usw. usw. usw. usw. usw.
usw. usw. usw. usw. usw. usw. usw. usw. usw. usw. usw. usw.
usw. usw. usw. usw. usw. usw. usw. usw. usw. usw. usw. usw.
usw. usw. usw. usw. usw. usw. usw. usw. usw. usw. usw. usw.
usw. usw. usw. usw. usw. usw. usw. usw. usw...!

Ja ... Das sind „die" Dinge, die diese (selbsternannte) „Elite" auf unserem Planeten ausgeführt und getan hat! ... Denn mehr können sie nicht. Merke dir: Narzissten und Soziopathen können nur Gewalt, Zerstörung, Raub, Diebstahl, Vergewaltigung und Lügen ... Wenn du so einen in deiner Familie hast, wirst du das wissen. Wenn sie dir sagen, sie wollen den „Frieden bringen" oder: „Sie sind die Guten und wollen dich verteidigen" oder: „Sie wollen den Krieg verhindern!"... Dann ist höchste Vorsicht geboten!

Kapitel 6: Die Lüge ist das dreckigste Werkzeug der Welt! Sie wird von toxischen Säuen professionell angewendet!

Merke dir, und das ist jetzt sehr wichtig: Eine toxische Person, ein Narzisst oder ein Soziopath wird dir niemals die Wahrheit sagen! Er wird dich immer belügen! Selbst wenn du sein eigenes Kind bist oder der Ehepartner, der beste Freund oder der Pfarrer! So ein (dieses Wort wurde vom Autor gelöscht) wird immer und zu hundert Prozent lügen! Und zwar mit jedem Wort! Das ist so sicher, wie das Amen in der Kirche! Du wirst natürlich nicht glauben, was hier steht, weil du deine „Oma" oder deinen „Opa" so gut kennst. Aber: Wenn sie toxisch sind, lügen sie mit jedem Wort, dass sie zu dir sagen! Und noch was ist jetzt sehr wichtig und sehr wahr: Eine toxische Person, ein Narzisst oder ein Soziopath wird immer alles zerstören! Ohne Rücksicht! Ohne Empathie! Ohne Reue! Und vor allem: Ohne dich zu fragen! ...

Denn so eine Person denkt ja von sich … (wie nannten sie das damals?) Ja… genau… Toxische Personen glauben von sich, sie wären die „Übermenschen" und können mit dir machen, was sie wollen! Und natürlich auch mit deinem Hab und Gut! Sie leihen es sich aus, ohne dich zu fragen, passen in keinster Weise darauf auf und geben es dir kaputt wieder. „Du" bist nur dazu da, um solche Säue zu bedienen! So denken die!

Es liegt in Natur dieser toxischen Tiere, alles um sich herum kaputt zu machen … Sie haben Freude am Töten, am Morden und am Quälen. Sie lügen euch an. Sie reden vom Frieden und machen den Krieg. Sie reden von Freiheit und drängen euch in die Sklaverei … Sie reden von Demokratie und denken an die Diktatur. Sie reden vom Wohlstand und denken an ihr eigenes Geld und an die Macht und an ihren eigenen Schwanz… Und ihr? Ihr stellt euch immer wieder dumm und blind… und wollt die Pest nicht sehen, wenn sie schon vor eurer Haustür steht… Anstatt diese Pest zu verjagen, nickt ihr mit dem Kopf und sagt… „Ja, ja"… und nochmals „Ja"…

Kapitel 7: Das Leben

Nun… folgt mir… Denn in diesem Buch stehen Geschichten und Erzählungen, welche die Machenschaften dieser toxischen Monster beschreiben. Natürlich nur im Kleinen… Denn zu den „großen Geschichten" hat ein „normaler Mensch" wie du und ich wohl keinen Zugang. Wer versteht, was eine Narzisst, ein Soziopath oder eine toxische Person ist und wer weiß, was sie tun und wie sie vorgehen … Der wird auch die Welt besser verstehen… Vor allem die Welt der Konsumindustrie, die der Wirtschaft und die der Regierung von so manchen Ländern … Und vielleicht sogar noch seinen Ehemann? Oder die Ehefrau?

Oder seinen Chef oder die großen Manager oder Politiker dieser Welt? Er wird verstehen, warum „etwas so ist, wie es ist" und warum so mancher „Führer" etwas so macht, wie er es macht …

Darum lest sie. Diese Geschichten. Sie sind im „Kleinen" genauso, wie man sie im „Großen" erlebt. Sie werden in deiner Familie genauso durchgeführt, wie du sie in der großen Weltpolitik oder in der Weltwirtschaft sehen kannst.

Im „Kleinen" erzählt man sich innerhalb der Familie, dass der liebe Onkel die elfjährige Nichte halb tot gefickt hat und dass jeder jetzt das Maul halten soll, damit ja nichts an die Öffentlichkeit dringt … Oder dass sich der Mann der Ehefrau nun endlich tot gesoffen hat, weil sie ihn jeden Tag betrogen und belogen und ihm das Leben zur Hölle gemacht hat …

Und im „Großen" liest man es in der Zeitung, dass sie nun endlich Atombomben auf irgendjemand werfen wollen, weil sie immer noch zu wenig Geld und Gier und Macht bekommen haben! Narzissten, Soziopathen und alle anderen toxischen „Wesen" sind in ihrem Verhalten immer gleich. Egal ob sie Stalin, Hitler, Mobutu oder Frau Teufel heißen. Sie sind nicht besonders klug und können nicht besonders viel. Die absolute Dämlichkeit, die in ihnen lebt, ist natürlich der beste „Nährboden" für ihre unermessliche und dummdämliche Gier und ihren nutzlosen Neid und ihre unkontrollierte Geilheit.

Der Narzisst oder Soziopath kann nichts. Er kann weder einen Nagel in die Wand schlagen noch Kunst erzeugen. Er kann nicht singen, nicht malen, nicht schreiben. Er kann nichts. Er ist in der Regel eine dumme Kreatur ohne Talent. Und währen du ein Bild von van Gogh betrachtest und das Karma dieses Künstlers immer noch spüren kannst, sehen soziopathische Kreaturen so ein Bild an und denken:

„Geld! Geld!" …. Naja… Wenn es hoch kommt, dann denken sie vielleicht gerade noch daran, wen sie heute Abend ficken oder ruinieren könnten…

Merker dir: Das einzige, was diese Kreaturen können, ist Gier und Neid und Lüge. Aber darin sind sie Meister. Absolute Meister! Ließ die Geschichten und lerne, was dir passieren könnte, um zu vermeiden, was dir passieren könnte! Ließ die Geschichten über Personen, die die Erde zu einem Ort machen, auf dem Brutalität und Gier und Gewalt herrschen. Auf dem gebrandschatzt, vergewaltigt und gemordet wird. Auf dem man Kinder auf einen Tisch legt, um sie zu ficken, während die eigenen Eltern dabei zuschauen. Oder wo man Kinder mit Rauschgift vollstopft, weil man dann weiß, dass man ein Kind hat, das man so lange zum Ficken herumreichen kann, bis es nach einer gewissen Zeit jämmerlich stirbt. Ja… fragt mal das Internet, wie viele Kinder jährlich „spurlos" verschwinden… Aber egal… Lest die Geschichten. Denn erst wenn ihr wisst, wie diese Tiere vorgehen, dann ist es umso leichter, sie zu erkennen. Und erst dann, wenn man weiß, wie sie sind und wie sie dich fangen und wie sie zuschlagen und welche Sätze und Lügen sie immer wieder sagen, wirst du bereit sein, sie wahrnehmen und gegen sie vorzugehen und gegen sie zu handeln. Denn das müssen wir.

Wir müssen endlich verstehen, dass man seine Kinder nicht zu Ellbogenmenschen oder Narzissten erzieht! Wir müssen endlich verstehen, dass diese „Personen" kein Vorbild sind! Sondern das diese Leute nur Kreaturen sind, die uns Menschen umbringen wollen und die das Leben nicht verstehen, weil sie so dumm sind, und sich von Gier und Neid ihr Leben zerstören lassen. Wir müssen endlich verstehen, dass man für eine soziopathische (dieses Wort wurde vom Autor gelöscht) nicht arbeitet oder dass man Soziopathen niemals an die Macht wählt. Wir müssen endlich verstehen, dass man Kriegstreiber nicht unterstützt und dass man Waffen nicht von dem Geld der Arbeiter bezahlen darf. Wir müssen endlich verstehen, dass der Krieg eigentlich nichts anderes ist, als ein (von einem Soziopathen) ausgelöster Massenmord, in dem der Mörder nicht bestraft wird und er angeblich sogar noch ein „Held" sein soll.

Es ist Wahnsinn, was sie den Menschen so mancher Länder da seit Jahrtausenden für einen Dreck in die Köpfe gelogen haben. Denn einer, der einen anderen umbringt, der ist doch ganz einfach nur ein Mörder, oder? Und der, der ermordet wird, ist in meinen Augen kein „Held", der auf dem „Feld der Ehre" gestorben ist, sondern einfach nur eine Leiche. Ein lebloser, toter Körper. Ein Mensch, den man mutwillig tot gemacht hat. Ein Mensch, mit dem man noch vor ein paar Minuten hätte reden können. Der eine Geschichte hatte. Eine Heimat und eine Familie. Kinder, die ihn lieben und eine liebende Frau … Es ist eine Mutter, ein Sohn oder ein Vater, dem man einfach nur niedergemetzelt und ihm das Leben genommen hat! Nicht mehr und nicht weniger! Und so schön und so heroisch die „Elite" von so manchen Ländern dass auch den Menschen schmackhaft machen will, damit sie ihre Kinder in den Krieg schicken, damit sie irgendeinen Scheißdreck (die Macht und das Geld von ein paar wenigen Narzissten!) verteidigen sollen … gibt es immer mehr Stimmen, die sagen:

Es gibt weder „Helden" noch „ein Feld der Ehre", oder sonst was. Es gibt einfach nur Lügner, die lügen, und andere, die diese Lügen glauben und die dann im Krieg für diese Lügner verrecken. Es gibt einfach nur eine grüne Wiese und niemals „ein Feld der Ehre". Es gibt einfach nur Mörder und Leichen. Und es gibt immer jemanden, der Waffen herstellt und sich dumm und dämlich am Krieg verdient. Und es gibt immer wieder einen, der nach dem Krieg ganz zufällig das Erdöl oder das Gas aus den eroberten Gebieten pumpt … Und es gibt immer einen, der viel, viel, viel, viel Geld an einem Krieg verdient …

Ich möchte einmal in der Welt gelebt haben, die es vor diesen Narzissten, Soziopathen und Menschenfeinden gab. Ich möchte einmal in der Welt gelebt haben, in der meine urzeitlichen Ahnen lebten. Ich möchte einmal an die Götter der Natur glauben. An das Blatt, an das Wasser und an die Sonne. Ein einziges Mal so naiv sein, wie meine Vorfahren es waren und dem Wind vertrauen. Zu Trommeln tanzen und den Gesang meiner Ahnen singen. Zu guten Geistern beten und die schlechten Geister vertreiben. Ich möchte einmal nicht regiert und bestimmt und verwaltet und bestraft werden, sondern einfach nur den Ältesten um Rat fragen, was zu tun ist? Und das auch nur dann, wenn ich diesen Rat unbedingt brauche. Ich möchte einmal frei sein. Ich möchte einmal einen Weisen besuchen oder mit einem Orakel sprechen. Denn eines ist mir klar: Mir ist klar, dass die Erde voller „Menschen" war, bevor „sie" kamen … Und mir ist klar, dass wir Menschen seitdem nicht mehr frei sind. Die Toxischen hängen sich an uns wie die Blutegel und saugen uns aus. Weil sie selbst nichts können. Sie ficken und vergewaltigen uns und bestimmen über unser Leben. Sie leben von uns wie die Maden im Speck und stehlen und lügen und stehlen und lügen und stehlen und lügen uns an …

Und ihr? Ihr kniet vor den dümmsten der Dummen und heuchelt sie an, wenn sie euch ihre Lügen erzählen oder den neuesten Konsumartikel in euren Sautrog werfen, damit ihr ihn fressen und kaufen könnt. Und wenn sie euch dann fragen: „Wollt ihr den totalen Krieg?", dann schreit ihr wieder und wieder und wieder:

„Ja!" … Heute nennt man die Zeit bevor „sie" kamen, „Das Paradies"… Ich frage mich: Sollte man die Zeit, seit sie da sind, „Die Hölle" nennen? … Die Soziopathen sind die Pest der Erde! Das ist die Meinung von jedem, der schon einmal mit so einer (dieses Wort wurden vom Autor gelöscht) zu tun hatte!

Nun.. lieber Leser … Es tut mir Leid, aber die letzten Kapitel waren jetzt lang, schwer und anstrengend! Ich bitte euch um Verständnis, aber das Thema ist ja auch wichtig!

Als nächstes kommen jetzt ein paar Kurzgeschichten und ein paar Gedichte … Die sind zwar leichter zu lesen, aber ob sie auch leichter zu verdauen sind, das kann ich euch leider nicht versprechen. Erst Mal danke, dass ihr mir bis hierher gefolgt seid! Danke! Und jetzt geht's weiter:

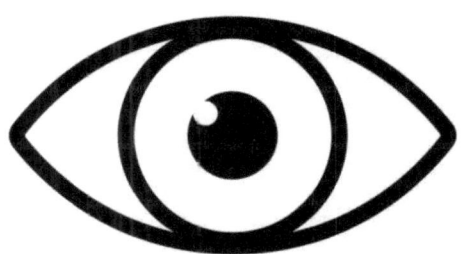

Der Kreis der Wahrheit
(Eine wirklich wahre Geschichte … oder?)

In einer psychologischen Klink wurde einmal eine Gruppe von Menschen gefragt, ob sie mit einem einzigen Wort die Erfahrungen über ihre letzte Beziehung darstellen könnten? Sie sollen genau das Wort sagen, dass ihnen zu „ihrem" Partner einfällt. Das Wort dürfte in der Gruppe auch mehrmals genannt werden und es dürfte auch dreckig und abartig oder unanständig sein. Einfach alles, was dir einfällt…

Der Psychologe sagte: „Was ist dein Psychopath für dich? Der, der dir so wehgetan hat? Der, der dich bestohlen, vergewaltigt oder betrogen hat? Wie erklärst du ihn mit einem Wort? Schrei es einfach raus!"…

Hier kommen die Antworten:

- o   Tot!
- o   Verrecke!
- o   Hurenbock!
- o   Schmerz! Wahnsinn! (der Patient fing an, zu weinen)
- o   Sau!
- o   Drecksau!
- o   Räudige Sau!!!
- o   Tot!
- o   Saufotze!
- o   Kinderficker!
- o   Drecksau!

- Monster!

- Dreckiger Hurenbock!

- Dreckiges Vieh!

- Dieb! Dieb! Dieb!

- Mörder! Mörder! Mörder!

Nun … Nachdem man die Frau beruhigt hatte, erzählte sie uns einen Teil ihrer Geschichte. Und seitdem wissen wir: Die Psychologen haben Recht! Es geht immer noch ein Stückchen schlimmer. Mein Gott! Was diese Frau mitgemacht hat … Als sie uns schreiend vor Schmerz, Details aus dem Sexualleben mit dieser Bestie erzählt hat … Bruchstückhaft, zitternd am ganzen Körper, vor Hass und Wut … Stotternd, weinend, schreiend, so apathisch und so abartig … ich musste aufstehen und gehen …

Mein Gott! Wie kann man einen Menschen wie diesen, so eine liebenswürdige Frau, nur so dreckig zurichten! Was für eine (diese Wörter wurden vom Autor gelöscht) muss so ein Soziopath sein, um einen Menschen so hinterhältig und brutal schächten zu können?! Wie abartig muss so ein Soziopath denken und handeln, um so etwas ohne jedes Gewissen und ohne jede Reue tun zu können?! Es können keine Menschen sein, die so etwas tun! So etwas tun nicht mal Tiere!

Und wie kann man als Mensch nur so viel Glauben entwickeln und all das mit sich machen lassen? … Ich weiß nur eines: Soziopathen sind abartige, räudige Säue, die ohne Reue und ohne Verstand uns Menschen peinigen! Das habe ich damals gelernt.

An einem Donnerstag.
An einem Donnerstag im November …

Vom Ende der Lüge

Ich hatte einen Traum.

Ich stand auf einem Hügel. Um mich herum sah ich überall Gras und Wiesen. Soweit ich schauen konnte, war alles grün. Über meinem Kopf spannte sich ein wundervoller, blauer Himmel. Strahlender Sonnenschein und weiße Wolken überall.

Neben mir waren noch andere Personen auf diesem Hügel. Drei standen in meiner Nähe. Es waren zwei Männer und eine Frau. Einer der Männer war ziemlich jung. Der andere war älter. Die Frau schätze ich auf vierzig.

Vor diesen drei Personen standen der Präsident der USA, der Präsident von China, der Kanzler von Deutschland und Wladimir Putin, der Präsident von Russland. Und vor diesen großen Würdenträgern stand... ihr glaubt es nicht: Mahatma Gandhi.

Gandhi stand wiederrum hinter einer etwa neunzig Zentimeter hohen Metallsäule, auf der oben ein feuerroter Button aufgebaut war. Das war so ein Schalter zum Draufschlagen, wie man ihn oft in den Quizsendungen am Fernsehen sehen kann. Alles war still. Da fing Gandhi an zu sprechen. Er sprach mit dem jungen Mann zuerst. Gandhi sagte:

„Hallo Thomas. Du bist absolut zufällig ausgewählt. Siehst du diesen Button hier? Wenn du auf diesen Button drückst ... und das ist kein Witz ... setzt du eine neuartige und absolut tödliche Vernichtungswaffe in Gang. Diese Waffe wird drei Tage benötigen, um alle Menschen dieser Erde zu vernichten. Hör mir zu: Es werden alle Menschen sterben. Wenn du auf diesen Button drückst, wird niemand mehr übrig bleiben. Wenn du es tun willst, steht es dir frei, diesen Button jetzt zu drücken."

Dann ging Gandhi einen Schritt zurück und gab den Button frei. Der junge Mann bekam große Augen.

Er sagte: „Warum sollte ich das tun? Gandhi? Es sind sehr viele schlechte Menschen auf dieser Erde. Es herrscht Gier und Neid und Lüge und Unterdrückung. Die Gierigen haben die Umwelt kaputt gemacht und meine Urenkel werden deswegen auf dieser Erde kaum noch leben können. Die Gierigen machen einen Krieg nach dem anderen und die halbe Erde ist voll mit Leid und Qual. Die, die lieben, werden ausgepresst und bestohlen. Die, die glauben, werden belogen und betrogen … Die Kirchen gaukeln uns was vor und nehmen unser Geld und vergewaltigen unsere Kinder … Aber trotzdem … Gandhi! Es wird doch da draußen noch einen einzigen „guten" Menschen geben! Also nein! Ich werde diesen Button nicht drücken! Niemals!"

Gandhi sah den Mann an, nickte, ging wieder zu dem Button hin, sah die Frau an und sagte: „Hallo Claire. Du bist absolut zufällig ausgewählt. Siehst du diesen Button hier? Wenn du auf diesen Button drückst… und das ist kein Witz … setzt du eine neuartige und absolut tödliche Vernichtungswaffe in Gang. Diese Waffe wird drei Tage benötigen, um alle Menschen dieser Erde zu vernichten. Hör mir zu: Es werden alle Menschen sterben. Wenn du auf diesen Button drückst, wird niemand mehr übrig bleiben. Wenn du es tun willst, steht es dir frei, diesen Button jetzt zu drücken."

Dann ging Gandhi einen Schritt zurück und gab den Button frei.

Die Frau bekam große Augen.

Sie sagte: „Gandhi! Aber Gandhi! Dann wäre doch alles, wofür wir demonstriert und gekämpft haben, umsonst gewesen. All die Petitionen, die ich unterschrieben habe! All die Transparente gegen den Krieg und die Atomkraft, die ich so bunt gemalt habe! Es wird doch alles irgendwann besser werden.

Wir müssen doch nur abwarten und es ertragen können. Die Gierigen werden doch irgendwann satt sein, oder?

Und dann… mein Gott Gandhi! Meine Kinder! Sie würden sterben! Gut… sie sind erwachsen und kümmern sich einen Scheißdreck um mich. Sie kommen nur, wenn ich für sie arbeiten soll oder wenn sie Geld von mir brauchen. Ansonsten sehe ich sie fast nie, weil sie immer dann, wenn ich sie danach frage, „etwas anders zu tun haben"… Und dann meine Eltern und Großeltern… die ganze Familie … Ja! Sie belügen mich und ignorieren mich. Ja! Es stimmt … Wir müssen alle jeden Sonntag bei meinen Großeltern zusammenkommen und „liebe Familie" spielen und ihren Saufraß fressen. Dabei sind alle so verlogen und so empathielos und wir müssen alle lachen und so tun, als ob wir uns lieben! Dabei kotzt jeder den anderen an und belügt ihn… Aber trotzdem… Gandhi! Es sind meine Kinder! Meine Familie! Also nein! Ich werde diesen Button nicht drücken! Niemals! Und sag mir eines: Was ist mit den Tieren? Was ist mit ihnen? Würden die Tiere und die Pflanzen es überleben?" Gandhi sagte: „Ja! Alle Tiere und Pflanzen würden es überleben. Wenn jemand den Button drückt, hätte es keinerlei Auswirkungen auf Tiere und Pflanzen." Dann sah Gandhi die Frau an, nickte, und ging dann wieder zum Button hin.

Jetzt sah er den alten Mann an und sagte: „Hallo Johann. Du bist absolut zufäll…"

PENG!!!

Gandhi hatte das Wort noch nicht zu Ende gesprochen, da schlug Johann ohne mit der Wimper zu zucken auf den Button. Er sah Gandhi an, drückte noch zweimal drauf und sagte: „Nur, um absolut sicher zu gehen!" … Gandhi drehte sich um, schaute einen Moment die Präsidenten an und löste sich dann in Luft auf.

Der deutsche Kanzler wurde von seinen Bodyguards an der Hand genommen und rannte dann weg. Der Präsident der USA bekam einen hysterischen Anfall und wurde schreiend und schimpfend zu seinem vergoldeten Hubschrauber geführt. Er riss sein diamantbesetztes Telefon heraus und schrie irgendetwas von Geld und Gold hinein, welches man für „ihn" in Sicherheit bringen müsste, weil sein „Land" es in der Zeit „danach" unbedingt für einen Krieg brauchen würde.

Sein Bodyguard versuchte, ihm zu erklären, dass niemand überleben würde, aber der Präsident schrie ihn an: „ICH werde überleben! ICH! ICH! ICH! Verstehen sie! ICH werde überleben! Und SIE werden dafür sorgen, dass ICH überlebe! Wofür bezahle ich sie eigentlich?!"

Der chinesische Präsident verneigte sich vor Johann und sagte zu ihm: „Der weise, alte Drache hat gesprochen. Vielleicht ist es gut so. Vielleicht auch nicht. Niemand kann ergründen, was ein Drache denkt, wenn alle Weisen schlafen… Aber zumindest und endlich wird es nun ein Ende geben." Dann blickte er zum Präsidenten der USA hin und sagte zu Johann: „Der andere weise Drache lacht. Denn selbst im Angesicht des Todes denken sie nur an Geld und Macht und Krieg. Sie haben das Leben nicht verstanden. Und somit haben sie es auch nicht verdient, dass das Leben sie versteht. Macht´s gut ihr beiden. Ich werde jetzt nach Hause fahren, um ein Lied zu singen." Dann drehte er sich um und ging zu seinem Auto.

Nur Putin blieb stehen. Er lächelte Johann an und sagte: „Na? Bist wohl das Opfer eines Narzissten … hm?"… und Johann sagte: „Nein! Soziopath!" Da lachte Putin und sagte: „Oho! Noch schlimmer… Dann bist du durch die Hölle gegangen! … Komm, mein Freund. Ich habe dort oben auf dem Hügel eine kleine Bank aus Holz für uns aufstellen lassen. In weiser Voraussicht, verstehst du? Komm… wir setzten uns da oben hin und schauen der Welt zu, wie Gier und Neid und Lüge und Betrug und Diebstahl endlich ein Ende haben." Dann gingen die beiden Männer langsam den Hügel hinauf und erzählten sich die Geschichte ihres Lebens… während unten im Tal die ersten Sirenen aufheulten…

Narzisstenschwein

(Ein Opfergedicht - RE)

Du hast mich gepackt und mich zerlegt.
Du hast mir alles rausgerissen und
mich weggeworfen.

Du hast mich jahrerlang belogen, mich betrogen, mich bestohlen, mich hintergangen, mir meine Liebe genommen
und mich brutal
vergewaltigt und gefickt.

Du hast mir den Boden unter den Füßen weggenommen
und bist auf mir herum getrampelt wie eine Sau. Du hast mir
alles gestohlen, was ich hatte. Dann hast du gelacht und hast
voller Lust zugesehen, wie ich verrecke.

Heute weiß ich:

Du bist der Teufel!

Du bist der Teufel!

Du bist der Teufel!

Du bist der Teufel dieser Welt!

Narzissten und die Soziopathen- was ist das?

Nun … Was sind das für Wesen, diese Soziopathen? Was sind das für Personen, die Menschen dazu bringen, Selbstmord zu begehen? Was sind das für Wesen, die Menschen dazu bringen, in tiefste Depressionen zu fallen, aus denen sie keinen Ausweg mehr finden? Und was sind das für Wesen, die eiskalt darauf hinarbeiten, einen ehrlichen und gutherzigen Menschen zu bestehlen, ihn zu töten, ihn zu quälen, ihn zu vernichten und ihn zu zerstören…? Wer kann so etwas Bestialisches erklären? Wir wagen in diesem Buch nun einen laienhaften Erklärungsversuch.

Viel Spaß beim Lesen!

Der parasitäre Lebensstil der Soziopathen

Die nun folgende Geschichte trägt den Namen: „Der Küchen Deal" - Lies den „Küchen Deal" und lerne, mit welchen kalten und dreckigen Lügen dich Soziopathen und ganze Soziopathen-Familien abzocken, bestehlen und betrügen, und zwar, ohne dass du es merkst.

Wikipedia / Der Soziopath:

Jemand, der ein abnormes Verhältnis zur Gemeinschaft aufweist; im Besonderen bezeichnet der Begriff Soziopath einen Menschen mit geringer Empathiefähigkeit und fehlendem Schuld - Bewusstsein, welcher unter Ausnutzung seiner Mitmenschen seine eigene Lust befördert; Der Soziopath führt einen parasitären Lebensstil.

Aus dem Internet / Die Karriere Bibel - Der Soziopath:

Soziopathen verhalten sich meist manipulativ, skrupellos, hinterhältig sowie ohne jedes Mitgefühl. Grund dafür ist ihr kaum bis gar nicht vorhandenes Einfühlungsvermögen. Bei der gefährlichsten Form hat der Soziopath Lust daran, andere Menschen zu verletzen, zu quälen oder zu unterwerfen, um seine Ziele zu erreichen. Der Soziopath führt einen parasitären Lebensstil.

Ein Fallbeispiel:

Anhand der nächsten Geschichte kann man gut erkennen, wie Soziopathen vorgehen, wenn sie dich überfallen und ausnehmen wollen. Das Opfer zahlt und zahlt und zahlt und merkt nichts. Im Gegenteil. Dem Opfer wird ja sogar noch suggeriert, etwas „Gutes" getan zu haben. Manchmal helfen ganze Familien zusammen, die von toxischen Eltern dazu angeregt und erzogen wurden, zu stehlen, zu lügen und zu quälen. Das Opfer wird bestohlen. Und zwar so, dass man hinterher alle Behauptungen der Welt aufstellen kann … Der kriminelle Dieb (der Soziopath) kann hinterher zum Beispiel sagen: "Er/Sie hat mir das ganze Zeug ja geschenkt!" … was natürlich eine Lüge ist. Aber kein Richter kann dann etwas machen. Denn dann steht Aussage gegen Aussage und eine Verurteilung des Kriminellen ist somit undurchführbar. Es gilt der Grundsatz: In dubio pro reo! – Im Zweifel für den Angeklagten!

Merke: Ein Soziopath ist empathielos. Er ist ein asozialer Unmensch und ein Lügner. Er ist ein Monster, das vernichten, stehlen, lügen und quälen will. Das heißt: Er hat kein Gefühl im Leib und geht, wenn es zu seinem Vorteil ist, auch über Leichen… Und das, wie gesagt, ohne mit der Wimper zu zucken… Lies dazu auch die Berichte von Robert Hare, der behauptet hat, ein Psychopath (Überbegriff für Narzisst, Soziopath usw. usw.) wäre wohl die dümmste Kreatur dieser

Erde. Und wer schon einmal mit so einer Person zu tun hatte, der kann das nur bestätigen. Machtgeilheit und Gier benötigen nämlich Dummheit, um auf ihr zu gedeihen... Der Deal geht immer so: Du hilfst diesen (dieses Wort wurde vom Autor gelöscht) im guten Glauben... Und unter sich sitzen die Soziopathen dann zusammen und lachen sich die Hucke voll über dich. Über den Arsch, den sie bestehlen können, ohne dass der etwas merkt! Weil „er" an die „Liebe" oder an die „Freundschaft" und an die „Partnerschaft" oder an irgendeinen „Vertrag" glaubt, die ihm eine dieser (dieses Wort wurde vom Autor gelöscht) vorspielt, um ihn dann ausnehmen zu können ...

Damit es dir nicht auch so geht, wie es anderen erging, lies die Geschichte vom „Küchen Deal" und lerne, wie dreckig und kalt Soziopathen sein können ... Der Küchen - Deal ist eine fiktive und erfundene Geschichte, die aus mehreren Erzählungen abgeleitet wurde. Im Grunde genommen sagt aber jedes Opfer immer nur das gleiche, und diese Geschichte ist eigentlich nur „die" Geschichte, die jedes Opfer erzählt.

Es geht um eine Soziopathin. Das Ziel dieser Frau war es, den Mann auszunehmen. Und nicht nur sie sollte von diesem Mann profitieren. Nein. Sie hatte vom ersten Tag an fest eingeplant, dass auch ihre Kinder und die ganze Familie sich an diesem Mann bereichern sollen. Die Familie wusste vom ersten Tag an Bescheid. Die Soziopathin hat das nachweislich mehrmals an ihre Kinder, an Bekannte und Freunde weitergegeben, die bezeugen können, wie die Soziopathin zum Beispiel gesagt hat: „Sie hätte jetzt einen „Neuen", der noch blöder ist, als der „Alte" und dem sie jetzt noch mehr Geld abnehmen kann, als dem „Alten", weil der „Neue" noch viel mehr Geld hätte!" Und jetzt geht's los:

Der Küchen – Deal

Kapitel 1: Wie man dir mit Lügen das Geld aus deinem Geldbeutel zieht!

Wir schreiben das Jahr … nun … nehmen wir 2012! Irgendwo in Deutschland … Der Mann, um den es geht, kannte die Frau, um die es geht, gerade mal drei Monate. Die Frau (die Soziopathin) lebte damals in einer heruntergekommenen Altbauwohnung und suchte gezielt nach jemanden mit Geld, der sie da rausholen und sie in ein Luxusleben katapultieren sollte! Diesem Mann versprach sie die große Liebe und die Heirat und nahm ihn aus, wie eine Weihnachtsgans!

Es gibt tausend Geschichten von den beiden, die immer damit Enden, das der Mann etwas bezahlt hat und die Frau davon profitiert! Nehmen wir hier die Geschichte des „Küchen Deals", als gutes Beispiel. Zu der Zeit, als das „Küchen – Drama" seinen Lauf nahm, bekam die Frau eine Überweisung von 80 000 Euro zugestellt, die sie auf ihrem zweiten und geheimen Konto verschwinden ließ, welches sie schon seit Jahren betrieb! Dem Mann, der ihr neuer Freund und Partner werden sollte, und den sie ausnehmen wollte, erklärte sie aber vom ersten Tag an, dass sie sehr, sehr arm wäre und ein sehr, sehr schweres Schicksal hinter sich hätte! Sie sagte, sie hätte keinen Pfennig Geld und würde am Hungertuch nagen! Sie sagte immer wieder: „Ich kann mir nichts leisten und mein Ex - Mann hat mich jahrelang brutal geschlagen und er hat auch die Kinder jeden Tag brutal vergewaltigt! Manchmal sogar im Keller auf einem Tisch! Dort hat er mich eingesperrt!

Sie sagte, dieser Typ wäre ein absolut brutaler und skrupelloser Schläger gewesen, unter dem sie jahrelang hätte leiden müssen!

Aber für ihre Kinder hätte sie das alles ausgehalten! Wie eine Heilige! Jeden Schlag und jeden noch so brutalen Stoß in ihren Unterleib hätte sie jahrelang ausgehalten! … Für ihre Kinder! Sie wäre dann, als die Kinder älter waren, vor diesem brutalen Schläger geflohen! Auch die Kinder hätte er fast täglich vergewaltigt und geschlagen und sie erklärte ihrem neuen Freund, dass sie will, dass niemand etwas davon erfährt! Weil sie will nicht, dass das ganze Dorf weiß, was ihr Ex - Mann mit den Kindern gemacht hat … Der Mann sollte also niemandem davon erzählen! Vor allem sollte er niemals die Kinder dazu befragen! Eines der Kinder wäre dann sogar mit sechzehn abgehauen und mit einem älteren Mann durchgebrannt. Weil es die Schläge und die Vergewaltigungen ihres Vater nicht mehr hätte ertragen können…"

Der Mann schwört einen Eid darauf, dass es wahr ist: Genauso hat die Frau es ihm immer wieder weinend und schluchzend erzählt und ihn natürlich belogen! Denn der „Ex Mann" der Frau war niemals ein brutaler Schläger! Im Gegenteil! Er war eines ihrer Opfer, das sie ausgenommen hat!

Ihr „neuer" Freund, der die Hauptrolle im Küchendeal spielt, bekam nun großes Mitleid mit der Frau und erfüllte ihr jeden Wunsch … Einmal bat sie ihn, eine Jack Wolfskin Jacke für sie zu kaufen, damit sie im Winter nicht so frieren muss… Sie sagte: „Bütte, bütte, kauf mir doch eine Jack Wolfskin Jacke, büttte, bütte!"… Ein anders mal erklärte sie ihm schluchzend und weinend, dass es ihr größter Traum wäre, einmal im Leben nach Italien zu reisen! Aber sie wird es wohl nie schaffen, weil sie kein Geld dazu hat! … Wieder ein anders mal sagte sie ihm weinend und schluchzend, dass alle ihre Freundinnen in diesen tollen Wellness Tempel fahren würden, aber für „sie" sei das ja

71

unmöglich! Weil „sie" sich weder den Benzin noch den Eintritt dazu leisten könnte…

(Achtung: Wir sprechen hier von genau der gleichen Person, die genau zu der Zeit, als sie dem Mann solche Dinge erzählte, 80 000 Euro auf ihrem Konto hatte! Vergiss das nicht! Und die noch dazu die Auszahlung einer Lebensversicherung erwartete und noch dazu jeden Monat den Unterhalt von dem Mann bekam, den sie als „Vergewaltiger ihrer Kinder" hinstellte, was natürlich erstunken und erlogen war! Alles klar?)

Später kam dann alles auf: Die komplette Familie der Frau wusste Bescheid! Alle wussten, dass sie sich den Mann nur gesucht hatte, um ihn auszunehmen und sich sexuell auszuleben! Das hatte sie öffentlich herum erzählt! Einige Nachbarn, denen sie im Suff alles erzählt hat, konnten das bezeugen!

Kapitel 2: Die „Bitte hilf mir" – Lüge!

Nun … In der Geschichte kommen drei Frauen und ein Mann vor. Nennen wir die Frau, um die es geht, die „H."… Nennen wir ihre Tochter, also die zweite Frau, „die F."… Und nennen wir die andere Tochter „die B.". Den Mann, den die Frau ausnehmen will, nennen wir „Max"… Und, ach ja… Wie gesagt: Nichts und alles an der Geschichte ist natürlich wahr. Und eigentlich ist sie frei erfunden! Aber passiert ist sie vielleicht trotzdem. Wer weiß das schon?

Beginnen wir also von vorne: „Max" wurde von der Soziopathin „H" im Internet ausgesucht … Er hatte sich in ein Portal eingetragen, in dem er Freunde zum Motorradfahren gesucht hätte. Dort wurde er von der „H" angeschrieben. Die Soziopathin „H" tat nämlich folgendes: Sie suchte sich aus diesem Freundschaftsforum im Internet verschiedene Männer heraus, lud sie zu sich ein und fragte sie unbedarft nach ihren Arbeitsplätzen, um abschätzen zu können, wie viel Geld der Typ verdient. Unter dem Vorwand schon lange keinen Sex mehr gehabt zu haben, fickte sie jeden einmal durch, um zu sehen, ob er sie auch genügend befriedigen könnte, und wie geil sein Schwanz war. Dann wählte sie schließlich „Max" aus. Das jedenfalls haben später die Nachbarn erzählt, die diese Frau und ihre böse Vergangenheit schon sehr gut kannten … Sie sagten später zu dem Mann: „Es kamen immer wieder Männer. Und mit jedem hat sie dann rumgefickt. So laut, das man es bis hierher gehört hat … und irgendwann bist dann „du" gekommen … und „du" bist dann geblieben…"

Wir tauchen in die Geschichte ein, als Max und die „H" ein frisch verliebtes Liebespaar sind. Die „H" verführt den Max nach allen Künsten der Liebe und lässt ihn jeden Abend ihren leidenschaftlichen Sex angedeihen. Sie tanzt nackt vor ihm mit Lederstiefeln und im Kerzenschein, macht eine Flasche Wein um die andere auf (die er bezahlt hat) und lebt mit ihm ein Sex - Leben, wie er es noch nie erlebt hat. Dabei erklärt sie ihm aber, dass sie eigentlich ein totales „Mauerblümchen" sei und gar nicht so richtig wisse, wie „Sex" überhaupt funktioniert … Nun… Die Wahrheit war: „Er" kannte so ein Leben noch nicht… Sie hingegen schon. Denn vor ihm hatte die „H" schon etliche Erfahrungen gemacht, in denen sie dieses ausschweifende Sex - Leben gelebt hatte.

Sex - Partys mit mehreren Liebhabern in Lack und Leder waren für sie nichts Neues. Jedenfalls hat eine andere Frau, die bei diesen „Mittwoch – Gang Bangs" im Hause der Frau „H" oft dabei war, dem Opfer später das so erzählt.

Von diesem „Vorleben" seiner „Freundin" wusste der Max natürlich nichts und die „H" hat ihm natürlich auch nichts darüber gesagt. „Sie" hat ihm vom ersten Tag an belogen. „Sie" hat ihm vorgelogen, dass sie eine keusche Heilige wäre, die total „arm" sei und die jahrelang um ihre Kinder gekämpft hat und dann vor ihrem bösen Mann hat fliehen müssen! Und sie genau deswegen total arm sei und jetzt endlich mal „Leben" möchte … Und der Max verliebte sich in diese „Heilige" immer mehr und mehr und wollte ihr aus Mitleid diesen Wunsch des „ein - einziges - Mal - Leben" auch gerne erfüllen … Die „H" und der Max wurden also zu einem unzertrennlichen Liebespaar.

„Er" blieb bei ihr, weil er sie ehrlich liebte! „Sie" bleib bei ihm, weil sie sein Geld liebte … Die „H" führte heimlich das Zepter und der Max wurde geführt, manipuliert und angelogen. Die „H" hat dann viel mit dem Max gearbeitet, so dass er ihren Worten immer mehr und mehr vertraute. Die „H" hat dann immer gejammert, dass ihre Küche so ein Schrott sei, aber sie kein Geld hätte, um sich eine neue einbauen zu lassen … Bis der Max gesagt hat: „Weißt du was? Such dir eine schöne, gebrauchte Küche aus dem Internet heraus… Ich hole sie und baue sie in unsere Wohnung ein. Du bezahlst die Küche und ich zahl das Zeug, das wir zum Einbauen brauchen… Die „H" war begeistert. Sie hat also in eBay eine Küche gesucht und eine gefunden. Eine wunderschöne Küche.

Sie ist losgefahren, hat die Küche angeschaut und sofort gekauft. Zwei Tage später hat sie die Küche ihrer Tochter „F" gezeigt und auch Max wurde darüber informiert, dass man „d i e" Küche gefunden hätte und alle freuten sich … Die Tochter „F" war begeistert! Sie sagte: "Mama! Diese Küche! Die ist so schön, so eine will ich auch haben. DIESE Küche will ich haben. Genau diese! Mama! Verkaufst du sie mir? Ich stottere sie dir ab! Jeden Monat 200 Euro!?"

Die „H" sagte zu ihrer Tochter: „Sie gefällt dir? Na dann okay! Dann nimmst du diese Küche und ich kaufe mir eine andere. Ich habe im Internet fast die gleiche Küche noch einmal gesehen... Dann hol ich mir die andere. Die kostet zwar einen Tausender mehr, aber ich weiß schon, wie ich das mache ..."

Die Tochter „F" sagte: „Spinnst du? Ich habe doch kein Geld und ich kann mir diese Küche nicht leisten." Die „H" sagte: „Okay, meine liebe Tochter. Wir machen das so: Der Max soll die beiden Küchen für uns bezahlen!"

Die „F" sagte: „Wie soll das denn gehen?" Und die „H" sagte: „Ganz einfach, Töchterchen... Ich werde eine zweite Küche kaufen ... und Max wird die Erste und vielleicht auch die Zweite bezahlen. Du wirst schon sehen... Wir müssen es ihm nur richtig „s a g e n"..."

Die „H" hat dann diese erste Küche gekauft und sofort bezahlt. Die „erste Küche" war also ihr Eigentum und stand noch bei dem, der sie verkauft hatte, in der Wohnung. Er sagte: „Okay. Die Küche ist bezahlt, sie gehört Ihnen. Der Abtransport eilt nicht, holen Sie die Küche ab, wenn Sie Zeit dazu haben..."

Am selben Tag schaut die „H" im Internet nach der zweiten Küche. Sie telefoniert mit dem Verkäufer und kaufte auch diese Küche. Ja.. sie kaufte einfach nochmal eine Küche. Jetzt hatte sie also zwei!

Jetzt hat die „H" zwei gebrauchte Einbauküchen gekauft und beide stehen bei den Anbietern und sind zum Abbau und zur Abholung bereit. Beide sind bereits vollständig bezahlt.

Jetzt hatte die „H" zwei Küchen. Die eine ist für sie und die andere für ihre Tochter. Wie gesagt… Beide sind bereits bezahlt. Die „H" hat mit beiden Verkäufern bereits ausgemacht, wann die Küchen ausgebaut werden. In zwei Wochen die eine. In drei Wochen die andere…

Jetzt schreibt die „H" an ihren Freund, den Max, eine Nachricht:

„Ach mein liebster, liebster Freund, jetzt ist mir etwas ganz Schlimmes passiert … Ich habe so einen großen Mist gebaut, Max … Bitte hilf mir … Ich weiß nicht mehr weiter …"

Sie schreibt: „Ich habe doch diese Küche für unsere Wohnung gekauft, Max … Und weißt du was? Jetzt habe ich auch noch eine zweite Küche gekauft. Bitte sei mir nicht böse, aber die zweite Küche habe ich gesehen und mich sofort in sie verliebt und ich habe sie dann total unüberlegt gekauft und ich habe sie auch schon halb bezahlt. Mein ganzes Geld ist jetzt weg, weil sie viel teurer war, als ich sie mir leisten kann … Dann wollte ich die Küche, die ich als erstes gekauft habe, wieder stornieren …

Aber … mein Gott, Max … Der Typ, von dem ich die erste Küche gekauft habe, will mir den Kauf nicht rückgängig machen und er gibt mir auch meine Anzahlung nicht mehr zurück. Er sagt, ich hätte einen Kaufvertrag mit ihm abgeschlossen und da könnte ich jetzt nicht mehr raus! Wenn ich jetzt storniere, sagt er, dann muss ich ihm die Hälfte des Kaufpreises geben … Max, ich bin so verzweifelt, was soll ich denn jetzt nur machen? Ich habe jetzt zwei Küchen! Und ich muss die erste Küche bezahlen und ich kann sie nicht bezahlen, weil ich das Geld dazu nicht habe! Was soll ich denn jetzt nur machen? Ich muss einen Kredit aufnehmen, um die Küchen zu bezahlen!"

Ihre Tochter „F" sitzt mit dabei und staunt über die Vorgehensweise ihrer Mutter. Beide lachen sehr und schauen zu,

wie Max reagiert. Er schreibt zurück und die „H" und die „F"
zerreißen sich vor Lachen. Sie lesen die Antwort… Max schreibt:

„Kein Ding. Du bist verrückt. Aber genau deswegen liebe ich
dich." … Er schreibt weiter: „Liebe „H". Wir sind Freunde fürs
Leben und wir wollen heiraten. Das haben wir uns unter der
Bettdecke geschworen und ich werde dich niemals hängen lassen!
Wenn mit mir etwas ist, hast du gesagt, dann holst du mich
überall raus. Und wenn mit dir etwas ist, dann mache ich das
Gleiche für dich. Pass auf: Wir machen das so:

Ich leihe dir das Geld für die erste Küche. Wir bauen sie ab und
stellen sie irgendwo in einen Schuppen. Dann verkaufen wir sie in
eBay. Wenn wir sie verkauft haben, gibst du mir das Geld zurück.

Auch für die zweite Küche leihe ich dir das Geld, das du
brauchst, bis die erste Küche wieder verkauft ist … Wir zahlen
sie. Wir holen sie. Und wir bauen sie in unserer kleinen Wohnung
wieder auf … Und dann kannst du sie mir bezahlen und wir
werden glücklich sein."

Die beiden Damen lachten: Bingo! Max verhält sich genauso, wie
es geplant war! Die „H" und die „F" lachen sich tot über diesen
Arsch. Er wird die erste Küche bezahlen! Und weil er eigentlich
nicht mal weiß, wie hoch der Preis dafür ist, kann man ihm nun
einen Preis in der Höhe nennen, wie man will. Und der wird so
hoch sein, dass die zweite Küche auch gleich zur Hälfte bezahlt
ist. Bingo! Bingo, Bingo, Bingo!

Kapitel 3: Die „80.000 Euro" - Lüge

Max baut also die erste Küche ab. Es ist die Küche, die die „H"
zuerst gekauft hat und die sie jetzt nicht mehr will, weil sie sich
(laut ihrer Lüge) in die zweite Küche „verliebt" hat. Es ist also

„die" Küche, die ihre Tochter haben will! Das Geld dafür hat Max seiner Freundin „H" schon in die Hand gegeben und sie hat dann so getan, als ob sie die Küche damit bezahlen würde. Weil… Bezahlt hat sie ja die Küche schon vor zwei Wochen. Und zwar von ihren 80 000 Euro!

Das Geld von Max lässt sie heimlich auf ihrem zweiten Konto verschwinden und sagt: „Das Geld für die Küchen gibst du mir aber bitte in bar in die Hand. Oder überweise es auf mein Konto. Ich kann mit Geld gut umgehen und vielleicht kann ich noch etwas rausschlagen. Vertraue mir, Max. Das machen wir ab jetzt immer so. Ich will nur auf dein Geld aufpassen, Max! Damit kein Pfennig zu viel davon wegkommt … Wenn wir ab jetzt etwas kaufen, gibst du das Geld ab jetzt immer mir und ich überweise dann den Betrag von meinem Konto aus! Das ist sicherer! Deine Frau wird bei einer Scheidung nichts von dem bekommen, was du uns für unser neues Leben kaufst! Verstehst du? Wir zwei! Du und ich! Wir machen ein Spiel daraus: Wir machen das jetzt immer so und von dem, was ich dabei rausschlage, fahren wir dann in Urlaub! Ok?"

Max wundert sich, weil die beiden Küchen fast gleich ausschauen und es fast keinen Unterschied gibt … Er fragt sich: „Wie kann man sich in eine „zweite" Küche so sehr verlieben, wenn beide fast gleich sind?" … Aber er vertraut natürlich seiner Freundin, weil sie ihm immer und immer wieder die Wahrheit sagt (glaubt er jedenfalls)… Und sie sagt ihm auch immer wieder, dass sie ihn liebt und dass er ihr Vertrauen soll … und sie sagt immer wieder, dass sie ihn bald heiraten wird … und sie sagt ihm immer wieder, dass sie dann glücklich zusammenleben werden, bis zu ihrem Tod… und er … der Max … lässt sich immer wieder belügen und belügen und belügen …

Max baut also die erste Küche ab und transportiert sie, aber er weiß nicht, wo er sie unterstellen kann. Die „H" sagt: „Max! Meine Tochter, die „F" ist so „freundlich" und stellt uns ihre Garage zur Verfügung. Dort können wir die Küche, die ich als erstes gekauft habe und die ich nicht will (und von der die „F" und ihre Mutter, die „H", schon lange ausgemacht haben, dass die „F" sie bekommen soll und nichts dafür zahlen muss, weil der Max sie bezahlt, was der Max aber natürlich nicht weiß …) unterstellen …

Und weißt du was, Max? Ihr Freund würde dir sogar dabei helfen, die Küche zu meiner Tochter zu bringen. Dort können wir die Sachen unterstellen, bis wir sie wieder verkauft haben."

Max baut also die erste Küche ab und fährt sie zur Tochter „F". Also dahin, wo sie nach dem Plan von „F" und ihrer Mutter, der „H", sowieso schon bald wieder aufgebaut werden soll, was Max natürlich auch nicht weiß. Der Freund von „F" ist jetzt auch mit eingeweiht und lacht sich die Hucke darüber voll, wie einfach man jemanden bescheißen und bestehlen kann, der an sowas wie „Liebe" und an „Freundschaft" glaubt. Mittlerweile weiß die komplette Familie über den Küchen - Deal Bescheid und alle lachen wie die Irren. Nur wenn Max kommt, dann lacht natürlich niemand. Die „H" hat allen erklärt, wie sie ihn zu behandeln haben. Sie befahl ihrer Familie: „Er soll denken, dass er ein absolutes Mitglied der Familie ist!" Sie sagt: „Je mehr ihr mitspielt, desto mehr Geld können wir aus ihm rausholen!" Und alle waren einverstanden.

Dann baut Max die zweite Küche ab und bringt sie in die gemeinsame Wohnung zu seiner Freundin, der „H". Dort baut er sie wieder auf. Niemand hilft ihm, denn alle haben „etwas Besseres" zu tun und kommen erst, als die Küche fertig ist. Sie kommen zur „Einweihungsparty", also zum Fressen und zum Saufen.

Max schleppt und rackert wie ein Blöder und die „H" sagt, es wäre ja für „ihre gemeinsame Zukunft" und sie sagt ... „Sie würde Max lieben und lieben und lieben und lieben und lieben und lieben und lieben und lieben und lieben und lieben und lieben und immer mit ihm zusammenbleiben und ihn heiraten, und das würde sie sogar beim Leben ihrer Kinder schwören ..."

Das Geld für die Installationen und Lampen und das ganze Zeug, das er zum Aufbau braucht, bezahlt Max natürlich auch in bar und bekommt es auch nie mehr wieder. Jetzt hat also die „H" zwei Küchen gekauft, aber nur eine halbe davon von ihrem eigenen Geld bezahlt ... Sie hat ja das Geld von Max dafür genommen ... Und sie hat so viel genommen, dass auch die zweite Küche fast davon bezahlt ist ... Jetzt macht Max Fotos von der ersten Küche (also die, die „H" angeblich nicht haben will, weil sie sich in die zweite Küche „verliebt" hat und die jetzt in der Garage ihrer Tochter steht, die diese Küche haben will) und stellt diese Fotos unter dem eBay - Account seiner Freundin „H" ins Internet zum Verkauf ein. Aber Achtung: Nicht unter seinem eigenen Account ... und das ist sehr wichtig ...

Die „H" will unbedingt ihren eigenen Account haben, damit die Leute, die diese Küche kaufen wollen, bei „ihr" anrufen müssen. (Es ist immer noch die Küche, die ja eigentlich Max bezahlt hat und von der die „H" und die „F" schon von Anfang an ausgemacht haben, dass die Tochter „F" sie bekommen soll und das der Max sie bezahlen wird und dass das alle wissen, nur der Max nicht...)

Die „H" freut sich über den „Superman Max" und lobt ihn in den höchsten Tönen. Sie zieht ihr (diese Wörter wurde vom Autor gelöscht) an, das unten offen ist, macht eine Flasche Wein auf, und lässt es sich so richtig schön von Max (dieses Wort wurde vom Autor gelöscht). Das ist kein großes Ding für sie. Sie liebt den Sex und vor allen Dingen liebt sie es, wenn es so richtig hart zur Sache geht! Oft hat sie stöhnend zu Max geschrien: „Los! Komm! Zeig mir, was du kannst … und zeig mir, was du willst! Fester! Fester! Los!"

Schon am nächsten Tag wird Die „H" von einem Interessenten angeschrieben, der die Küche kaufen will, die jetzt in der Garage ihrer Tochter steht und von der die „H" und die „F" von Anfang an ausgemacht haben, dass ihre Tochter "F" sie bekommen soll und das Max sie bezahlen wird. Die „H" schreibt aber an den Interessenten zurück: „Es tut mir leid … die Küche ist schon verkauft und wird bald abgeholt …"

Am Abend schreibt ein zweiter Interessent und tags darauf schreiben nochmal zwei Leute, die die Küche sofort kaufen würden. In den nächsten Tagen meldet sich noch einer. Doch die „H" schreibt immer wieder: „Es tut mir leid. Die Küche ist schon verkauft …"

Nach zwei Wochen reden die „H" und der Max miteinander. Max sagt: „Sag mal Schatz, hat sich jetzt wegen der Küche immer noch niemand gemeldet? Das gibt´s doch nicht … Will sie denn wirklich keiner haben?" Und die „H" sagt: „Nein, Max, nein … es tut mir so Leid … Keiner. Es hat noch keiner angerufen oder mir deswegen geschrieben …"

In der Hoffnung, dass die Küche doch noch jemand kaufen wird, senkt Max den Preis in der Anzeige … Zwei Tage später haben wieder vier Leute wegen der Küche an die „H" geschrieben und ein Angebot gemacht. Die „H" sagt aber zu Max: „Du … ich glaube, die Küche ist unverkäuflich! Niemand schreibt … Was

sollen wir nur tun? Ich kann doch kaum noch schlafen, Max ...
Ich habe dir gegenüber so ein schlechtes Gewissen. Ich bin doch
schuld! Was muss ich denn auch so dämlich sein und ZWEI
Küchen kaufen ...?" Dann weinte sie wie immer, wenn der Max
nicht auf ihre Lügen kommen soll und sie noch mehr Geld aus
ihm herausholen will ... und fällt in seine Arme ...

Sie sagte: „Ich hänge mich auf! Ich bin soooo eine schlechte
Freundin zu dir und du machst so viel für mich und ich baue
immer so einen Mist! Du bist so ein guter Freund, Max, so ein
guter Freund ... Geh bitte weg von mir und suche dir eine andere
Freundin. Eine, die nicht so arm ist, wie ich und die nicht so viel
Mist baut ... Ich würde es verstehen... weil ich dich doch so sehr
liebe"... Und dann fängt sie an zu schluchzen und zu weinen...
und sinkt wieder in seine Arme...

Max beruhigt sie natürlich und erklärt ihr, dass es mit dieser
„unverkäuflichen" Küche schon irgendwie weitergehen wird und
er sagt ihr auch, dass er sie unsagbar liebt, weil sie immer so
ehrlich und so freundschaftlich zu ihm ist... und was sollen da
schon die fünfeinhalbtausend Euro ausmachen, die er ihr
gegeben hat?

Am selben Abend überrascht die „H" den Max dann mit einer
Nachricht: „Du Max! Stell dir das mal vor: Meine Tochter, die
„F" hat gerade angerufen und sie hat gesagt, sie würde uns die
„unverkäufliche" Küche abkaufen wollen! Stell dir das nur vor!
Sie würde sie kaufen, weil sie ganz genau in ihre Wohnung passt!
Ihr Freund hat das gerade nachgemessen... Das wäre doch ideal,
Max. Die Küche steht ja sowieso schon bei ihr in der Garage!"

Jetzt bricht Freude aus. Max freut sich sehr, dass es „endlich"
eine Lösung für diese Misere gibt... und die „H" freut sich mit
ihm. Die „H" sagt: „Max... Meine Tochter, die „F" hat alles aus-

gemessen und die „unverkäufliche Küche" würde in ihre Wohnung passen. Aber du Max... meine Tochter würde uns die Küche zwar gerne abkaufen. Aber sie hat ja kein Geld. Was machen wir?"

Da kam man überein, dass die Tochter „F" die Küche zum halben Preis von dem bekommen soll, was die „H" (also eigentlich Max) dafür bezahlt hat. Den „halben Preis" kannte Max natürlich nicht. Er war ja bei den Verhandlungen nicht dabei. Er wusste ja nicht mal den „ganzen Preis"... Was denkst du also, was die „H" und die „F" mit dem Max gemacht haben...?

Naja ... sie hat ihn den „halben Preis" schon bei der ersten Küche mitbezahlen lassen ... so dass es jetzt irgendwie so war, dass die beiden Küchen sie nichts mehr gekostet haben und das sie eigentlich noch eineinhalbtausend Euro mehr hatte, als alle Küchen zusammen gekostet haben... und wie gesagt... Das Geld, das ihr Max gab, war ja eigentlich nur „geliehen"... Und diese „eineinhalbtausend Euro mehr", die sie jetzt zu viel hatte, bekam jetzt die Tochter „F", um damit den „Kauf" der Küche bei Max zu bezahlen ...

Man kam also überein, dass die Tochter „F" die Küche bekommen soll und sie den halben Preis dafür an Max bezahlen soll... Das Geld für die Küche aber sollte Max von der Tochter erst „irgendwann" mal bekommen, weil sie gerade nicht „so flüssig" wäre ... So sagte es die Tochter zu Max an dem Tag, an dem sie die Küche bezahlen sollte. Über so viel Unverfrorenheit ihrer Tochter staunte dann sogar die „H"... Und die Tochter? Sie fuhr mit ihrem Freund und den „eineinhalbtausend Euro mehr" irgendwann nach Norwegen in Urlaub! Den Max ließ man links liegen ...

Am Tag darauf bricht Max auf und fährt in die Arbeit, um das Geld zu verdienen, dass ihm die „H" und ihre Familie abnehmen und verjubeln wird, was er natürlich noch nicht weiß und nicht überreißt, weil die „H" ihm immer und immer wieder sagt, dass alles, was er bezahlt hat, für ihre „gemeinsame Zukunft" und ihre „gemeinsame Liebe" sein wird… Und sie sagt ihm auch immer und immer wieder, dass natürlich alles, was er bezahlen wird, „sein" Eigentum ist und es auch für immer bleiben wird! Denn falls wirklich mal was schief geht und sie sich trennen werden, sagt sie, dann wird „sie persönlich" alles ausrechnen und alles absolut korrekt auseinander trennen. Sie sagt: „Max! Es wird alles ausgerechnet und alles auseinander geteilt, falls mal was ist! Das verspreche ich beim Leben meiner Kinder!" Und genau das versprach sie ihm … vom ersten bis zum… naja … sagen wir mal…vorletzten Tag immer und immer wieder…

Während nun Max in der Arbeit ist, sitzen die „F" und die „H" im Garten und saufen Sekt und lachen sich die Hucke voll… Die Tochter „F" „kaufte" also die Küche zum „halben Preis" von ihrer Mutter, ohne sie jemals bezahlen zu müssen, weil sie der Max schon lange bezahlt hatte… und sie bezahlte dann dem Max ihre Schulden mit seinem eigenen Geld, dass sie ihm aber nicht gab, weil sie ihm sagte, dass sie gerade nicht „flüssig" wäre… und ihr Freund baute die Küche bei ihr ein.

Als Max wieder von der Arbeit da war, da zog die „H" wieder das Lederkleid mit den knielangen Stiefel an, und tat Dinge, die einen

Mann entweder sehr glücklich… oder sehr blind machen. Jetzt hatte die „H" eine „neue" Küche, die Max ihr eingebaut und bezahlt hatte und ihre Tochter, die „F" hatte nun auch eine „neue" Küche, die Max auch bezahlt hatte. Im Grunde genommen war es jetzt so, dass die „H" für das Geld von Max zwei Küchen und einen kostenlosen Einbau bekommen hatte und ihre Tochter immer noch eineinhalbtausend Euro von Max seinem Geld in ihrer Spardose versteckt hatte.

Na gut… Dafür hatte die H fast jeden Tag mit ihm (dieses Wort wurde vom Autor gelöscht) und sein (dieses Wort wurde vom Autor gelöscht) schlucken müssen… aber wie gesagt… diese beiden Dinge tat sie ja unheimlich gerne… Die Abmachung, dass die Tochter „F" das Geld für ihre Küche irgendwann an Max zurückzahlen soll… verlief sich mit der Zeit im Sand und wurde nie mehr gesehen… Es wurde mit der Zeit einfach nicht mehr darüber gesprochen und es wurde irgendwie als „selbstverständlich" abgehandelt, dass „Max" „eineinhalb Küchen" bezahlt hat, weil „er" doch jetzt zur „Familie" gehört und „er" einfach mit der „H" schon so gut wie verheiratet ist und überhaupt und sowieso alles der „H" und dem Max und der Familie zusammen gehört und er zu der Tochter von der „H" ja dann sowieso so etwas wie ein „neuer Vater" wäre und er dann auch schon mal was für seine „Halbtochter" „springen lassen" könnte, wenn sie doch damals von ihrem richtigen Vater, dieser Bestie, so oft vergewaltigt worden ist und noch nie ein schönes Leben hatte, usw. usw. usw. usw. usw. usw. usw. usw. usw. usw. usw. usw. usw. usw. usw. usw. … An Argumenten fehlt es den Soziopathen ja nie…

Ja, ja… Das haben ihm alle zusammen in sein Gehirn hinein manipuliert… Die komplette Familie! Dafür hat die „H" bestens gesorgt. Und zwar mit ihrer fetten (dieses Wort wurde vom Autor gelöscht), mit ihren feisten (dieses Wort wurde vom Autor gelöscht)und mit ihrem spitzen (dieses Wort wurde vom Autor gelöscht). Und natürlich auch mit ihren Lügen und ihren Tränendrüsen… Das Geld, das die Tochter „F" dann irgendwann an den Max für ihre Küche bezahlt sollte, bekam nicht Max, sondern die „H" die es dem Max dann geben sollte … Es war sehr wenig und man kam überein, dass es gut wäre, dieses Geld in die gemeinsame Urlaubskasse zu tun, wodurch die „H" wiederrum billig in Urlaub fahren konnte. Und zwar dahin, wo „sie" wollte. Und nicht „er"…

Und auch dafür hat sie sich den Max abgerichtet und ihm immer wieder gesagt, dass es ihr „Traum" wäre, mal da und mal dort hin zu fahren… Und Max? Naja … Er hat seiner „besten Freundin", die ja sooo „arm" war und sooo viele schlimme Schicksalsschläge durch ihren bösen, bösen Mann erleben musste, diese Träume natürlich erfüllt.

Nun… Warum hat Max das getan? Und warum hat er nichts gemerkt? … Ganz einfach … Weil er diese Frau wirklich geliebt hat. Weil er sie ganz offen und ganz ehrlich und ganz wahrhaftig, und so, wie es eigentlich sein soll, wenn man zusammen ist, geliebt hat. „Sie" hat das eiskalt ausgenutzt! Die „H" sagte zu Max: „Max. Ich bin so froh, dass ich dich gefunden habe! Mit dir ist alles so einfach. Du bist mein Traummann. Es ist so schön, dass es dich gibt!" … Und sie lachte ihm ins Gesicht. Dann kam ihre andere Tochter, die „B" dazu und sagte: „Sag mal Max… Du bist so ein toller Mann… hast du keinen Bruder oder einen Sohn, der ganz genau so ist, wie du? Den würde ich sofort nehmen… Aber der muss dann wirklich ganz genau so sein, wie du" … Und dann haben die drei Damen sich angesehen und sehr laut gelacht und jeder verstand, warum!

Nur der Max nicht.

Die „H", die „B" und die „F" und der fette, schmierige Freund der „F" haben dann Tränen gelacht, als sie eine Flasche Sekt in „F´s" neuer Küche aufgemacht haben. Natürlich ohne Max. Der war in der Arbeit … Die „H" sagte laut und spöttisch immer wieder: „Du böst möin Traummann…" und alle haben sich halb totgelacht… Ihre Tochter sagte: „Und der Depp hat das alles gefressen, ohne zu fragen, Mama? Mensch Mama, bist du gut! Halte dir den gut warm. Den zocken wir ab, bis er nichts mehr hat…" Und die anderen sagten: „Der hat doch immer noch Geld, Mama! … Ich brauche ein Auto! Hast du gehört! Mach, dass er mir ein Auto bezahlt! Sofort!"

Doch die Mutter drehte sich um und sagte: „Nun mal langsam… jetzt bin „ICH" erst mal ich an der Reihe! ICH habe ihn mir abgerichtet, und ICH habe jeden Abend sein Zeug geschluckt! Und jetzt will ICH erst mal was! ICH will eine neue Wohnung und ICH will viele Reisen machen. Was dann noch übrig bleibt, gehört euch! Ich habe Max für sieben Jahre eingeplant. Er verdient im Monat 2500 Euro! Rechnet es euch aus!

Und wahrhaftig: Die „H" und die „F" haben es dann hochgerechnet. Die „H" sagte: Sieben Jahre werden reichen, dann gehört mir sein Bankkonto, sein Haus und alles, was er hat. Und das, was dann noch bleibt … das gehört euch! Keine Angst! Ich schaue schon, dass genügend übrig bleibt! Dann haben alle gejubelt und das getan, was sie am besten können: Nämlich Nichtstun und sich faul und asozial die Birne vollsaufen!

Kapitel 4: Das Ende einer dreckigen Geschichte

Dies war jetzt nur ein Beispiel ... Ein Beispiel von vielen. Ein Beispiel dafür, dass „du" etwas (sehr ehrenhaftes) für jemanden machst, den du liebst und gar nicht mitbekommst, dass der andere (oder die ganze Familie, wie in diesem Beispiel) dich nur dreckig ausnutzt! Und glaube mir: Die machen das nochmal mit dir! Und nochmal und nochmal und nochmal! ...

Das geht zum Beispiel auch mit Reisen! Hier ein Auszug aus einem Gespräch: „Ich möchte es doch nur einmal sehen! Ein einziges Mal in Italien in der Toskana stehen und die Sonne sehen! Aber ich kann es mir nicht leisten! Verstehst du? Ich spar doch eh schon 20 Euro im Monat ... aber ich werde es nie schaffen!"

Oder mit Autos! Hier ein Auszug aus einem Gespräch: „Was soll ich denn nur machen? Jetzt ist mein Auto kaputt! Ich kann mir kein Auto leisten! Und auch die Miete nicht mehr! Und wie soll ich denn jetzt ein Auto bezahlen, wenn meines kaputt ist!?"

Usw. usw. usw... Das geht mit allem! Such dir was aus! Wenn der, den du beschießt, dich wirklich liebt, wird er dir die Reise in die Toskana bezahlen und lieber sein Motorrad verkaufen, damit „du" Geld für dein Auto hast, als dich „ohne" Auto zu lassen!

Ruhig gestellt und „dumm" gemacht wirst du mit Lob: „Ja, das hast du aber super gemacht! Kein anderer könnte das so wie du! Und ich bin ja so tief in deiner Schuld, und so froh, weil du mir immer wieder hilfst!" Oder durch das Geschlechtsteil des anderen! (Sex in allen Variationen) Hier ein Auszug aus einem Gespräch: „Komm doch! Lass es raus! Das ist doch ganz natürlich! Ist nur Eiweiß! Lass es raus! Ich kann das schlucken! Das mach ich für dich! Macht mir nichts aus!) ...

Ja… So handeln Soziopathen… So sprechen Soziopathen sich ab und so bestehlen diese (hier darfst du selbst das Wort einsetzten, dass dir gefällt) uns Menschen. Und wenn du jetzt sagst, diese Geschichte war doch eigentlich lustig und schön, dann bist du ganz einfach nur ein Schwein: Denn hier ging es um etwa 7000 Euro, die dem Mann gestohlen wurden! Der Diebstahl wurde vorsätzlich und eiskalt von einer Gruppe von hochgradig Kriminellen geplant und verbrecherisch durchgeführt! Und da hört für mich „lustig" auf! Und ja! So sind sie! Diese dreckigen und verlogenen Parasiten! Also pass bitte auf dich auf! Denn während „du" ehrlich liebst und dir um deinen „Freund" viele, viele Sorgen machst, denkt dein „Freund" vielleicht einzig und alleine darüber nach, wie er dich schächten, dir dein Vermögen stehlen, und dich jeden Abend zusammenficken kann!

Und noch was… Soziopathen erziehen ihre Kinder immer zu ihrem Ebenbild! In diesem Fall also zu asozialen Parasiten und Kriminellen. Zu Dieben, zu Lügnern und zu Betrügern. Zu empathielosen Tieren, die „Gefühle" und „den guten Menschen" perfekt spielen können, aber selbst niemals Gefühle haben! … und die niemals ein „Mensch" sein werden, sondern immer nur parasitäres Wesen. Nun … Ich hoffe, ihr habt aus dieser Geschichte gelernt. Soziopathen sind sehr erfinderisch und geschickt darin, kriminell zu denken. Und vor allem: Sie lügen und lügen und lügen und lügen, ohne mit der Wimper zu zucken… Hüte dich also vor solchen Wesen! … Schütze dich! Denke daran: Solche „Leute" sind einfach nur asoziale Kriminelle, die keine Reue kennen und keine Gefühle haben… Hüte dich vor „Freunden", die dich weinend und schluchzend bitten, ihnen zu helfen, und dabei Geld oder materielle oder andere Hilfeleistungen ins Spiel bringen! Solche „Freunde" sind meist nur Parasiten in Menschengestalt und manipulieren dich so lange, bis sie das bekommen, was sie wollen! Und das ist meistens dein Geld oder dein Sex. Oder eben beides zusammen! Pass also bitte auf dich auf und vermeide es, mit solchen Tieren zu reden. Sonst könnte es dein Ende sein!

Der Dieb

Du Dieb! Du dreckig Kreatur
Hast keinen Sinn fürs Leben

Du stiehlst und stiehlst in deiner Gier
Und kannst nur nehmen und nicht geben

Und das, was du gestohlen hast
Stecks dir doch in dein stinkend Loch

Du bist falsch und ohne Menschlichkeit
Und die Wahrheit find dich doch

Denn das, was heute wertvoll ist
Ist morgen schon ein Schein

Doch dein Andenken ist ewiglich
Und so bleibst du im Leben und im Tode

Für ewig nur: Ein dreckiges Schwein

Hier kommen jetzt ein paar Seiten zum Thema Kindesmissbrauch:

Schwein

(Ein Gedicht gegen Kindesmissbrauch)

In einer Stadt ganz groß, ganz klein
Da lebte einst ein männlich Schwein

Es liebte Kinder unsagbar
Vor allem, wenn es brünstig war

Da sprach das Schwein, der liebe Mann
Sehr oft auch kleine Kinder an

Er sagte, es würde ihn sehr reizen
Wenn sie für ihn Beine spreizen

Die meisten waren zwölf und zehn
Doch hat er jünger auch gesehen

Er schlich und kaufte sich für Geld
Den Sex in seiner Unterwelt

Da sagte ihm ein anderes Schwein
Er müsste mal nach Tschechien rein

In den Städten dort, ganz sicherlich
Da gäb es den Kinderstrich

Da fuhr das Schwein mit seiner Sau
Das wissen alle ganz genau

Dreimal im Jahr zum Kinderficken
Und ließen sich bei Freunden blicken

Und immer dann, zur Urlaubszeit
Da machte man die Beine breit

Das Schwein packt Kinder, groß und klein
Nicht umsonst sagt man „es ist ein Schwein"

Das Schwein. Es brüstet sich ganz offen laut:
Zehn Jahre! War die jüngste Braut

Für Partys in der Huren Haus
Zogen Männer ihre Hosen aus

Die Hure hat so viele Freund
Und einer, der hat´s nicht versäumt

Hat schöne Fotos dann gemacht.
Von Partys. Kind. Und Schwein. Und lacht

Macht Pornofilm, es ist wahr
Von Mädchen, grad im elften Jahr

Mit vierzehn wurd´ die dumme Nuss
Dann schwanger. Von ´nem tiefen Schuss

Das Kind im Bauch wurd tot gemacht
Und alle haben mitgemacht

Ein Nachthemd. Flattert leicht im Wind
Des Nachts im Regen. Totes Kind

Auf der Straße steht ein Schwein
Im Regen dort. Und ist allein

Kondom, ein Schrank, ne Flasche Sekt
Die Wahrheit, die wird stets versteckt

Das ist die Gschicht vom Kinder – Schwein
Er liebt die Kinder heut noch fein

Sie weinen, schreien. So ein Mist
Pass bloß auf … dass das nächste Kind …

Nicht dein eignes ist …

Verteilung der Kontexte

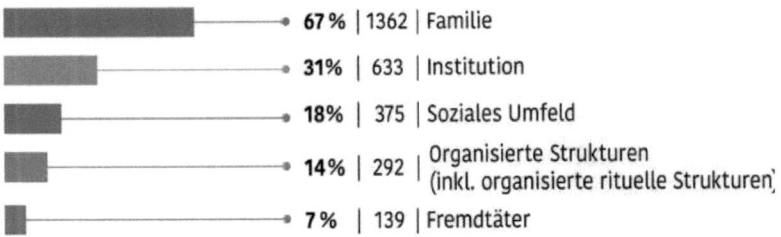

67 % | 1362 | Familie

31 % | 633 | Institution

18 % | 375 | Soziales Umfeld

14 % | 292 | Organisierte Strukturen (inkl. organisierte rituelle Strukturen)

7 % | 139 | Fremdtäter

Verhaltensstörungen und Folgeschäden von Missbrauchsopfern im Erwachsenenalter

(Nachzulesen unter anderem auf den Seiten der Hilfsorganisationen oder der Bundesregierung)

Wenn dieser Bericht auch nur ein einziges Opfer dazu bringt, aufzustehen, und das (dieses Wort wurde vom Autor gelöscht) anzuzeigen, dass ihm das angetan hat, dann hat dieser Bericht seinen Sinn erfüllt. Darum steht auf und sagt, was euch passiert ist. An alle Zeugen: Steht auf und sagt, was ihr gesehen habt... Hört auf zu schweigen... Denn Schweigen hilft immer nur dem Täter. Schweigen hilft niemals dem Opfer.

Das, was jetzt folgt, ist das, was ein Kindervergewaltiger seinem Opfer antut. Hier könnt ihr über die Symptome und Störungen lesen, die Auftreten, wenn Kinder sexuell missbraucht werden. Solche Kinder sind dann meistens kaputt und ihre Seelen sind zerstört und vergewaltigt. Die „Erniedrigung", die sie durch so ein Monster erfahren, wird niemals heilen. Bei Missbrauchsopfern ist ein „normales" Leben, so wie du es lebst, oftmals nicht möglich. Du bist gezeichnet für den Rest deines Lebens. Du kannst waschen und waschen und waschen und waschen... aber den Dreck, den dir dein Vergewaltiger in deine Seele gefickt hat, den bringst du nie wieder weg...

Und genau das ist das, was diese „Monster" mit den Kindern machen. Sie töten ihre Seelen und stürzen sie in ein traumatisches Leben. Es sind Freunde, Bekannte oder sogar die Familie selbst, die so etwas tun! Und manchmal sind es sogar die Eltern, die ihren Liebhabern die Tochter zum „Nachtisch" anbieten und sie für 100 Euro auf den Tisch legen, damit ein (diese Wörter wurden vom Autor gelöscht) sich an ihr vergehen kann!

Lies, was diesen Kindern als Erwachsener passiert und scanne deine Umgebung ab. Denn laut der Menge der Fälle und laut der Statistiken darüber, würde es mich nicht wundern, wenn du in deinem Umfeld einige Personen findest, die einige dieser Störungen aufweisen. Kinder, die missbraucht wurden, haben als Erwachsene:

o   Essstörungen (zu dick. Bulimie oder auch zu dünn, Magersucht)

o   Hauterkrankungen (auch als Erwachsenen noch viele Pickel oder auch andere Hauterkrankungen)

o   Angstzustände: Opfer haben oft Angst. Vor Menschen. Vor der Wahrheit. Vor der Nacht. Vor der Dunkelheit. Vor Vertrauensmissbrauch. Vor Ent-täuschung. Vor Berührung usw. Je nachdem, welche Erfahrungen das Opfer beim Missbrauch erlebt hat.

o   Enttäuschung und Vertrauensbruch: Je näher die Person dem Opfer stand, die den Missbrauch ermöglicht oder durchgeführt oder davon gewusst hat (z.B. Vater, Mutter, Geschwister), desto schlimmer ist der Vertrauensbruch für das Opfer. Oft macht das Opfer (im Kindesalter) noch alles mit und tut das, was man ihm sagt... („Er will doch nur ein paar schöne Fotos von dir machen... Komm, das tut doch nicht weh... mach mal dein Höschen runter...") Doch in fast allen Fällen kommt es nach diesem „anlocken" dann zum Missbrauch und erst viele Jahre später erkennt das Opfer, dass es (vielleicht sogar von Mutter, Vater, Onkel usw.) skrupellos benutzt und hintergangen wurde und fühlt sich dann ein Leben lang vergewaltigt und erniedrigt.

- Schwermut: Missbrauchsopfer wirken oft sehr schwermütig und weinerlich und sind irgendwie traurig. Opfer erzählen oft ständig irgendwelche Geschichten über das, was andere Menschen machen, oder über das, was man gerade am Fernsehen oder Radio gesehen oder gehört hat, um von sich selbst abzulenken.

- Das Opfer hat immer das Bedürfnis, „niemals etwas ans Licht kommen zu lassen…", weil es sich unsagbar schämt oder (oft sogar von der eigenen Familie) dazu gezwungen wird, zu schweigen. Dieses Verhalten wird dem Opfer vom Täter immer wieder brutal oder auch manipulativ eingetrichtert und suggeriert. Deshalb versucht das Opfer auch, durch Lügen und Geschichten immer wieder von sich und dem, was damals passiert ist, abzulenken.

- Rückzug: Rückzug in eine eigene Welt: Missbrauchs-opfer haben oft ihre „eigene Welt" und sind gerne für sich alleine. Sie haben keine Freunde. Höchstens einen oder zwei „Vertraute". Manche von ihnen leben in einer „traumatischen Kunstwelt", in die sie niemanden hineinlassen. Diese „Welt" findet ausschließlich in ihrem Kopf statt und Außenstehende finden diese Person dann „komisch" oder eben „traumatisch". Manchmal beginnen sie zu malen, zu singen oder zu schreiben. Diese Kunst ist dann oft melancholisch und traurig. Andere treiben auch Sport bis zur Ekstase oder finden einen anderen mentalen Emulgator, der sie vom Gewesenen ablenken soll.

- Einsamkeit: Manchmal völliger Rückzug in die Einsamkeit. Manchmal stundenweise oder Tage und Wochenlang. Sie sperren sich ein. Gehen tagelang nicht raus. Rollo zu. Wenn Fremde kommen, macht man nicht auf oder man zieht sich in ein Zimmer zurück und wartet, bis der Besuch wieder weg ist.

o Ritzen: Selbstverstümmelung oder Suizidversuch bis hin zum Suizid (z.B. Ritzen in die Haut, brennen in die Haut usw.)

o Therapie: Aufenthalt in psychischen Einrichtungen oder psychologische Behandlung. Viele Missbrauchsopfer haben diese Möglichkeit n i c h t , weil sie von den Tätern dahingehend manipuliert werden, dass sie ihren Mund halten sollen. Vor allem dann, wenn ein Familienmitglied wie Onkel, Vater usw. an dem Missbrauch beteiligt war. Dann schweigt die ganze Familie und auch das Opfer. Dem Opfer wird ein Leben lang damit gedroht, nichts zu sagen.... (Willst du wirklich, dass sie mich oder unsere Familie oder meine „Freunde" einsperren? Und es tut mir auch soooooo leid, dass dir das damals „passiert" ist. Wir wollten das nicht! Erzähl bloß nie etwas drüber. Sonst bringst du uns... und auch dich... in Teufels Küche...)

Solche Lügen werden dem Opfer nach dem Missbrauch suggeriert. Und das ist das Schlimmste, was die Täter den Opfern antun kann: Denn genau dadurch verhindert sie eine Therapie, die helfen könnte, dass das Opfer ein normales Leben führt. Den gefühllosen Täter interessiert es nicht, was mit seinem Opfer passiert. Um seinen eigenen Kopf aus der Schlinge zu ziehen, manipuliert der Täter das Opfer auf brutalste Weise. Das so manipulierte (belogene) Opfer verkriecht sich, weint und stirbt jahrelang einen einsamen Seelentod, während der Täter in Urlaub fliegt, Wein säuft und lustig ist und auf irgendwelchen Partys sein Leben feiert. Wie gesagt: Soziopathen und Narzissten sind einfach nur kranke und gefühllose Säue! Nicht mehr und nicht weniger! Das erzählen alle, die mit ihnen zu tun hatten!

o Alkohol und Drogen: Missbrauchsopfer sind anfällig für Alkoholismus und für Drogenabhängigkeit. Oft findet man unter Missbrauchsopfern im Erwachsenen-alter starke Raucher oder Alkoholabhängige. (Es herrscht eine „Es ist doch eh schon alles egal" - Mentalität)

o Keine Teamfähigkeit oder Körpernähe gewünscht: Manche Missbrauchsopfer tun sich schwer, einen Beruf auszuüben, in dem man in einem Team arbeiten muss. Nähe und Körperkontakt zu anderen Menschen ist ihnen auf Dauer unmöglich. Sie brechen den Job nach ein paar Wochen ab und benutzen dazu oft irgendwelche Ausreden („Die sind da alle so böse zu mir!") usw...

o Körperkontakt: Missbrauchsopfer wollen nicht in einem Verein sein, weil man dort mit Menschen zusammen kommt. Ein gemeinsames Duschen zum Beispiel wäre für sie unmöglich.

o Waschzwang: Opfer waschen sich sehr oft und fühlen sich hinterher immer noch dreckig.

o Öffentlichkeit: Kein Besuch eines Schwimmbades, Sportverein, Sauna, Wellness Hotel usw. Überall dort, wo man leicht bekleidet unter anderen Menschen ist, geht man nicht hin. (Bikini, Sportdress usw.)

o Kleidung: Missbrauchsopfer ziehen sich instinktiv vollständig an. Es gibt keine „luftige" Kleidung. Oft mehrere Lagen übereinander. Auch im Sommer.

o Lebenstabilität: Keine Leistung. Keine Ausdauer. Missbrauchsopfer bekommen ihr Leben nicht auf die Reihe und brauchen selbst für die einfachsten Dinge immer wieder Hilfe. Sie haben Angst vor Prüfungen und tun sich schwer, ihren Alltag zu meistern. (Prüfungen, Amtsgeschäfte, Wohnung, Umzug, usw.) Sie wirken Lust - und Antriebslos und tun sich mit allen Entscheidungen schwer.

o Empathielosigkeit: Opfer sind oft gefühlskalt und lassen ihre aufgestauten Gefühle an ihrer Umwelt aus. Sie suchen sich selbst ein „Opfer", dem sie im „übertragenen Sinne" alles wieder „heimzahlen" können. Was natürlich nie funktionieren kann, weil sie damit niemals denjenigen treffen, der ihnen das angetan hat.

o Keine Liebe: Viele Missbrauchsopfer können keine Liebe empfinden oder sie geben. Dieses Gefühl, dass bei dir entsteht, wenn du einen lieben Menschen triffst, der dich interessiert, gibt es bei Menschen, die als Kind missbraucht worden sind, nicht. (DAS tut man also diesen Menschen an, wenn man sie missbraucht! Man nimmt ihnen das Leben!)

o Die Ehe: Missbrauchsopfer können nie wirklich mit Liebe auf einen Partner, eine Ehe, einen Freund oder die Familie eingehen und bleiben oft ein Leben lang allein. Selbst wenn sie verheiratet sind, kann es sein, dass sie in ihrer Ehe immer noch „alleine" sind und es für immer bleiben. Sie leben in der Ehe zurückgezogen in sich selbst.

o Sexuelle Störung: Oft wird Sex nur als Mittel zum Zweck angesehen. Man schläft mit einem Partner und gibt ihm Sex, weil man dann etwas dafür erwartet oder bekommt, (Freundschaft, Heirat, finanzielle Absicherung) hat aber kein (Liebes -) Empfinden dabei.

o Der Höhepunkt: Es gibt laut den Berichten im Internet weibliche Missbrauchsopfer, die sagen, sie hätten noch nie einen Orgasmus gehabt, wenn sie mit einem Mann geschlafen haben.

o Empathielose Verhaltensmuster gegenüber Männern und Frauen: Je nachdem, wie der Missbrauch ausgesehen hat: Alle Menschen, die demjenigen ähnlich sehen, der das Opfer als Kind missbraucht hat, werden abgelehnt.

o Freunde: Missbrauchsopfer haben keine Freunde. Es gibt höchstens ein oder zwei „Vertrauenspersonen". Das sind oftmals Menschen, die dasselbe Schicksal erlebt haben, wie sie. Manchmal sogar vom selben Täter.

o Die Bezugsperson: Missbrauchsopfer hängen oft zwang-haft an einer einzelnen Person. Das ist für sie die „eine" und einzige Person, die immer und überall für sie da sein soll oder die immer für sie da sein muss. Sie ist eingeweiht und wird sehr oft kontaktiert, oft angerufen oder besucht. Es ist manchmal so, dass die Bezugsperson in den Missbrauch involviert war und deswegen über alles Bescheid weiß.

o Die Erpressung: Manchmal wird der Täter, nachdem Jahre vergangen sind, vom Opfer erpresst! Ja, du hast schon richtig gelesen: Das Opfer (also das damalige Kind) dreht dann den Spieß um, und lässt sich sein Schweigen teuer bezahlen, indem es den Täter erpresst! Dieser muss dann immer für das Opfer da sein und alle Erledigungen für das Opfer machen! Der damalige Täter muss das erwachsene Opfer mit Geld bedienen, ihm das kaufen, was es will und ihm viele Dinge bezahlen! Die Miete, ein Auto usw… Solche Abhängigkeits - Verhältnisse erkennt man daran, dass jemand alles für einen anderen tut und zusätzlich mit Geld oder Sachzuwendungen aushilft. Und keiner so richtig versteht, warum?

o Die Lüge: Missbrauchsopfer lügen viel und sehr oft. Die Hemmschwelle für Lügen (aber auch für z.B. Diebstahl usw.) ist sehr niedrig. (Es herrscht eine „Ist ja eh schon alles egal" - Mentalität)

o Seltsames Verhalten ohne Grund: Unkontrollierte Reaktionen, starke bis verzweifelte Depression, unkontrolliertes Weinen, wenn „Triggerpunkte" angeregt werden. Die Außenstehenden verstehen dann oft nicht, warum „der" oder „die" so plötzlich und ohne Grund los weint und sagen: „Der/Die ist ein bisschen „komisch" na? … Aber der/die ist doch immer schon so! Der/Die ritzt sich ja auch die Haut auf! Und beim Doc iss die/der auch doch immer! usw. usw…

Nun…

Das waren nur einige Symptome.

Wie gesagt, so steht es im Internet und dort kann es jeder nachlesen. Wer keine Zeit zum Lesen hat, der kann es sich auch gerne als Podcast oder als YouTube Video anhören oder ansehen, was natürlich zusätzliche Aufklärungsarbeit leistet. Und jetzt bist du dran: Verstehst du jetzt, was da passiert? Das ist das, was die Täter ihren Opfern antun: Sie nehmen ihnen das Leben! Einfach nur das Leben! Sie zerstören sie und machen sie tot … Damit sie ein paar Mal ihren Schwanz abspritzen können! Willst du vielleicht, dass das auch dir passiert? Oder deiner Schwester? Nein? Siehste … Und genau deswegen musst du wissen, dass es solche Monster gibt und genau deswegen musst du einen Narzissten, einen Soziopathen oder eine andere toxische Personen zumindest soweit erkennen können, dass du ihnen mit einem gesunden Menschenverstand begegnen kannst … Und ihnen vor allem n i c h t auf den Leim gehst!

Empathielose Narzissten und Soziopathen missbrauchen Kinder oder führen die Kinder durch Manipulation dazu hin, sich von anderen Tätern missbrauchen lassen. Die Kinder bekommen das oft gar nicht richtig mit. Plötzlich sind sie mittendrin, weil die Mama oder die Tante gesagt hat, dass sie „mitgehen sollen, wenn heute Nachmittag der Onkel zu ihr (zum vögeln) kommt… weil der Onkel dich kennenlernen möchte… und der hat auch schöne Geschenke für dich mit dabei… die magst du doch, oder? … Schokolade und vielleicht sogar ein Handy? … Und dann spielen wir was zusammen … magst du das?" … Mit dem Onkel spielen?

Sie trauen sich nichts dagegen zu tun oder mit jemanden darüber zu reden. Manche Kinder ziehen dieses „ich weiß nicht, was ich machen soll" und dieses „ich weiß nicht, mit wem ich über sowas reden soll, weil es doch meine Mama/Vater/Onkel ist, der das mit mir macht…" ein halbes Leben mit sich herum und brechen ihr Schweigen erst dann, wenn sie erwachsenen Leute sind. Wenn sie es überhaupt schaffen, jemals soweit zu kommen… Wieder andere reden nie darüber. Sie schlucken es runter, wie sie sein (dieses Wort wurde vom Autor gelöscht) runtergeschluckt haben, als sie zehn waren …

Die Kinder erkennen den Missbrauch erst, wenn es schon zu spät ist. Dann greift die Manipulation der Täter. Sie sagen zu dem Kind Dinge wie: „Willst du wirklich, dass jeder weiß, was du da mit uns gemacht hast? Was glaubst du denn, was da los ist, wenn die Leute wissen, das „DU" das getan hast? Dann rufen sie die Polizei und dann weiß jeder, dass du etwas Verbotenes gemacht hast! Etwas ganz etwas schlimmes! Und wir werden alle eingesperrt!"

Oder: „Da haben wir was gemacht, über das man nicht spricht! Erzähl das bloß niemanden, sonst kommt die Polizei! Willst du das? Hör mal zu: Niemand darf wissen, dass der und der mit dir rumspielt! Es darf nie jemand erfahren! Und so schlimm ist das doch gar nicht! Schau mal! Deine Mama macht das doch auch und es gefällt ihr sogar sehr gut!"

Nun… Aus dieser oder aus tausendfach ähnlicher Manipulation kommt kein Kind mehr heraus… und somit ist es das ideale Opfer für solche (diese Wörter wurden vom Autor gelöscht) … Anschließend pflastern die Täter das Opfer mit Schuldzuweisungen, Drohungen und Manipulation so lange zu, bis es wirklich still ist. Vor allem Schuldzuweisungen sind das Mittel der Soziopathen. Sie bedrängen dich dann sehr böse und laut mit Sprüchen wie:

„Ja … Du! Du hast das doch gemacht! Duuu! Du hast es zugelassen und du! hast doch gewollt, dass der und der mit dir ficken … und das Handy hast du doch auch genommen … usw. usw. usw. usw. …

Das Opfer verkriecht sich dann und schweigt. Und der (oder die) Täter lachen sich die Hucke voll, über so viel Dummheit und suchen sich das nächste Opfer heraus.

Und du? Der Zeuge? Das Familienmitglied, das alles weiß und alles gesehen hat und sogar die Namen kennt und trotzdem jahrelang schweigt? Ja, ja … Genau „DU"! … Weißt du eigentlich, was du deiner Schwester angetan hast, als du zugeschaut hast und darüber geschwiegen hast!? Die hätte deine Hilfe gebraucht! Und die Hilfe der Polizei, bei der DU den Zeugen hättest machen sollen! Aber du schweigst! Und hilfst somit auch noch dabei mit! Denn durch dein Schweigen deckst du diese kriminellen (dieses Wort wurde vom Autor gelöscht) und machst ihnen den Weg frei zum nächsten Kind!

Ja… Jeder von euch, der alles weiß und nichts sagt, hilft mit, wenn sie sich das nächste Kind aussuchen und es sich „nehmen".

Wie? Zu brutal ausgedrückt? Dann pass mal auf: Denn genau das tun sie! Nur damit du mal kapierst, wie diese Leute (dein lieber, lieber Onkel, der Ostern am Tisch sitzt und Witze erzählt, deine liebe, liebe Mama, die den Weihnachtsbraten macht und alle dazu einlädt oder der liebe, liebe Papa, der für das ganze Dorf da ist und immer für jeden alles repariert) denken :

Es ist nämlich kein Handeln aus der Situation heraus! Sondern immer ein eiskalter, geplanter Akt! - Laut den Seiten des Bundeskriminalamtes und verschiedener Hilfsorganisationen läuft es in über 90 Prozent der Fälle nämlich so ab: Das Kind wird von einer oder mehreren Personen vorsätzlich und gezielt ausgesucht, weil man genau dieses Kind mal „haben" möchte! Es wird beraten, wer es als erster „nehmen" darf und wer die nächsten sind, die das Kind besteigen werden! Es wird darüber beraten, wie man das Kind gefügig macht und wer es anlockt und was man ihm kaufen könnte! Welches Handy man z.B. für das Kind kauft, und wer wieviel dafür zu bezahlen hat! Dann wird das Kind mit der Hilfe einer, dem Kind nahestehenden Person, (oft jemand mit pädagogischer Ausbildung – zum Beispiel ein Kindergärtner – ein Heimaufseher usw.) angelockt und gefügig gemacht und vergewaltigt. Merke dir:

Schweigen hilft niemals den Opfern!

Schweigen hilft immer nur dem Täter!

Darum mach das nicht!

Steh auf und geh zu den zuständigen Behörden und sage: Ich weiß was! Ich habe etwas gesehen! Jemand hat mir etwas anvertraut! Ich habe etwas gehört! Jemand hat mir das und das und das gesagt! Steht auf und sagt als Opfer: Damals war das so und so und so! Und der und der waren mit dabei und der und der hat das und das mit mir gemacht! Da ist nichts dabei, wenn man das zu den zuständigen Stellen sagt! Gehe hin und sprich mit ihnen! Sage ihnen alles! Solange es die Wahrheit ist. Hau die Schweine, die dir dein Leben kaputt gemacht haben, in die Pfanne! Und zwar richtig! Es gibt bei diesen Stellen Menschen, die der Schweigepflicht unterliegen und die dich erst mal beraten. Ihnen kannst du alles erzählen. Wirklich alles. Und erst, wenn du dein Einverständnis gibst, werden sie tätig werden. Du kannst also abchecken, was passieren würde, wenn … Steh auf und geh hin! Damit das, was dir passiert ist, nicht auch noch deiner Schwester passieren wird!

Selbst wenn es deine Eltern oder deine Verwandten oder deine Freunde oder deine eigene Mutter waren! Denke daran: Wenn sie dir so etwas angetan haben, dann sind es niemals deine Eltern, deine Verwandten oder deine Freunde! Dann sind es asoziale Wesen, denen du vollkommen egal bist! Die dein Geschlechtsteil benutzt und vergewaltigt haben. Die wollen nichts von dir. Die wollen dich nur ausnutzen und be – nutzen und tun es vielleicht heute noch. Wenn sie deine Seele kaputt machen: Dann sind das nicht deine Verwandten oder Eltern. Dann sind das (dieses Wort wurde vom Autor gelöscht)! Nicht mehr und nicht weniger!

Nochmal was zum Lernen! Und es ist wahr und wichtig, was jetzt kommt: Glaube niemals, dass deine Verwandten oder deine Eltern oder deine Geschwister gleichzeitig auch deine „Freunde" oder dir gut gesonnen sind, nur weil die mit dir „verwandt" sind!

Das ist oft ein sehr großer Trugschluss! Meistens ist das Gegenteil der Fall! Vielfach findest du genau in deiner eigenen Familie empathielose Personen, die nur darauf warten, dich zu benutzen, dich zu bestehlen, dich auszubeuten und dich mal so richtig durch zu ficken.

Glaube niemals, dass deine Verwandten auch gleichzeitig deine Freunde sind! Denn nur, weil du mit irgendjemand „verwandt" bist, heißt das noch lange nicht, dass dir diese Person auch Gutes tun will! Pass also auf! Denn genau diese Personen könnten deine Feinde sein und die Verwandtschaft zu dir als eine Art „Tür" zu deinem Vertrauen benutzen! Und zwar ohne, dass du es merkst! Wenn dir so etwas passiert ist … dann steh auf und zeig sie an! Geh zur Polizei! Noch heute!

Für „S" , für „M", für „N" und „Ü" und I.E. und natürlich auch für all die anderen

Anmerkung: Natürlich muss nicht jeder, der solche Symptome aufweist, als Kind missbraucht worden sein, es gibt auch andere Auslöser für diese oder ähnliche Verhaltensstörungen. Aber meistens ist es halt so. Und wenn du bemerkst, dass im Umkreis einer, oder mehrerer Personen, sich die Menschen mit solchen Symptomen häufen, oder manchmal etwas bedrückt und sehr heimlich ein paar Andeutungen gemacht werden, das daran der liebe Onkel oder die liebe Tante schuld sein könnte … Dann solltest du sehr vorsichtig sein und die Person/Personen, die der vermeintliche Auslöser für die Häufung von Menschen mit Verhaltensstörungen sein könnten, mit anderen Augen betrachten! Viel Glück!

Einige Quellen:

https://www.stefanfritz.org/liste-von-moeglichen-missbrauch-folgen/

https://gothic-gegen-missbrauch.com/sexueller-missbrauch/auflistung-von-folgen-eines-missbrauchs/

https://www.netdoktor.de/magazin/sexueller-missbrauch-psychische-emotionale-und-koerperliche-folgen/

Das Gedicht vom Trinker
(Kennst du ihn?)

Er hat gesoffen wie ein Loch
Die Leut im Dorf die wussten´s doch

Früher war´s ein braver Mann
Der keinem je was tun kann

Ein Mann, der immer alles gibt
Der seine Frau unsagbar liebt

Der hilft und macht, wo er nur kann
Das Vorbild eines Menschen - Mann

Doch leider war da seine Frau
Ne Hure. Das stimmt ganz genau

Sie trieb´s mit jedem, sonderbar
Wenn ihr Mann dann in der Arbeit war

Sie log und log und log und log
Weil sie ihn immer mehr betrog

Das erste Kind war noch von ihm
Beim zweiten ging´s dann schon dahin

Da ließ doch seine Frau, das Schwein
Des Meisters Samen in sich rein

Der war zwei Wochen sehr, sehr nett
Und trieb´s mit ihr im Ehebett

Ihr Mann, der wollt dann nicht mehr leben
Hat dem Teufel seine Hand gegeben

Da fing er an, ganz offen klar
Zu trinken. Was nicht sonderbar

Die Frau, die eine Hure war
Ging nun hinaus und das ist wahr

Erzählte Lügen über ihn
Er sei böse in sich drin

Sie log und log und log und log
Machte ihn schlecht, während sie ihn betrog

Die Leute glaubten ihr, nicht ihm
Da griff er wieder zu der Flasche hin

Jetzt erzählt seine Frau ganz laut
Die Lüge, dass er sie oft haut

Sie log und log und log und log
Während sie ihn immer mehr betrog

Sie log es auch den Kindern schön
Die wollten „Vater" nicht mehr sehn

Dabei war doch der arme Mann
So sanft und gut, fast wie ein Lamm

Er konnte sagen was er wollte
Niemand glaubte ihm, so wie es sollte

Der arme Mann, der arme Mann
Die Frau zerbrach ihn, wie sie kann

Sie log und log und log und log
Während sie ihn immer mehr betrog

Der arme Mann kam nicht herum
Sie drehte selbst die Kinder um

Sie belog die Kinder, machte Schicht:
„Das mir ja keiner mit dem Vater spricht!"

Da war der Mann
Der keinem je was tun kann

Betrogen dort von seiner Frau
Das Gespött der Männer ganz genau

Am Platz hat man zu ihm gesagt:
Deine Alte, die hab ich schon öfter als du gehabt

Man stempelt ihn zum „Monster – Mann"
Der nur noch trinken und seine Frau nur noch schlagen kann

Sie hat´s getan. Sie hat´s gemacht
Fremd gefickt. Die halbe Nacht

Sie hat gelogen, kaputt gemacht
Jahr für Jahr. Und Nacht für Nacht

Mit ihren Lügen. Hurerei
Mit ihren Kindern. Eins. Zwei. Drei

Da war der Mann
Der keinem je was tun kann

Mit dem Rücken an der Wand
Und sie, die Hure, hob die Hand

Und log und log und log und log und log
Während sie ihn immer mehr betrog

Da nahm der Mann
Der keinem je was tun kann

Ne Flasche... und in seiner Not
Er konnt nicht mehr... er soff sich tot

Das kleine Drecksau Gedicht

Eine kleine Drecksau
Die ging einmal spazieren

Da kam der große Regenmann
Und wollte sie rasieren

Sie spreizte ihre Beine
Bekam immer, was sie wollte

Und der große Regenmann
Wusste nicht mehr, was er sollte

Bei den Höfen war's
Fast hundert Mal im tiefen Wald

Der Fick war immer kurz
Und der Rücksitz immer kalt

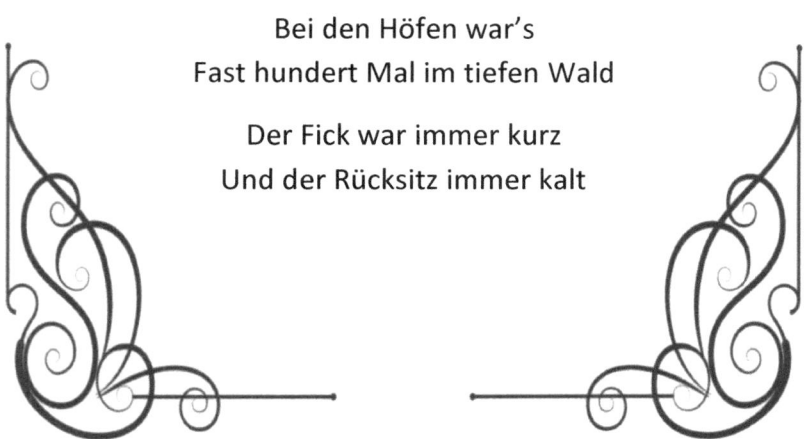

Der Neid

Der Neid ist ein Meister des Teufels
Er trägt seine Frucht um die Welt

Und Gnade dir Gott und die Engel
Wenn sein Blick, seine Hand auf dich fällt

Er zerstört was er sieht und er frisst dich wie Brot
Und er wirft dich hinein, in Angst, Pein und Not

Der Neid ist ein Meister des Teufels
Und er trägt seine Frucht um die Welt

Und er mäht und er mäht uns wie Schnitter
Bis einer von uns wieder fällt

Der Neid ist ein Meister des Teufels
Und er trägt seine Frucht um die Welt

Und Gnade dir Gott und die Engel
Wenn sein Blick, seine Hand auf dich fällt

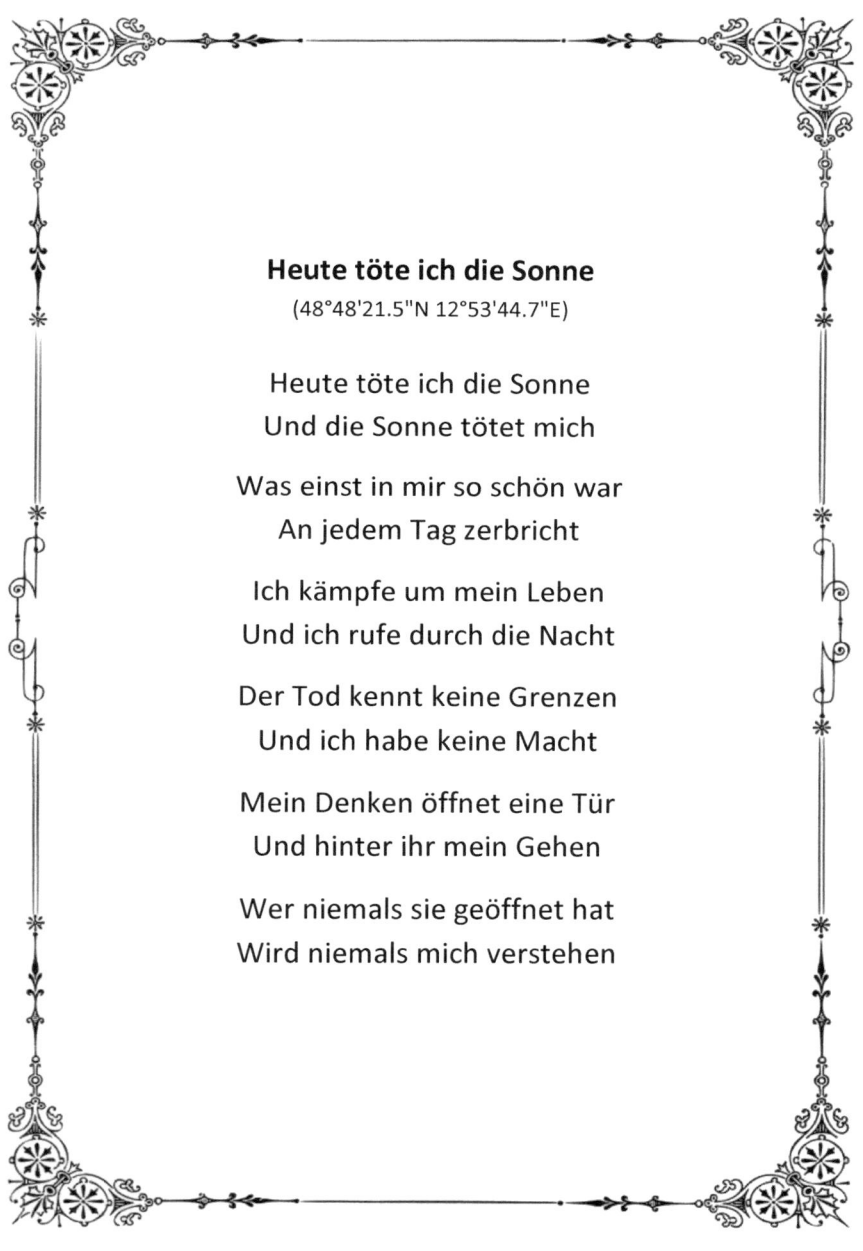

Heute töte ich die Sonne

(48°48'21.5"N 12°53'44.7"E)

Heute töte ich die Sonne
Und die Sonne tötet mich

Was einst in mir so schön war
An jedem Tag zerbricht

Ich kämpfe um mein Leben
Und ich rufe durch die Nacht

Der Tod kennt keine Grenzen
Und ich habe keine Macht

Mein Denken öffnet eine Tür
Und hinter ihr mein Gehen

Wer niemals sie geöffnet hat
Wird niemals mich verstehen

Tu es nicht!

Ruf mich an!

0800 111 0 111

(Telefonseelsorge)

Die fette Sau

Die fette Sau war eine Frau
Sie lebte einmal ganz genau

In einer Stadt ganz fern von hier
Da trank sie Wein und auch mal Bier

Sauerbraten und auch Soßen
Sie ließ sich gern von Männern stoßen

Nicht unbedingt von ihrem Mann
Da dachte sie ja gar ja nicht dran

Sie trieb es hart und trieb es bunt
Und trieb´s sogar mal mit 'nem Hund

Sie trieb´s mit einem Mann aus Norden
Sie wollten ihren Mann ermorden

Der war ihr Last und musste weg
Für den aus Norden war´s kein Schreck

Sie trieb´s mit einem Pfeffermeister
Und wurde, glaub´s mir, immer dreister

Sie schob dem Manne Kinder unter
Vögelt munter, munter, munter

Sieben Männern nacheinand
Bis ihre Scheide hat gebrannt

Sie trieb´s ganz hart und noch geschwind
Belog den Mann und auch das Kind

Sie vögelt durch den halben Ort
Er warf sie raus. Und schickt sie fort

Doch der Mann der fetten Sau
Bekam nun Trauer um die Frau

Er trank und trank und trank den Wein
Schüttet Bier und Bier in sich hinein

Er soff drei Jahre in der Not
Und im vierten Jahr. Da war er tot

Die Frau. Sie lacht
Und lässt ans Grab noch Blümchen schicken

Stand am Fenster
Und ließ sich grad von hinten ficken

Der, der´s erzählt, der weiß, was er sagt
Weil er da gerade hinter ihr gestanden hat

Meine Seele brennt

(Gedicht eines Suizidgefährdeten)

Meine Seele brennt
Und niemand kann mir seine geben
Stets und im Moment
Verzweifelt mir das Leben

Stacheldraht. So ist mein Mund
Kein Laut. Kein Wort. Nichts tut er kund
Die Ohren taub. Ganz innen drin
Kein Wort kommt jetzt mehr zu mir hin
Die Augen blind. Heraus geweint
Die Hände los. Nie mehr vereint.

Mein Gesicht soll eine Maske sein
Ein toter, toter, Totenschrein
Zu dieser Maske will ich streben
Ja, hinter ihr, da will ich leben

So lebe ich, in meiner Welt
Voll mit leeren Seelen
Die immer nur verlangen
Und immer mehr mich quälen

Die Zeit heilt keine Wunden
Der Mut in mir, der bricht
Kaputte Seelen sterben
Heilen… kann man solche Seelen nicht

Der Narzisst

Ich glaube an den Teufel
Und an seine Macht
Und das er Menschen nimmt
Und zu Narzissten macht

Er scheißt auf einen Haufen
Und kotzt dann oben drauf
Dann pisst er zweimal drüber
Und das Ding nimmt seinen Lauf

Ein paar Maden und auch Würmer
Die legt er noch dazu
Dann rührt er drin herum
Und was rauskommt … das bist du

Ein Mensch voll Gier und Lügen
Verdorben und gemein
Besessen nur von Neid
Denkst nur an dich allein

Männer nennt man Teufel
Die Frauen eine Hex
Die Welt wird so verdorben
Von Gier nach Macht und Sex

Erschlagen und verbrennen
Das wär ein Wohlgefallen
Die Welt braucht von euch keinen
In die Hölle mit euch allen

Nie mehr alloa

(Liedtext 2016)

Da Wind waht uns zure
Und da Himme der bricht
Du kimmst nimma aus
Da Groß Oba der sticht

Und gestern is heid
Und Heid, des is morgn
Wennst as Spui ned so spuist
Host eh scho valorn

Refrain:

Drei Woikn am Himme
Des Lem is so leicht
Wenn se d Liab vo hintn
In dei Herz eine schleicht

Wenn du Gott amüsieren willst, dann
erzähle ihm von deinen Plänen

Aus Russland

Die Kröte
(Wissen der Schamanen Nordamerikas - Nicht nachmachen!)

Wenn man eine Kröte nimmt, sie in einen Topf mit Wasser setzt und diesen auf das Feuer stellt, kann man ein interessantes Phänomen beobachten: Die Kröte passt sich der Temperatur des Wassers an, bleibt darin und merkt die weiter steigende Temperatur nicht. Die Situation kostet der Kröte aber Kraft und sie wird träge und müde.

Wenn das Wasser dann zu heiß wird, schafft es die Kröte nicht mehr, aus dem Topf zu springen. Denn durch die Anstrengung ist sie schwach geworden und ausgelaugt. Man könnte jetzt sagen, dass das kochende Wasser die Kröte getötet hat … Aber in Wirklichkeit war das, was die Kröte getötet hat, ihre Unfähigkeit, zu entscheiden, wann sie springen soll!

Also hör auf, dich von missbräuchlichen Beziehungen, schmarotzenden Freunden, hinterhältigen Menschen und vielen, vielen anderen Dingen herunterziehen und negativ beeinflussen zu lassen. Du merkst den Energieraub an dir irgendwann nicht mehr, weil du dich an ihn gewöhnt hast. Spring ab, sobald du merkst, dass dir jemand oder etwas nicht gut tut, bevor du innerlich stirbst!

Heute ist Neumond. Ideal um alles Loszulassen… Tue es! Entscheide dich zu springen, bevor das Wasser kocht!

Worte einer Schamanin.

Der Soziopath und der Parasit

Als ich einmal zur Kur in Bayreuth war, kam ich in der Klinik mit einem Mann zu sprechen, der Psychologie studiert hatte. Wir unterhielten uns über die Narzissten, die Psychopathen, über Kindesmissbrauch und auch über die schlimmste Spezies von allen: Über die Soziopathen... Der Mann erzählte mir eine interessante Geschichte, die er während seines Studiums erlebt hatte:

In einer Vorlesung verglich ein Dozent einmal Soziopathen mit Parasiten.

(Soziopathen sind Menschen, die andere Menschen bestehlen, indem sie ihnen Versprechen geben. Sie stehlen Geld, Sachwerte oder Arbeitskraft durch gezieltes Lügen. Ihre Opfer sind Menschen, die ihnen glauben und vertrauen...)

Der Dozent sagte:

„Parasiten sind Wesen, die ihre Opfer gezielt auswählen, sie ablenken und einwickeln. Genauso macht es auch der Soziopath.

Parasiten sind Wesen, die sich nicht als Parasit zu erkennen geben und dann eiskalt zuschlagen. Und wieder muss ich sagen: Soziopathen gehen genauso vor...

Das Opfer eines Parasiten wird langsam und unmerklich angezapft und so lange ausgesaugt, bis es tot, oder zumindest geschwächt ist. Zecken, Blutegel und Spülwürmer gehören zu dieser Gruppe...

Und wieder muss ich sagen... Es stimmt: Genauso gehen auch die Soziopathen vor!

Der Soziopath sucht sein Opfer, von dem er lange zehren will, zwar nicht danach aus, wie viel Blut und Kraft es hat, so wie der

Parasit das macht … nein … Der Soziopath sucht sein Opfer nach der Menge des Verdienstes und der Menge des Geldes aus, dass das Opfer auf seinem Bankkonto liegen hat. Natürlich zu demselben Zweck. Denn auch der Soziopath möchte von seinem Opfer möglichst lange leben und von ihm profitieren und ihm möglichst viel Geld abnehmen. Selbst die Vorgehensweise des Diebstahls sind also dieselben: Der Soziopath stiehlt Geld und der Parasit stiehlt Blut, aber beide sind im Vorgehen gleich. Beide stehlen. Beide geben sich nicht zu erkennen. Beide wickeln ihr Opfer ein und verheimlichen von der ersten Begegnung an die wahren Absichten.

Haben sie erst einmal das Vertrauen und eine Unachtsamkeit des Opfers erlangt … Dann stechen sie eiskalt zu und stehlen und stehlen und nehmen und nehmen und nehmen, was sie nur kriegen können. Und das, ohne ein Gewissen zu haben oder Reue zu zeigen. Beim Blutegel ist es der Hunger, der ihn treibt. Beim Soziopathen die Empathielosigkeit und die kalte Gier.

Empathielos bedeutet, dass jemand ohne jedes Gefühl ist. Solche „Menschen", wenn man sie überhaupt so nennen soll, sind eiskalt. Sie kennen weder Hilfsbereitschaft noch Ehrlichkeit oder Reue. Nur Lüge und Betrug … Jedes Mittel ist ihnen Recht, um an ihr Ziel zu kommen. Soziopathen, wie auch Parasiten, gehen buchstäblich über Leichen. Dabei verdecken sie aber ihre wahre Identität, und blenden ihr Opfer mit einer Maske! Der Blutegel macht es, bis er satt ist. Der Soziopath hört erst auf, wenn er seine Geilheit und seine Gier befriedigt hat … Oder wenn das Opfer nichts mehr hat, was man ihm stehlen könnte."

Der Dozent sagte: „Man kann also diese beiden „Gattungen" sehr gut miteinander vergleichen…"

Da meldete sich ein Student … Er sagte:

"Ich finde nicht, dass man einen Parasiten und einen Soziopathen gleichstellen oder miteinander vergleichen sollte..."

Der Dozent: "Warum nicht?"

Der Student: "Nun ... der Blutegel ist kein Mensch. Er hat keine Ahnung von Menschlichkeit oder Gewissen. Er folgt den Gesetzen der Natur und kann nicht anders. Wohingegen der Soziopath sich vom ersten Augenblick an absolut klar darüber ist, dass das, was er da tut, ein krimineller Diebstahl ist und dass er das Opfer ... also einen Menschen ... durch seine eiskalte und brutale Vorgehensweise vielleicht sogar in den Selbstmord treibt... Der Soziopath nimmt das aber gewissenlos in Kauf und... wie gesagt ... Er weiß genau, dass es Diebstahl ist, was er da macht ... Ja, er plant diesen Diebstahl ja sogar noch... Vom ersten bis zum letzten Tag ... Ich würde also einen Soziopathen nicht unbedingt auf dieselbe Ebene stellen, wie einen Parasiten..."

Da sagte der Dozent: „Da haben sie schon irgendwie recht ... Aber... Wie würden sie dann so einen Soziopathen benennen?

Da sagte der Student ohne zu zögern: „Eine Drecksau! Eine dreckige, räudige Sau! Der Soziopath ist eine kriminelle, dreckige Sau! Nicht mehr und nicht weniger ... "

Der Dozent schwieg einen Moment.

Dann sagte er: „Sie ... Sie haben es erlebt... stimmt's?" Und er sagte weiter: „Nun ... Vielleicht sollten sie kein Psychologe werden ..."

Der Student: „Was denn dann?"

Der Dozent: „Ein Staatsanwalt!"

Komm, du Winter

(Liedtext 2014 – Inspiriert von „Komm, großer schwarzer Vogel"
von Ludwig Hirsch)

Wo is mei Zukunft? Wo is mei Leben?
Bist du bei mir? Kannst du mich sehn?

In meinem Kopf. Do is wos drin
Des geht nur weg. Wenn ich besoffen bin

Komm du Winta. Komm zu mir
Hüll mich in Finsternis. Damit ich gfrier

Komm du Winta. Komm zu mir
Schenk mir dei Kötn. Bis ich nix mehr gspür

A Schmerz in mir. Der frisst alles zamm
Für mei kloanes Lem. Do glangds scho lang

I hob koa Kraft mehr. Konn ned schrein
Wui nur zu dir. Und bei dir sein

Komm du Winta. Komm zu mir
Hüll mich in Finsternis. Damit ich gfrier

Komm du Winta. Komm zu mir
Schenk mir dei Kötn. Damid i nix mehr gspür

Und ohne dich. Ja seis wias wui
Ja ohne dich. Do gibt's koa Gfui

Etz kummd da Winta. Etz kummd da Schnee
Er deckt mich zua. Es duad ned weh

Komm du Winta. Komm zu mir
Hüll mich in Finsternis. Damit ich gfrier

Komm du Winta. Komm zu mir
Schenk mir dei Kötn. Damid i nix mehr gspür

Komm du Winta. Komm zu mir
Schenk mir dei Kötn... Damid i nix mehr gspür

Der Esel und die Blume

(Ein Märchen)

Kapitel eins: Du dummer, dummer Esel

Ein guter Esel traf einmal auf eine Blume. Er sah sie an und weil die Blume wusste, wie man böse Zauber macht, verzauberte sie ihn. Durch ihren bösen Zauber konnte der Esel die Blume aber nicht richtig sehen. Er sah weder, dass sie alt und verwelkt, noch dass sie gierig war. Für ihn war sie einfach nur wunderschön.

In Wirklichkeit aber war die Blume böse und durchtrieben. Sie war alt und verwelkt und tausend Bienen hatten schon ihren Rüssel in ihr altes Fleisch gesteckt. Die alte Blume… sie war voller Runzeln und sie stank nach Fäulnis und Moder. Der gute Esel aber sah das nicht. Er sah nur eine wunderschöne Blume … Und genau das war der Zauber! Dass der gute Esel blind war und dass er sich wegen seiner Blindheit in die alte Blume verliebt hat…

Ein jedes Mal, wenn die beiden sich trafen, klimperte die welke, alte Blume mit den Augen und sprach mit Engelszungen auf den guten Esel ein. Sie sprach täglich von Ehrlichkeit, von Aufrichtigkeit, von Liebe, von Freundschaft und von Vertrauen zu ihm. Dann fragte sie ihn sehr bald, ob er doch vielleicht von ihrer Blüte lecken möchte? Und vielleicht möchte er sogar noch ein bisschen mehr? Da zeigte sie ihm die Stelle, aus der ihr Nektar tropft und der Esel war entzückt. Dann spreizte sie ihre Blätter auseinander und beglückte den Esel auf unsagbare Weise. Sie genoss jeden süßen Tropfen, den der Esel ihr gab, und lobte ihn immer mehr und sagte ihm, sie hätte sich unsterblich in ihn verliebt, was natürlich eine Lüge war.

Das tat sie von nun an jede Woche sieben Tage und sieben Jahre lang. Und so kam es, dass die Blume sich falsch darstellte und den guten Esel belog und dass sie ihm jeden Tag den Kelch des Nektars hinhielt, damit er sich daran dumm und dämlich trinken konnte… Sie verzauberte den Esel immer mehr und mehr und mehr und versprach ihm, dass „er" wirklich der einzige Esel sei, der von ihr lecken durfte, was natürlich wieder eine Lüge war… Und so verliebte sich der gute Esel immer mehr und mehr und mehr in die Blume…

Einmal sprach der gute Esel: „Du, Blume? Da stimmt doch etwas nicht von dem, was du mir da immer erzählst?" … Aber da fütterte ihn die Blume sofort wieder mit ihrem Loch voll Nektar und tat genau die Sachen, die den Esel blind machen… Und jetzt war der Esel still und blind und die Blume war an ihrem Ziel!

Weil sie den Esel aber immer wieder belog und ihm vormachte, sie wäre sein wundervoller, ehrlicher und bester Freund und sie wäre so arm und sie könnte sich nichts leisten, dachte der Esel: Diese arme Blume! Diese arme, arme Blume! Sie musste so viel mitmachen … und sie weint so oft in meinen Armen … weil sie so arm ist … Und da dachte er an sie und sagte zu sich selbst: So eine wundervolle Blume gäbe es nur einmal auf der Welt für ihn! Und er dachte: Mit dieser Blume kann man Pferde stehlen! Und er verliebte sich immer mehr und mehr und mehr und mehr und mehr und mehr und mehr und mehr und mehr und mehr und mehr und mehr und mehr und mehr in die Blume, und fing an, der Blume bedingungslos zu vertrauen …

Die Blume hingegen tat alles, um dem guten Esel den Kopf zu verdrehen und sein Vertrauen noch mehr zu gewinnen! Dazu log sie ihm immer mehr vor! Und wenn der Esel sagte: „Ich mag dieses Lied!"… Dann sagte die Blume: „Ich liebe dieses Lied!

Und ich liebe es mehr als du! Und ich liebe alles, was du liebst und ich liebe es noch mehr als du und ich liebe all die Dinge, die du liebst, ganz genauso wie du! Wir sind so gleich, Esel! Wir sind so vereint in unseren Gedanken und wir sind so gleich in unseren Vorlieben. Ich habe noch nie so einen wundervollen Esel wie dich kennengelernt!" … Da wickelte sie ihn immer mehr ein und sagte: „Mit so einem wundervollen Esel wie mit dir könnte ich bis zum meinem Lebensende ein wahrer Freund sein … Du bist so einzigartig, so wundervoll! „Du" bist der einzige, mit dem es gehen könnte! Esel! Ich will ewig und ewig mit dir zusammen sein und ich will ewig mit dir zusammen leben, mein lieber, lieber Esel…! Und dann sagte sie: Komm! Wir werden heiraten! Wir werden heiraten! Du und ich! Wir werden heiraten! Ich liebe dich! Ich will dich heiraten! Lieber Esel! Das machen wir! Wir werden heiraten! Aber nicht gleich! Wir müssen noch warten bis ich soweit bin… Ich muss noch vieles, vieles regeln, bevor wir heiraten! Hörst du, Esel? Ich liebe dich so sehr, aber wir warten noch damit, bis ich soweit bin!".… Und das sagte sie ihm wieder siebenmal in sieben Tagen und das sieben Jahre lang! Sie sagte es ihm immer wieder … und immer wieder … und immer wieder … all die ganze Zeit… bis der Esel ihr bedingungslos glaubte … Die Blume war am Ziel …

Kapitel zwei: Die Blutfamilie

Jetzt teilte die alte Blume dem guten Esel mit, dass sie einen neuen Ort möchte, an dem sie besser leben kann. Mit bester Erde und mit einem schönen Fernblick… Aber der Esel sagte, dass das unmöglich wäre, weil es sehr viel Geld und sehr viel Kraft kosten würde! … Doch die Blume sagte: „Esel! Wenn du mich liebst, dann beweise es!" Und der Esel tat alles, was ihm die Blume gesagt hatte und erfüllte ihr den Wunsch! … Er arbeitete und arbeitete und arbeitete und arbeitete, bis der Wunsch der Blume erfüllt war…

Da sagte die Blume: „Auch meine Töchter brauchen einen besseren Ort zum Leben! Bau ihnen ein Gewächshaus! An einem wunderschönen Platz mit bester Erde!… Aber der Esel sagte, dass das unmöglich wäre, weil es sehr viel Geld und sehr viel Kraft kosten würde! … Doch die Blume sagte: „Esel! Wenn du mich liebst, dann beweise es!" Und der Esel tat alles, was ihm die Blume gesagt hatte und erfüllte ihr den Wunsch! … Er arbeitete und arbeitete und arbeitete und arbeitete, bis der Wunsch der Blume erfüllt war…

Da sagte die Blume: „Esel! Ich will Reisen machen! Viele, viele, Reisen. Und zwar nicht solche, wie sie jeder macht! Nein! Meine Reisen müssen außergewöhnlich sein und außergewöhnlich viel Geld kosten!" … Aber der Esel sagte, dass es unmöglich sei, weil es sehr viel Geld und sehr viel Kraft kosten würde!… Doch die Blume sagte: „Esel! Wenn du mich liebst, dann beweise es!" Und der Esel tat alles, was ihm die Blume gesagt hatte und erfüllte ihren Wunsch… Er nahm sie auf den Rücken und zeigte ihr die ganze Welt. Er zeigte ihr all die wundervollen Plätze, die er wusste. Er zeigte ihr die schönsten Plätze der Erde… Doch die Blume sagte: „Das ist noch nicht genug! Los! Weiter! Trage mich zu einem noch schöneren Ort! Los! Esel! Los!"…

Aber der Esel sagte, dass das unmöglich wäre, weil es sehr viel Geld und sehr viel Kraft kosten würde! … Doch die Blume sagte: „Esel! Wenn du mich liebst, dann beweise es!" Und der Esel tat alles, was ihm die Blume gesagt hatte und erfüllte ihr den Wunsch! … Er arbeitete und arbeitete und arbeitete und arbeitete, bis der Wunsch der Blume erfüllt war… Als die Reisen beendet waren, sprach die Blume:

„Esel! Ich brauche zwei Kutschen! Eine Kutsche für mich und eine für meine Töchter!"… Aber der Esel sagte, dass das unmöglich wäre, weil es sehr viel Geld und sehr viel Kraft kosten würde! … Doch die Blume sagte: „Esel! Wenn du mich liebst, dann beweise es!" Und der Esel tat alles, was ihm die Blume gesagt hatte und erfüllte ihr den Wunsch! … Da verkaufte der Esel seine eigene Kutsche und baute für das Geld zwei neue Kutschen und verzierte sie mit Gold und Edelsteinen… Er arbeitete und arbeitete und arbeitete und arbeitete, bis die Wünsche der Blume erfüllt waren…

Da merkte der gute Esel zum ersten Mal, dass er fast kein Geld mehr hatte. Und dass ihm alles weh tat und dass seine Knochen knirschten, wenn er arbeitete. Und er wusste … Wenn er so weitermacht, wird er bald pleite und so kaputt sein, dass er nicht mehr arbeiten kann…

Am nächsten Tag nahm er einen Kredit auf, um die Wünsche der Blume und ihrer Familie zu erfüllen, die immer mehr und mehr und mehr und mehr und mehr und mehr und mehr und mehr von ihm wollten… Am Abend erzählte er das mit dem Kredit seiner Blume… Aber der Blume war das vollkommen egal! Sie sagte genau das, was sie immer sagte, wenn der Esel nicht mehr weiter wusste:

„Aber Eselchen … mein liebes, kleines Eselchen! Geht es dir nicht gut? Was muss ich denn nur tun, damit es dir gut geht? Ich bin doch dein aller, aller, aller bester Freund und ich liebe dich doch so sehr! Ich liebe dich doch über alles, du lieber Esel! Und wir wollen doch heiraten! Du wirst schon sehen… Wenn ich erst neue Blätter bekommen habe dann heiraten wir … ganz bestimmt! Das verspreche ich dir bei Gott ... Wir werden heiraten! So, wie ich es dir immer schon versprochen habe! Du musst nur warten! ... Und jetzt komm ... ich bestreiche dein Schwänzchen schön mit Nektar und lecke ihn dann schön und langsam wieder herunter. Dazu ziehe ich mir das schöne, durchsichtige Blumenkleid an, das ich so gerne trage ... das überall offen ist! Das wird dir gut tun und du wirst neue Kraft bekommen! ... Komm, Esel... leg dich zu mir. Ich ziehe mir was Schönes an, was unten offen ist und dann kannst du mich so richtig schön ... (dieses Wort wurde vom Autor gelöscht)!"

Und so wurde der Esel wieder blind und er war und war und war und war und war wieder und wieder und wieder und wieder in die Blume verliebt. Die Blume aber wurde immer älter und kälter. Sie trieb es mit jedem, den sie haben konnte, aber am meisten trieb sie es mit ihrem guten, alten Freund, dem Heidekraut, den sie schon so lange kannte! Und mit dem es auch schon ihre Töchter und die halbe Blumenwiese getrieben hatten...

Immer dann, wenn der gute Esel auf dem Feld bei der Arbeit war, kam das Heidekraut heimlich zu der Blume und dann haben sie stundenlang gefickt. Dreimal haben die Blumen von der Nachbarwiese dem guten Esel das gesagt und ihm erzählt, dass das Heidekraut zum Ficken kommt!... Doch der Esel war von seiner Blume so verzaubert und manipuliert worden, dass er den anderen Blumen das nicht glaubte...

Das Heidekraut und die Blume fickten wie die Wilden in all die Löcher, die sie hatten und leckten sich gegenseitig den Nektar von ihren Stängeln. Sie lachten über den dummen Esel, der glaubte, die alte Blume sei eine „wunderschöne Blume"... und sie lachten auch über den Esel, weil er rackerte wie ein Blöder, um seiner „Blume" und den Kindern der Blume ein wundervolles

Leben zu geben … Sie lachten und lachten und lachten und es ging jahrelang so dahin… Die Blume stellte ihre Wünsche… der Esel arbeitete und rackerte, um ihre Wünsche zu erfüllen … und nebenbei fickte die Blume mit dem Heidekraut …

Die Blume machte das natürlich alles sehr geschickt! Sie tischte dem guten Esel eiskalt ihre Lügen auf, ohne dass der etwas davon merkte. Denn genau das war ja ihr großes Talent … Zu lügen und zu lügen und zu lügen und zu lügen und zu lügen und zu lügen und zu lügen und zu lügen und zu lügen und zu lügen und zu lügen und zu lügen und zu lügen und zu Ligen, ohne dass jemand etwas davon merkte! …

Sie sagte: „Alles was du machst, ist für unsere „gemeinsame Zukunft", lieber Esel. Alles ist für uns beide! Damit wir es später einmal schön haben! Du und ich… wir zwei! … Wir sind doch die besten Freunde fürs Leben! …" Und sie sagte ihm all die Jahre: Er müsse nur alles ganz genau so machen, wie sie es sagt, dann würde am Ende alles gut und am Ende wäre dann alles da, was „sie" sich immer erträumt hatten und „man" könnte gut davon leben… Sie sagte: „Esel! Du musst mir absolut vertrauen, weil ich dich so sehr liebe und ich immer ehrlich zu dir bin und ich immer zu dir halte und ich immer mit dir zusammen bleiben will! … Und sie sagte es ihm jeden Tag siebenmal, sieben Jahre lang…

Das ging jahrelang so dahin und die ganze Blutfamilie lebte sehr gut von dem, was der Esel so tat und was er arbeitete und von dem, was der Esel hatte! … Da hatte die junge Tochter der Faltenblume eine letzte und beste Idee für den Esel … Sie sagte: „Mutter! Der Esel hat doch immer noch Geld! Ich will es haben! Nimm es ihm! Und gib es mir! Das befehle ich dir! Sonst erzähle ich allen von dem Geheimnis und sage, was damals passiert ist!"

Die alte Faltenblume sah sie eine Weile an und sagte dann: „Du willst sein Geld? ... Aber ich sage dir: Wenn wir „das" machen, dann muss ich den guten Esel töten! ... Sonst wird er ewig nach seinem Geld fragen! Wenn ich es ihm nehme und es dir gebe, dann wird er nie Ruhe geben! ... Ich muss ihn also umbringen!"

Aber die Tochter sagte zu der Blume: „Dann bring ihn doch um! Hauptsache „ich" habe das Geld! Du brauchst es sowieso nicht mehr! Du hast doch schon wieder einen neuen Esel, der dir Monat für Monat Geld gibt. Du bist doch abgesichert bis zu deinem Lebensende! Das hast du mir doch selbst vorgelesen!"... Und die alte Blume sagte: „Ja... das stimmt... Ich bekomme auch ohne den Esel viel Geld ... dann ... dann machen wir das so! ..."

Kapitel drei: Die wirklich schlimmste und hinterfragilagi - satanischte Lüge der Welt!

An diesem Abend kam der gute Esel von der Arbeit nach Hause und er war ziemlich kaputt. Die alte, faltige Blume hatte extra ein gutes Essen mit viel Nektar für ihn bereitgestellt und wickelte ihn wieder ein: „Ach du lieber, lieber Esel. Ich liebe dich ja so. Ach, wie ich dich doch liebe! Ich liebe dich! Ich liebe dich! Du bist so wundervoll! Du bist so ein wunder – wunder - wundervoller Esel! Ich liebe dich!" ... Und diese Worte wiederholte sie immer und immer wieder. Dann öffnete sie ihre Blätter und ließ den Esel schön vom Nektar trinken... Und auch am nächsten Morgen himmelte die Blume den Esel wieder an und redete mit Engelszungen auf ihn ein!... Sie kraulte sein Schwänzchen und sagte ihm immer wieder, wie sehr sie ihn liebt und wie sehr sie sich darauf freut, schon bald mit ihm verheiratet zu sein!

Der Esel ging zur Arbeit und als er wieder nach Hause kam, machte die Blume wieder dasselbe mit ihm! Sie ließ ihn von ihrem Nektar lecken, streichelte sein Schwänzchen und sagte: „Los, Esel! Zeig mir, was du magst! Los! Zeig mir, was du kannst! Los! Stoß zu!"

Das machte sie sieben Mal sieben Tage lang und der gute Esel glaubte ihr jeden Tag ein bisschen mehr und mehr! Er verliebte sich neu und unsagbar in die Blume und brach alle Brücken ab, die er noch zu seiner alten Familie hatte! ... Er sagte seiner Familie, dass er nie wiederkommen würde, weil seine Blume ihn so sehr liebt und dass er für immer bei ihr bleiben wird!... Und er sagte seinem Esel - Sohn: „Nimm du das Esel – Haus! Ich brauche es nicht mehr, weil ich ab jetzt mit der Blume in einem neuen Haus wohnen werde! Ich habe etwas Neues aufgebaut und werde mit meiner Blume an diesem Ort ein gutes Leben führen! Das sagt sie mir jeden Tag! Sie sagte mir erst gestern wieder, dass wir bald heiraten werden ..." Er sagte: „Mein lieber Sohn. Ich komme nie wieder zurück. Auch wenn das Herz mir bricht. Aber es ist so! ... Ich will ab jetzt auf meiner neuen Wiese mit meiner geliebten Blume leben ..."

Da war der Esel Sohn sehr traurig und er ging wortlos davon. Und seitdem sprach der Esel - Sohn fast kein Wort mehr mit dem guten Esel ... Und auch der gute Esel war traurig, aber seine Blume war ihm wichtiger, als alles andere und sie sagte zu ihm:

„Das hast du gut gemacht! Das hast du genauso gemacht, wie ich es dir aufgetragen habe! Sei froh! Denn deine Familie will dir alles nur nehmen, was „mir"... äh... was „dir" gehört! Glaub mir, Esel... deine Familie sind böse Leute! ... Ich schirme dich von ihnen ab... äh... ich will natürlich sagen... ich „beschütze" dich vor ihnen... und dann kann dir keiner mehr von denen helfen und du bist mir ausgeliefert … äh … ich meine natürlich … dann bist du bei mir in „Sicherheit"! … „Ja, ja…" sagte sie… „Ich schirme dich von ihnen ab… dann hilft dir keiner mehr und du tust genau das, was ich dir sage! … Äh… ich meine natürlich… Dann kannst du endlich frei entscheiden, was du tun musst, damit „ICH! ICH! ICH!" … äh… ich meine natürlich… damit „wir" gut leben können!"

Und dann sagte die Blume diese Worte zu ihm: „Pass bloß auf! Deine alte Esel Familie wird dir dein Geld stehlen! Sie gehen zum Esel - Anwalt und machen Pläne, wie sie dich soweit bringen können, dass du ihnen dein Geld geben musst! Hörst du!? Glaube nicht an deine alte Esel - Familie! Glaube ihnen nicht! Glaube an deine „neue" Familie!… An uns! Ja! Glaube an uns und glaube an das, was wir dir sagen! Glaube an mich! Glaube an mich! Glaube an mich! Schau: „WIR" sind deine neue und deine „ehrliche" Familie!" Und dann sagte sie den Satz:

„Esel! Esel! … E s e l ! … Du musst dein Geld in Sicherheit bringen!"

Und der Esel war erschrocken und sagte: „Ja? Glaubst du? Mein Geld? Meine Familie? Sie wollen mir mein Geld nehmen? Kann das sein? Um Gottes Willen? Blume! Was soll ich denn nur machen?" … Und da war die Blume endgültig an ihrem Ziel!

Sieben Tage lang hatte sie ihre Blätter gespreizt und sieben Tage lang hat sie alles, was da kam, hinuntergeschluckt … aber es hatte sich rentiert! … Denn sie sagte: „Esel! Gib es mir! Dein ganzes Geld! Alles! Hole es von dort ab, wo du es aufgehoben hast und gib es mir!" … Und sie sagte: „ICH! … werde es für dich aufheben! ICH! Weil ICH! dich liebe und weil ICH! dein ehrlichster und bester Freund bin!"

Da nahm der gute Esel alles, was er hatte und gab es seiner Blume ... damit sie es für ihn aufhebt! Sein ganzes Geld und alle seine Sachen! Ja, er gab ihr das ganze Geld und alles, was wertvoll war! ... Und er gab es ... in ihre Obhut! ...

Kapitel vier: Wie die Blutfamilie den Esel erschlägt!

Der Esel sagte: „Blume! Du versprichst mir aber, dass du das alles nur für mich aufhebst, oder? Es ist ja alles meines! Das weißt du doch, oder? Ich habe mein ganzes Leben dafür gearbeitet!"

Und die Blume sagte: „Ja! Natürlich! Es ist unumstößlich deines! Alles, was du mir gibst, wird niemals von mir oder einem anderem angetastet werden!" Und sie sagte: „Ich schwöre es bei meiner Liebe zu dir, dass ich alles, was dir gehört, nur für dich aufhebe und ich es dir, sobald du mich danach fragst, natürlich wiedergeben werde!..." Und sie sagte: „Du vertraust mir doch, Esel? Oder? Oder soll so ein bisschen Geld zwischen uns stehen?" Und als der Esel zögerte und sagte, dass er ein Blatt Papier haben möchte, wo genau das drauf steht, da fing die böse Blume an zu weinen und sagte: „Ach Eselchen... mein allerliebster Freund ... Das hätte ich jetzt nicht von dir erwartet, dass du mir nicht vertraust, wo ich dich doch so sehr liebe? Soll das der Beweis deiner Liebe sein? Wie kannst du nur zögern und glauben, ich wäre nicht dein bester Freund? Du kennst mich doch schon so lange ... und ich bin doch deine Blume!" ... Und sie weinte und weinte bitterböse Tränen und fiel in die Arme des Esel hinein und weil sie so sehr weinte, vertraute der Esel ihr wieder ... Dann spreizte die Blume wieder ihre Blätter auseinander und ließ es sich vom Esel so richtig schön besorgen.

Der Esel gab ihr noch am selben Tag sein ganzes Vermögen, weil er in ihr einen wahren Freund und eine Blume sah... und nicht dieses (dieses Wort wurde vom Autor gelöscht), das sie in Wirklichkeit war ... Und er gab ihr all sein Hab und Gut...

Was der Esel natürlich nicht wissen konnte: Noch in derselben Nacht verteilte die alte, faltige und bitterböse Blume das ganze Hab und Gut des Esels unter ihren Kindern! ... Und alle griffen gierig zu und alle lachten und alle tranken Wein und kugelten sich vor Stolz über ihre alte Blumenmutter, weil die so geschickt gelogen hatte, dass sie am Ende alle miteinander vom Geld des Esels reich geworden waren! ... Da sagte die böse Blume zu ihren Kindern: „Passt auf! Wir haben nun alles vom Esel genommen und haben alles von ihm erpresst, was wir kriegen konnten! Der Esel hat nichts mehr! Er ist jetzt nichts mehr wert! Darum werde ich ihn morgen erschlagen! Und zwar von hinten! Morgen um zehn Uhr! Ihr wisst also Bescheid und ihr kennt den Plan! Passt auf: Er wird euch um Hilfe anflehen... Aber ich befehle euch: Dass mir ja keiner auch nur einen einzigen Finger für den Esel rührt...!"

In dieser Nacht ließ sich die Blume noch einmal alles machen, was sie so liebte. Der Nektar spritzte geradezu aus ihr heraus und sie jauchzte ein jedes Mal, wenn der Esel ihr seine Liebe schenkte! Am nächsten Morgen saß sie ihm gegenüber und sagte zu ihm: „Esel, ich liebe dich! Esel! Ich liebe dich! Ach Esel! Ich liebe dich!" ... So, wie sie es immer tat ... Aber als der gute Esel ihr den Kamm zuwandte, da nahm sie ein Beil und schlug es dem Esel in den Rücken!

Von dem Schlag, dem sie dem Esel zugefügt hatte, bekam sie noch im selben Moment einen Orgasmus! Sie schlug und schlug und schlug auf den Esel ein! Das Beil sauste nur so nieder. Das Blut spritzte aus ihm heraus und die welke, alte Teufelsblume hackte ihr Opfer einfach nur in Stücke und lachte dabei wie ein Teufel. Sie schrie:

„Ich bin so geil... Ich bin so geil... Ich sehe zu wie du verreckst! Was glaubst du denn, du Idiot? Glaubst du denn wirklich auch nur ein Wort von dem, was ich dir gesagt habe? Ich habe dich immer belogen! Immer! Vom ersten Tag an! Ich habe dir erzählt, dass ich arm bin und in Wirklichkeit hatte mehr Geld als du! … Nur Lüge und Lüge und nochmals Lüge hast du von mir gehört!… Vom ersten Tage an habe ich dich betrogen und belogen! So wie ich alle immer belüge! Und alles nur, um dein Geld zu stehlen! Ich habe dir immer gesagt, dass ich arm bin! Aber das stimmt nicht! Das habe ich dir nur so vorgelogen, damit du für mich bezahlst und bezahlst und bezahlst und bezahlst!"

Sie schrie: „Du hast mich doch nur ficken dürfen, weil ich dein Geld haben wollte!

Sie schrie: „Du hast mich doch nur ficken dürfen, weil ich deine Kraft zum Arbeiten brauchte!

Sie schrie: „Du hast mich doch nur ficken dürfen, weil ich dein Geld für meine Kinder will!

Sie schrie: „Du hast mich doch nur ficken dürfen, weil du meine Reisen bezahlt hast!

Sie schrie: „Du hast mich doch nur ficken dürfen, weil im Kaufvertrag deiner Kutsche mein Name steht und sie jetzt mir gehört!

Und sie schrie: „Und jetzt bist du leer und hast kein Geld mehr. Und darum bestimme ich, dass du verrecken sollst! Und da! Und da! Und da! …"

Und so schlug ihm die alte, böse, faltige Blume das Beil dreimal in den Kopf hinein und quiekte vor Lachen wie ein Schwein, als sie den Kopf des Esels blutig zerhackte...

Kapitel fünf: Die Kinder der Blutfamilie

Der Esel weinte im Todeskampf. Er wusste nicht, was los war… Er sah doch nur seine „Blume" vor sich, die er so sehr liebte und die ihm noch vor ein paar Minuten gesagt hat: „Esel! Ich liebe dich!" … Er verstand überhaupt nicht, was jetzt passierte und warum sie das tat? … Er hatte doch immer alles für sie getan? War doch immer absolut ehrlich und gut und fleißig zu ihr gewesen. Er hat die Blume nie betrogen oder belogen, hat ihr nie weh getan, war immer offen und ehrlich zu ihr und hatte sie selbstlos geliebt! Er hatte sie einfach nur ehrlich und wahrhaftig geliebt … Ohne Hintergedanken und absolut edelmütig! … Sogar bis zu dieser letzten Minute! … Bis zu dem Moment, als sie ihm den Schädel einschlug und ihn ermordet hat! … Und selbst im Todeskampf konnte er nicht glauben, dass eine Liebe, die so wundervoll und so groß und so außergewöhnlich und so absolut glücklich und harmonisch war, mit einem Schlag voll Blut zu Ende gehen soll? Mit dem Schlag eines Beiles, ausgeführt aus der Hand seiner geliebten Blume … die ihm gestern noch sagte, dass sie bald heiraten werden!?

In der Not flehte der gute Esel die Kinder der Blume an: „Helft mir! … Helft mir! … Bitte! … Helft mir!" Er flehte um ihre Hilfe… aber sie lachten ihn alle nur aus und sahen geil, geifernd und wixend dabei zu, wie der Esel ermordet wurde! … Da sagte einer der Söhne der Blume, der dem Esel noch vor ein paar Tagen seine absolute Freundschaft geschworen hatte: „Ja, ja, Esel" … „Das Leben ist nicht leicht …" und lachte weiter… Dann wischte er sich das Blut von seinen Blättern, nahm seinen Anteil vom Geld des Esels, drehte sich um, und ging zum Einkaufen … und die anderen Kinder der Blume lachten höhnisch aus allen Blättern, die sie hatten! …

Nun … Es ist traurig, aber der gute Esel starb in dieser Nacht einen bestialisch, grauenvollen Tod und die alte, welke Blume bekam einen Orgasmus nach dem anderen! … Sie suhlte sich im Blut des Esels und kreischte: „Seht, wie toll ich bin! Seht nur: Sein Blut ist mein Dünger! Und seht, wie ich diesen Esel gut belogen, betrogen und hintergangen habe! Soviel Unrecht ich auch getan habe! Jetzt ist er tot und er kann mir nie etwas beweisen oder etwas gegen mich machen!" … Und sie sagte: „Jetzt werde ich sofort all diejenigen belügen, die ihn gekannt haben und ich werde ihnen sagen, dass „er" schuld war! Ja! „ER"! Und ich erfinde einfach eine Lügengeschichte, die sagt, dass „er" ein böser Esel ist! Und nicht ich! Und weil er jetzt tot ist, kann er sich ja auch nicht mehr wehren! Und dann wird jeder glauben, dass er ein Schwein war und „ich" bin dann aus dem Schneider! Ja! Und noch mehr! Ich werde mich sogar als Opfer hinstellen und all die Deppen werden mir glauben und mich sogar noch bemitleiden! Das war mein Plan vom ersten Tage an! Bin ich nicht gut?"

Und die ganze Blutfamilie lachte und applaudierte und jubilierte mit der alten Blume! Dabei tropfte ihr das Wasser zwischen den Blättern heraus und sie suhlte sich in ihrem eigenen Saft und tanzte im Blut des Esels…

Kapitel sechs: Der liebe Gott, der gute Esel, die Blutfamilie und der Kern der Wahrheit

Der gute Esel aber kam in den Himmel und saß vor Gott... Da sagte er: „Lieber Gott? ... Was war denn das jetzt? Ich verstehe es nicht? Gestern Abend haben wir doch noch alles gemacht, was Liebespaare so machen... Stundenlang hat die Blume alles mit mir gemacht, was sie beglücken kann... Und sie hat mir gestern noch ihre große Liebe und die Heirat geschworen... Und heute schlägt sie mir ein Beil in den Rücken? Verstehst du das?"

(Langes Schweigen...)

Dann sagte der gute Esel: „Sag mal Gott... wo war denn jetzt meine „neue Familie"? Warum haben sie mir nicht geholfen? Die haben mir doch hoch und heilig ihre Freundschaft geschworen? Einer der Söhne! Der hat mir doch immer versprochen, mir zu helfen, egal was kommt! Alle haben mir doch immer versprochen, dass ich jetzt zu ihrer „Blumenfamilie" gehöre und sie alle ab jetzt immer für mich da sein werden! ... Darum habe ich Ihnen doch auch immer alles gerichtet und gemacht und das ganze Geld geliehen und alles bezahlt! ... Weil ich doch „einer von ihnen" war ... Das haben sie mir doch immer und immer und immer und immer wieder gesagt, lieber Gott!...?"

(Langes Schweigen...)

Und der Esel sagte: „Und jetzt? Ich habe jedem von ihnen geholfen. Ich habe so schwer für sie alle gearbeitet... Und dann schauen die eiskalt zu, wie man mich zerhackt und mich erschlägt und schlagen sogar noch selbst auf mich drauf und lachen dabei wie die Teufel? ... Wie soll ich das denn jetzt verstehen, lieber Gott? Und ... Gott? Wo ist denn jetzt mein Geld und wo sind meine Sachen? Bleibt das jetzt alles bei der Blume oder wie?

Wenn ich sterbe, dann sollte sie doch alles mein Esel - Sohn geben... Das haben wir doch ausgemacht! ... Die Blume und ich!... Sie hat es mir in die Hand versprochen ... All die Sachen und all die Kutschen und all das viele, viele Geld! ... Das soll mein Sohn bekommen! ... Das hat mir die Blume doch hoch und heilig versprochen, lieber Gott! ... Wird sie es ihm geben? Wenn ich nicht mehr da bin?" ...

Aber der liebe Gott sah den Esel nur lange an und sagte:

„Esel ... Ach Esel ... Ach Esel ..."

Dann sah er den guten Esel noch länger an und erklärte ihm, was da genau passiert ist: Er erzählte ihm, was mit „ihm" passiert ist... mit dem „Esel"... und wie ihn diese Blume vom ersten Tage an beschissen, betrogen, belogen, eingewickelt und bestohlen hatte... Und er sagte ihm, dass die Blume eine hässliche, alte Schrumpelblume ist, die böse zaubern kann und die vor ihm schon drei andere Esel reingelegt und erschlagen hätte! ... Und er sagte: „Hast du gehört Esel? D i e s e Familie hat genau das Gleiche wie mit dir, schon mit drei anderen, guten Eseln, vor dir gemacht! Auch ihnen haben sie das Geld abgenommen und sie dann erschlagen! Auch das Heidekraut wurde abgezockt! Obwohl es immer noch zum ficken kommt! ... Frag es mal! ..." Und Gott hat erzählt, dass die Blumenfamilie schon immer alles gewusst und dass sie alle zusammengearbeitet hätten und dass es eigentlich keine „Blumenfamilie", sondern eine „Blut – Familie" wäre! ...

Und er sagte ihm, dass seine neue „Blumen - Familie" die ganze Zeit nur seine „Blumen - Familie" war, weil sie den Befehl dazu von der alten Schrumpelblume bekommen haben und weil sie alle nur seine Arbeit und sein Geld haben wollten und dass sie ihn deshalb alle belogen und ihm alles vorgespielt haben... Und er sagte: „Sie haben jeden Tag herzhaft über dich gelacht, weil sie gesehen haben, wie du deine Arbeit und deine Kraft für sie einsetzt, während sie so stinkend faul wie Parasiten waren und nichts gearbeitet haben! … Und sie haben über dich gelacht, weil sie sahen, wie sie mit deinem Geld plötzlich alles kaufen konnten, was sie wollten! … Ja… sie haben über dich gelacht und dich vom ersten Tag an beschissen… weil die Alte das so wollte und weil sie es den anderen Blumen so befohlen hat! …“ Und er sagte dem guten Esel auch, dass sein Esel - Sohn leer ausgehen wird und dass sein Esel - Geld und sein Hab und Gut für immer bei der bösen Blutfamilie bleiben wird! Und dann sagte er ihm, dass die böse Blutfamilie und all ihre Mitwisser gerade dabei wären, ein Fest zu feiern und eine große Reise zu unternehmen… Aus Freude darüber, weil ihnen das mit ihm… dem guten Esel… so gut gelungen wäre! … „Und weißt du was?“ … Sagte Gott: „Sie bezahlen das alles mit d e i n e m Geld! Die Alte bezahlt nämlich alles … Ja … Sie nimmt das Blutgeld für die Blutgeschenke ihrer Kinder her! … Ich muss kotzen! …“

Und als der liebe Gott eine Wolke beiseiteschob und man sehen konnte, wie die böse Blume am Meer saß und eine Flasche Sekt schlürfte … Da fing der Esel an zu knurren.

Der Esel sagte zu Gott, dass er noch nie ein schönes Leben hatte. Er hatte es noch nie leicht gehabt und er wollte schon verzagen. Bis die Blume kam. Er sagte: „Als sie kam, dachte ich, dass nun das Glück ein einziges Mal auch für mich kommen würde und ich wollte mit ihr ein neues Leben aufbauen! Und auch sie hat mir das immer und immer wieder gesagt! … Sie hat immer und immer wieder dieselben Träume wie ich geträumt, und zu mir gesagt: Esel! Du und ich! Wir zwei! Wir bauen uns ein neues Leben und ein Nest für uns beide auf und dann heiraten wir! …“ Und Gott hörte sich das lange an und sagte:

„Esel! Kapierst du es denn immer noch nicht? Die haben dir das alles nur vorgespielt! Die wussten doch alle vom ersten Tag an Bescheid! Die haben dich gefickt wie die Säue und dann auf dich geschissen. Vom ersten Tage an!"

Er sagte: „Die Blume war nicht scharf auf dich! Die war nur scharf auf das, was du hast und auf das, was du für sie bezahlen und arbeiten kannst!... Die war scharf auf dein Geld und auf deinen Schwanz! Die wollte ficken! Und sie wollte dein Geld! Das ist alles! Die hat dich gehalten wie ein Stück Vieh! Du durftest für sie arbeiten, ihr die Wiese richten, ihre Probleme lösen, ihr ständig Geld geben und es ihr mit deinem schönen, dicken Schwanz zweimal am Tag so richtig schön besorgen! Kapierst du es jetzt?"

Da fing der gute Esel nochmal an zu knurren und er knurrte und knurrte und knurrte und knurrte... Und er knurrte noch mehr und mehr ...

Kapitel sieben: Wie man schön und saftig auf eine Blumen scheißt!

Der Esel knurrte sieben Tage lang. Und aus den sieben Tagen wurden vierzig. Und aus den vierzig Tagen wurden zwei Jahre. Und aus den zwei Jahren wurde eine Zeit, die man nie so richtig beschreiben kann! Er knurrte und knurrte und knurrte und knurrte! Er knurrte immer lauter und lauter und lauter, so dass man das Knurren im ganzen Himmel hören konnte. Aber als das Knurren am Ende so laut war, das der ganze Himmel zitterte und kein Stein mehr auf dem anderen blieb, da reichte es dem lieben Gott! Er ging zum Esel hin und sagte: „Esel! Was willst du?" … Da sagte der Esel: „Diese (diese Worte wurde vom Autor gelöscht)!"

Da sah Gott ihn lange an und sagte: „Esel! Ich aber sage dir: Ein Esel ist ein Esel und er weidet auf der Wiese! Und ich bin Gott! Und ich kann alles machen, was ich will! Und so will ich, dass du noch einmal für drei Stunden auf deiner Wiese stehst und dort weidest!" … Dann gab es einen Blitz und viel Rauch und der Esel war plötzlich wieder jung und grau und stand auf seiner geliebten Wiese und… sah die Blume…

Er ging zu ihr hin und die Blume erschrak sehr und zitterte um ihr Leben! Der gute Esel aber sagte nichts. Er drehte sich um… Und biss der ganzen Blutfamilie den Kopf ab… Einem nach dem anderen … Außer der alten Faltenblume natürlich… Die ließ er zuschauen, wie ihre ganze Familie den Kopf verlor…

Die ganze Blutfamilie jammerte und zitterte und schrie vor Angst!… Jeder einzelne von ihnen schrie in Todesangst und flehte um seine Verschonung! Sie logen und schrien so wie immer und sie pissten sich alle voll! In dem Moment aber, als ihnen der Kopf abgebissen wurde, schrien sie noch mehr und mehr und mehr und jammerten um ihr jämmerliches und verlogenes Leben…

Der Esel aber stand nur da und biss… gaaaaanz langsam und genüsslich…. jedem einzelnen… gaaaanz langsam … den Kopf ab… Und dann … kaute er darauf herum…

Und er kaute und kaute und kaute und kaute und kaute und kaute und kaute und kaute und kaute und kaute…

Und er kaute und kaute und kaute und kaute und kaute und kaute und kaute und kaute und kaute und kaute…

Und er kaute und kaute und kaute und kaute und kaute und kaute und kaute und kaute und kaute und kaute…

Gaaaanz langsam und genüsslich… kaute er auf den bösen Köpfen der bösen Blumen herum … bis er sie alle gefressen hatte…

Dann ging er zu der alten, faltigen und bösen Blume hin, die seit Stunden Todesangst ausstand und nur noch um ihre Familie jammerte und weinte und sah sie an! Die Blume hatte sich vollgeschissen und vollgepisst und sagte voller Angst: „Es war meine Tochter! Ja, meine Tochter! Von Anfang an! Meine Tochter! Sie ist schuld! Sie gab mir den Befehl dazu, dass ich dich so behandeln soll! Verstehst du das? Das war sie! Esel! Ich konnte nichts dafür! Und ich konnte doch nicht anders! Bestrafe sie! Nicht mich! Ich liebe dich doch immer noch, Esel! Sie war es! Sie hat alles kaputt gemacht! … Esel! Esel! Lass mich leben! Bitte, bitte, lass mich leben! Wir fangen neu an! Du und ich! Glaube mir doch, Esel! Ich liebe dich! Bitte! Schau, wie schön ich meine Blätter für dich spreizen kann… ich ziehe auch das Kleid an, das unten offen ist und … Esel! Esel! "

Da drehte der Esel sich um… machte sein Arschloch auf … Und schiss das, was er gerade gefressen hatte… auf die Alte drauf. Und zwar so, dass sie drei Tage lang brauchte, um jämmerlich daran zu ersticken…

Dann blitzte es wieder, es kam Rauch dem Nichts und der gute Esel stand wieder vor Gott!… Da knurrte der Esel nicht mehr. Er sah Gott an und sagte: „Na? Hast du gesehen, was ich gemacht habe? Hm? Ich habe der (dieses Wort wurde vom Autor gelöscht) eine schöne, kräftige und saftige Ladung Scheißdreck in ihre Fotze geschissen! Damit sie an der Scheiße erstickt! … Das war´s dann wohl mit dem Himmel … Hm? Du wirst mich doch jetzt rausschmeißen, oder? … Ich muss jetzt runter … in die Hölle… oder?

Aber der liebe Gott sagte: „Wie? Hä? Was? Von was sprichst du, Esel? Weißt du… ich habe gerade nicht aufgepasst und ein Nickerchen gemacht … Und weißt du was? … Geh einfach auf deine Himmelswiese… und lass mich endlich in Ruhe!… Und in die Hölle? Nee, nee… da musst du nicht hin… Die Hölle ist nicht für dich da… Die Hölle ist für „die" da…"

Und er zeigte mit seinem Finger auf einen Haufen voll stinkendem Scheißdreck, der irgendwo da unten auf der Erde lag… Und unter dem eine bösartige und (dieses Wort wurde vom Autor gelöscht) Faltenblume gerade ihren letzten Schnaufer tat!

Kapitel sieben: Die Elfe …

Auf der Himmelswiese traf der Esel dann auf eine Elfe. Ihr Name war „Elfi, die Viertel vor Zwölfte", und sie war für ihn eine Offenbarung:

Ihr glänzendes Flügelkleid strahlte heller als alle Sterne, die der Esel jemals gesehen hatte. Wenn sie da war, öffneten sich die Blumen und verströmten mehr, als jedes Mal zuvor, ihren Duft so intensiv, dass der ganze Himmel roch, wie ein Parfümladen. Und alle, die zugegen waren, sagten: „Hmmmmmmmm! Elfi! Schön dass es dich gibt!"…

Ihre Augen waren so bezaubernd und so angenehm, dass es kein anderes Lebewesen gab, das auch nur annähernd so süß schauen konnte, wie sie! Ihre Stimme und ihr Mund waren so sanft, wie die Wolken, wenn man sie in der Abendsonne sehen kann und sie wie Wattebäuschen sind und die vor Liebe glühen, wie ein Feuer, dass nie ausgeht! … Und glaube mir: Wenn einer ihrer Flügel dich im Flug berührte, dann war es, als ob dich die sanfteste Feder streichelt, die es gibt … und ja… es ist wahr… dann löste sich von ihren Flügel durch den leichten Schlag ein goldener Staub, der jeden, der ihn berührte oder sogar einatmete… in wundervollste Träume fallen und leise und liebevoll lächeln ließ… Kurzum… Elfi, die „Viertel vor Zwölfte", war das liebenswürdigste Geschöpf, das der Esel jemals gesprochen hatte.

Sie sagte zu ihm… „Pass auf: Du sollst nie wieder ein Esel sein! Glaube mir! Die böse Faltenblume hat dich so lange verzaubert und belogen und zu dem gemacht, was sie in dir sehen wollte: Nämlich einen dummen Esel! … Der du aber nicht bist! Ich sage dir: Du bist etwas anderes! Du bist etwas, das wir lieben können! Ein wahres und gutes und liebenswürdiges und ein Liebe gebendes Wesen… Und so geh nun hin… Und sage deinen neuen Namen! Aber sage niemals mehr wieder, dass du ein „Esel" wärst! …

Das wirklich schönste Gedicht

Der Himmel singt ein Wiegenlied
So schön und gut und rein

Sanft geht es über Hügel her
Und geht in dich hinein

In deinem Herzen schmilzt es dann
Gibt deinem Leben Glanz

So leben und so fühlen wir
Die xxx und der xxx …

(Füge selbst die Namen ein, die dir gefallen. Es ist von Vorteil,
wenn der letzte sich auf „Glanz" reimt)

Hier gibt's wieder was zu lernen: Lerne, was Frauen mit Männern so alles machen können! Lerne, was eine „Bitch" ist und wie sie einen Mann verführen will!

Interview mit Simon:

o   Interviewer: „Simon?"

o   Simon: „Ja?"

o   Interviewer: „Sag mir, Simon: Was ist eine „Bitch"?

o   Simon: „Eine „Bitch"? ... Nun... wie soll ich es dir sagen? …

o   „Bitch" ist der englische Ausdruck für eine räudige Hündin. Eine Hündin, die mit ihrer Fotze überall herumläuft und einen Rüden sucht, der sie fickt. Eine Bitch ist eine weibliche (dieses Wort wurde vom Autor gelöscht)… Sie ist kein Mensch, sondern ein (dieses Wort wurde vom Autor gelöscht). Du findest nichts Menschliches an ihr. Sie ist eiskalt und sucht sich ein Opfer.

o   Hat sie einen Mann gefunden, der in Frage kommt, dann schmiegt sie sich an ihn, hält ihm die Fotze hin und macht ihn solange an, bis er nicht mehr anders kann und sie fickt. Das ist ihr Ziel. Dieses Ficken.

o   Dann lässt sie sich solange von ihm ficken, bis sie schwanger wird. Wenn sie schwanger ist, schnappt die Falle zu und du kannst zahlen, bis du schwarz wirst.

o   In dem Moment aber, in dem die Falle zuschnappt, ist aus der Bitch ein eiskaltes (dieses Wort wurde vom Autor gelöscht) geworden. Dann will sie nur noch dein Geld. Du zahlst und

zahlst und zahlst, damit sie ihr „Schakkalakka" - Leben
führen kann.

o Und darum geht es der Bitch am Ende ja auch: Um ihr
Schakkalakka Leben... Das irgend so ein Depp auf sie
reinfällt und ewig für sie bezahlt...

o Ja, es stimmt. Eine Bitch will niemals arbeiten. Sie ist einfach
nur eine (dieses Wort wurde vom Autor gelöscht) und hat Gefallen
daran, einen Menschen zu quälen und zu martern. Sie hat
Gefallen daran, Menschen auszunutzen und zu steuern.
Darin ist sie Meister. Skrupellos und ohne Gewissen.

o Sie will heiraten. Das ist ihr Ziel. Diese Heirat... diese
finanzielle Absicherung. Das Kind ist ihr vollkommen egal.
Nur ein Nebenprodukt auf dem Weg zum Ziel. Ein
Druckmittel zum leichten Geld. Ich bin auf eine Bitch
reingefallen. Naja ... fast... Ihr Name ist Tina.

o Sie hat mir ständig erzählt, wie scharf sie auf mich ist und
kam dann sogar noch nachts um zwei Uhr angefahren, um
sich von mir besteigen zu lassen. Damals wusste ich nicht,
dass sie nebenbei noch fünf andere Kerle hatte, die sie auch
ständig gefickt haben. Sie wollte möglichst schnell schwanger
werden, um „mir" ein Kind anzuhängen.

o Sie wollte unbedingt mich haben. Also mich! Deswegen hat
sie auch mit anderen Männern gefickt. Um schwanger zu
werden, bevor ich abspringe...

o Zwei davon sind meine Freunde. Die haben es mir dann
erzählt, als es fast schon zu spät war...

o Einer hat's geschafft. Irgendeiner. Keine Ahnung... Der hat
ihr dann das Kind gemacht. Es ist nicht von mir.

o Schon ein paar Tage danach war sie bei mir und hat es mir gesagt. Sie hat mir gesagt, dass sie von m i r schwanger ist.

o Weißt du… ich meine…als Frau… da spürst du doch, von wem das Kind ist…oder? Ich glaub schon, dass man so etwas spürt, oder? Und ich glaub auch, dass man es weiß… das kann man sich doch ausrechnen… oder meinst du nicht? Ich weiß nicht, ich versteh nichts davon …

o Nun… Sie hat mir dann eine Nachricht aufs Handy geschickt und schon damals hat sie gelogen. Im vollen Bewusstsein gelogen. Dessen bin ich mir absolut sicher.

o Sie hat mir hoch und heilig versprochen, dass das Kind nur von mir sein kann. Nur von mir! Weil die Hündin monatelang keinen andern über sich drüber gelassen hat, hat sie mir gesagt… außer mich natürlich. Was natürlich eine Lüge war. Und ich hab's ihr geglaubt. Ja! Ich bin sogar mit ihr im Kreissaal gewesen! Bei der Geburt! Und stell dir vor: Da hat sie immer noch gelogen. Eiskalt und berechnend. Und total abgebrüht. Wie ein (dieses Wort wurde vom Autor gelöscht). Ich soll sie heiraten, hat sie gesagt. Im Kreissaal. Jetzt. Sofort. Immer wieder. Im Kreissaal. Sie liebt mich so sehr und wir werden so glücklich sein, hat sie gesagt.

o Aber ich hab ihr nicht geglaubt. Gott sei Dank! Ich habe in ihren Augen den Teufel gesehen. Da habe ich gemerkt, dass irgendwas nicht stimmt. Da habe ich gemerkt, dass sie lügt.

o Sie war so siegessicher. Hatte im Gedanken schon meinen Ring am Finger. Hat mich heimlich ausgelacht. Weil ich der Depp bin, der sie heiraten und mit Geld versorgen wird. Ja! Das habe ich damals in ihren Augen gesehen. Ich kann einen

Menschen gut einschätzen. Und dieser Mensch hier… der ist der Teufel.

o Weil es „mein" Kind war, das sie da auf die Welt brachte, war ich mit im Kreissaal. Die Tina hat mich mit hinein geschleppt. Zur Geburt. Weißt du? Ich habe ihr geglaubt! Wenn ich über diese Verlogenheit heute nachdenke … da muss ich kotzen!

o Dabei hat sie ganz genau gewusst, was sie tat. Diese kleine (dieses Wort wurde vom Autor gelöscht). Ich seh sie noch liegen. Sie hat sich nicht mal auf das Kind gefreut und hatte so einen halb gelangweilten Ausdruck im Gesicht. Als ob man auf ne Pizza wartet, oder so. Sie hat die Geburt als etwas abgebucht, dass jetzt „sein muss", damit man in dieser „Sache" mal weiter kommt…

o Ja… auch das hab ich in ihren Augen gesehen. Keine Furcht, keine Liebe, nichts … nur kalte Berechnung, Egoismus und Hochmut. Später hat sie sich dann mit diesem Kind in meine Familie hineingeschlichen. Hat es meiner Mama gezeigt und es als „mein" Kind verkauft.

o Sie hat immer wieder versucht, meine Eltern von unserer Heirat zu überzeugen, die ich noch immer verweigert habe… Tina hat dann sogar ihre Mutter zu uns geschickt, um „Schönwetter" zu machen. Das solltest du mal gesehen haben… Wie die meine Mama mit dem Kind im Arm eingelullt hat. Als die Alte wieder weg war, hat meine Mama nur gesagt, dass ihr von der „Falschheit dieser Frau" richtig schlecht geworden ist… und dass sie Angst hat, dass diese Falschheit in unsere Familie kommt… und sie sagte: Ich soll Tina nicht heiraten…

o Dann sind zwei Freunde gekommen und haben mir erzählt, dass sie Tina an denselben Tagen gefickt haben, an denen sie auch bei mir war. Und dass sie noch zwei andere Männer kennen würden, mit denen sie auch gefickt hat. Zur gleichen Zeit…

o Mein Freund sagte: „Wir haben die Chats verglichen. In unseren Handys. Sie ist an einem Tag innerhalb von sieben Stunden zu vier von uns gefahren und hat sich viermal ficken lassen. Und am Abend war sie dann bestimmt noch bei dir… Stell dir das mal vor… Wir haben sie damals sozusagen für dich vorgeschmiert und eingespritzt …"

o Viel später, nachdem ich den Vaterschaftstest gemacht hatte und dann natürlich wusste, dass das Kind nicht von mir ist, war sie noch kälter als vorher. Und stell dir vor: Die wollte doch immer noch, dass ich sie heirate! Stell dir das mal vor! Da hat sie sämtliche Theaternummern abgezogen, die sie drauf hatte. Sie bringt sich um, hat sie gesagt. Und was soll jetzt aus ihr werden, hat sie gesagt… Und dann hat sie geweint und wollte mich wieder einlullen.

o Ich habe dann zu ihr gesagt: „Wenn du noch einmal in meine Nähe kommst, dann schlag ich dir das Kreuz ab, du (dieses Wort wurde vom Autor gelöscht)!" … und bin gegangen.

o Dann ist sie grob geworden. Hat mir Schimpfwörter hinterher geschmissen, die ich selbst noch nie gehört habe. Mit einer Stimme, die irgendwie nicht ihre Stimme war. Ja! Eine Dämonenstimme hat sie gehabt, dieser Teufel. Besser kann ich es nicht beschreiben. Eine eiskalte Dämonenstimme! Die Stimme klang, als ob sie direkt aus der Hölle käme!

o Ein paar Tage später hat sie mir dann aufs Handy geschrieben. Wahrscheinlich hat die Alte ihr den Tipp gegeben, dass sie einlenken soll.

o Ja, die Alte. Eine furchtbare Frau. Man spürt die Kälte, die von dieser Frau ausgeht.

o Jedenfalls hat Tina mir aufs Handy geschrieben: Es täte ihr so leid, hat sie gesagt. Sie will jetzt wieder bei mir sein und sie möchte zu mir kommen.

o Heute Nachmittag könnte ich alles, aber auch alles mit ihr machen, was ich will, hat sie geschrieben. Sie würde sich auf den Tisch legen und sich auch gerne nackt vor mich hinknien, hat sie gesagt. Da würde sie alles schlucken, was ich ihr gebe. Das würde sie immer und immer wieder für mich tun, hat sie gesagt. Immer wieder. Hauptsache, wir wären wieder zusammen. Alles könnte ich von ihr haben, so oft und wann ich will. Hauptsache, wir bleiben zusammen, hat sie gesagt... Stell dir das mal vor... So eine (dieses Wort wurde vom Autor gelöscht) (auch dieses Wort wurde vom Autor gelöscht) Und kein Wort vom Kind. Nichts. Die dachte doch nur an sich. Nur an sich. Wie immer! Die hat doch was an der Birne, oder ...?

o Viel Später habe ich dann erfahren, dass wegen ihr vier Kerle zum Vaterschaftstest mussten. Ja ... vier Männer! Und ich war ja schon dort... also fünf... Da muss die doch in den paar Tagen, in denen das damals passiert ist, jeden Tag drei Kerle über sich drüber gelassen haben, oder? Pfui Teufel. Sonst klappt das doch nicht... oder? Ich weiß nicht so recht... so gut kenn ich mich da nicht aus... Aber meine Mama hat gesagt, da gehört schon eine ganze Menge Kälte mit dazu… sich von fünf Kerlen wochenlang durchrammeln zu lassen, wie eine Hure … aber na ja…

o Nun. Das war´s. Mehr kann ich nicht sagen. Das ist meine Erklärung für eine „Bitch": Eine räudige Hündin ohne Skrupel… Ein (dieses Wort wurde vom Autor gelöscht), das ein Kind in die Welt setzt, nur um es als Druckmittel zu verwenden. Damit es da ist und sie es dazu benutzen kann, um ihre eigenen Interessen durchzusetzen. Damit es da ist, und sie, die Bitch, nie mehr arbeiten muss...

o Na, ja… armes Würstchen. Armes Kind. Es ist ein Junge. Er heißt Friedrich. Das Kind hätte bestimmt etwas Besseres verdient, als solche „Mütter" zu haben."

o Interviewer: „Okay… Simon… Danke…"

o Simon: „Passt schon…"

o Interviewer: „Sag mal, Simon… Was ist jetzt eigentlich aus dem Kind geworden?"

o Simon: „Nun… ich weiß es nicht… Die Tina hat mir ab und zu noch geschrieben. Sie will zu mir kommen, hat sie gesagt. Sie biedert sich an, diese (dieses Wort wurde vom Autor gelöscht). Schickt mir immer noch Fotos von ihrer Muschi und so Zeugs. Steckt sich den Finger rein und macht ´n Foto davon. Aber ich geh ihr nicht auf ihren Leim. Nein… Ich bin doch nicht verrückt und lass mich noch einmal mit dieser Bitch ein…"

o Interviewer: „Und das Kind?"

o Simon: „Nun… ich denke, dass ihm nie jemand die Wahrheit sagen wird. Es wird nie etwas davon erfahren… Über seine Mutter, über seine „Väter"… und über mich… und natürlich über all das andere auch nicht… Nie wird jemand dem Kind sagen, dass es eigentlich gar nicht erwünscht war, sondern nur auf die Welt gebummst worden ist, damit man ein Druckmittel besitzt, um sagen zu können: „Ich habe ein Kind! Ich kann nicht zur Arbeit gehen!" usw. usw… Die werden das Kind natürlich dumm lassen und es immer wieder belügen. So wie sie jeden belügen. Das ist doch eine Familie der Lügner und der Verschweiger… Sie halten alle zusammen und belügen sich gegenseitig und spielen sich die „heile Welt" vor. Die sagen sich niemals die Wahrheit. Und werden es auch niemals tun! Pfui Teufel.

o   Und ich glaube: Auch das Kind werden sie belügen, so, wie sie immer lügen. Aber vielleicht fahr ich mal hin und sage dem Kind die Wahrheit. Wenn es mal fünfzehn ist, oder so… Na, ja… Normalerweise sollte man das machen. Man sollte alles aufschreiben und dem Kind dann sagen, wie es damals wirklich war. Damit diese Bitch mal spürt, wie es ist, wenn jemand auf dich scheißt. Auf mich wollte sie scheißen. Aber ich hab´s Gott sei Dank gemerkt."

o   Interviewer: „Danke, Simon. Danke."

Einsam ist ein dummes Wort
(Erinnerung an Mainkofen)

Einsam ist ein dummes Wort
„Hölle" trifft es besser

Einsam... ein besonderer Ort
Mit tausend scharfen Messer

Auf ihnen lebst du, abgeschnitten
Kein Mensch ist jetzt mehr da

Kein Schutz, kein Raum in deren Mitten
So wie es einst mal war

Die Flucht. Sie will dich nicht.
Verletzt dich nur noch mehr

Bis irgendwann die Seele bricht
Und alles wird so schwer

Und alles, was dein Leben war
Hat einer in dir tot gemacht

Hat dich geritten und geschunden
Und dich dann auch noch ausgelacht

Wenn Gott wie meine Seele ist
Vergewaltigt und so stumm

Dann beug ich mich zu ihm hinauf
Und frage ihn... Warum?

Die Säue

Der Ort an dem die Säue wohnen
Er ist mir wohl bekannt

Du wirst es mir kaum glauben
Er liegt in diesem Land

Sie fressen und sie treffen sich
Bei ihrem Schweinetrog

Und spielen sich Familie vor
Bei dem, der sie belog

Sie lügen und sie ficken sich
Und suhlen sich im Blut

Und morden und sie stehlen
Das tut ihnen so gut

Sie lachen um die Seelen
Die sie ermordet haben

Und sie stehlen und sie stehlen
Wie dreckig, schwarze Raben

Die Welt in der die Säue leben
Voll Lüge und Betrug

Da haben sie vom Stehlen
Und Lügen; nie genug

Der Ort an dem die Säue wohnen
Er ist mir wohl bekannt

Nicht weit von hier, nicht weit von hier
Im räudig Schweine Land

Gedanken eines Suizidgefährdeten
(Für dich!)

Kannst du dich erinnern?

An die Zeit vor deiner Geburt?

Nein?

Dann hast du also keine Erinnerung daran, was damals war?

Nun… das glaube ich…

Denn niemand kann sich erinnern…

Bedenke: Die Natur ist meistens viel einfacher gestrickt, als wir Menschen das wahr haben wollen… und so sage ich dir: Wenn man vor seiner Geburt in einem „Nichts" war… In einem „Raum", den es gar nicht gibt… In einem Vakuum, das nicht lebt… ohne Gefühl und ohne Materie… Dann könnte es doch durchaus sein, dass man nach seinem Tod wieder dorthin geht? In dieses „Nichts"? Man kann es also gar nicht „spüren", wenn man tot ist… Man hat keinen Gedanken mehr daran und man hat auch kein Empfinden und auch keine Erinnerung mehr an sein Leben. Und weil man es nicht spüren kann, dass man tot ist, muss man auch keine Angst davor haben. Es ist dann einfach so, als hätte man nie gelebt…

Irgendjemand klippst einfach das Licht aus! Man kann es nicht „fühlen" oder „er - leben" oder „er – tasten", wenn man tot ist… Man kann es nicht sehen oder hören oder denken… Weil es dann einfach nichts mehr gibt, was man „denken" kann und es nichts mehr gibt, das man „fühlen" oder „erleben" könnte… Ja… In dem Moment, in dem du tot bist, gibt es keine Angst mehr… keine Einsamkeit, kein Heute, kein Morgen, kein hier, kein jetzt, kein warum, kein wieso… es gibt einfach nur… „Nichts"…

Es ist genauso, wie es vor deinem Leben war.

Und weil du in dieses absolute „Nichts" gehst, kann der Tod auch keine Angst und keine Macht mehr über dich haben. Du spürst es ja nicht einmal, wenn du stirbst. Denn das einzige was es dann noch gibt, ist… „Nichts"… Und so denke ich, dass die Todesstrafe für so manchen Delinquenten viel zu wenig ist.

Denn wenn sie ihm das Leben nimmt, ist es genauso, als ob er nie gelebt hätte und die Sühne, die er für seine Straftat aufwenden müsste, weicht eigentlich nur einer Erlösung. Wenn es aber so ist… dass nichts mehr da ist. Dass man nicht einmal mehr weiß, dass man gelebt hat… Dann ist es doch auch einfach nur so, dass es nur dieser kleine Moment ist, den man überwinden muss… und vor dem man vielleicht noch Angst hat: Dieser eine, kleine Moment, in dem du den Abzug durchdrückst und eine Kugel dir deinen Kopf zerfetzt…

Mehr ist es nicht…

Nur dieser eine Moment…

Und dann… Erlösung…

Denn ja… Mehr kann der Tod nicht sein. Er ist Erlösung.

Erlösung vom dem, was man dir angetan hat. Erlösung von dem, was diese (dieses Wort wurden vom Autor gelöscht) mit dir gemacht hat! Erlösung von der Niedertracht und den Schmerzen, mit denen dieses Schwein sich an dir aufgeilt und befriedigt hat. Erlösung vom Schmutz der Erniedrigung und deiner Vergewaltigung… Tot heißt also: Niemals mehr Schmerzen haben. Keine Erniedrigung mehr spüren. Oder deine Vergewaltigung. Du spürst kein Leid und auch keine Qual mehr. Du bist einfach nur… erlöst.

Erlöst von diesem Leben, in dem man dir alles genommen hat. In dem alles eine Last ist und keine einzige Freude mehr deinen Geist erweckt, weil ein (dieses Wort wurde vom Autor gelöscht) dir deine Seele getötet hat. Und so ist es auch vollkommen egal, ob du zwölf oder zweiund-neunzig bist, wenn du stirbst. Es ist vollkommen egal, ob du es selbst machst oder ob die Natur dich sterben lässt. Ob dein Leben erfüllt war oder ob du es verschwendet hast. Ob du ein dreckiger Verbrecher bist oder immer nur ein guter Mensch warst…

Und es ist auch vollkommen egal, ob du noch drei oder vier von diesen Schweinen, oder sogar Millionen davon in dieses „Nichts" mitnimmst … Ja! … Du kannst sogar den Befehl zur Vernichtung der kompletten Menschheit geben und alles, was dir passiert ist … „Nichts" … Weil am Ende immer! dieses „Nichts" steht! Niemand kann dir auf deinem Weg und in dieses „Nichts" folgen oder besser gesagt, niemand kann dir etwas anhaben oder dir etwas tun! Du musst nur gehen! Also mach in deinem Leben das, was du machen musst oder willst … und geh! Die Narzissten und Soziopathen wissen das schon lange und sie leben danach!

Es ist vollkommen egal, ob du irgendwo alleine unter einer Brücke stirbst, ob du als Mensch, als Bestie oder als Soldat stirbst oder ob du noch ein paar von diesen Drecksäuen mit dir nimmst oder ihnen wenigstens die Knochen brichst… Wenn du tot bist, dann ist alles, was du jemals warst… vollkommen unwichtig. Du kannst also in deinem Leben machen, was du willst. Selbst die grausamsten Dinge, die du jemanden antun möchtest, werden durch deinen Tod ausgelöscht, weil es dort „drüben" nur mehr „Nichts" gibt. Nichts und wieder nichts…

Der Tod löscht alles aus.

Du kannst tun, was du willst. Du kannst deinem Vergewaltiger den Kopf einschlagen, einen ganzen Kontinent mit der Pest vergiften, einen Krieg auslösen, Millionen von Menschen vernichten…

Wenn du am Ende in einem Keller sitzt und du genug angestellt hast, nimmst du einfach eine kleine Tablette… und gehst. Es tut nicht weh und wenn du gegangen bist, weißt du ja nicht einmal, dass du je existiert hast! Es gibt also immer diese eine Tür, durch die du gehen kannst und durch die dir keiner folgen kann. Nach dem Tod gibt es kein Denken. Weder an ein schönes noch an ein langes Leben. Weder an Reue noch an Sühne. Es gibt einfach nur…"Nichts". Oder vielleicht noch ein paar Schweine, die mit offener Bauchdecke auf dem Boden liegen und verrecken. Weil du einen Krieg ausgelöst hast … oder sonst was …

Und wenn man das begriffen hat, dann fragt man sich schon, warum es Menschen gibt, die so dreckig handeln und so dreckig denken und für ein bisschen Geld ihre Beine spreizen und lügen oder sogar einen Menschen ermorden und andere Menschen ins Unglück stürzen. Denn das einzige was von dir bleibt, ist die Erinnerung und diese richtet sich danach, was du in deinem Leben getan hast:

Hast du Leid gefügt, so wird dieses Leid bleiben. Hast du gelogen, betrogen und vergewaltigt, werden auch deine Nachkommen dasselbe tun. Weil sie es von dir sahen und weil sie es von dir gelernt haben. Und sie werden dieselben Säue sein, so wie du eine warst. Hast du aber Gutes getan, wird auch Gutes bleiben. Und die Menschen, die nach dir kommen, werden auch Menschen sein. Und keine verwichsten Säue, so wie du oder du oder du! Wenn man also alles zusammenzählt… dann kann man auf diesem Planeten eigentlich tun und lassen, was man will. Es gibt immer diesen einen Ort, zu dem dir kein Gesetzt und keine Strafe folgen kann. Es genügen fünfzig Cent und eine Handbewegung… ein Knall … und keiner kann dir mehr was anhaben. Und du selbst … merkst es nicht einmal mehr, was passiert.

Wenn ich zu meinem Vergewaltiger gehe… kann ich ihn auf die bestialischste Weise töten, die ich finde… Ich kann ihn tagelang foltern, ihn verbrennen, ihn ertränken… und ihn zusehen lassen, wie seine Brut verreckt … Ich kann alles tun, was ich will… weil ich ein lebender Toter bin. Einer der gehen kann. Einer, den hier nichts mehr hält! … Ein Vergewaltigte hat einmal zu ihrem Vergewaltiger gesagt: Meine Seele hast du tot gefickt … Und meinen Geist auch … nur meinen Körper… den werde ich selbst ausschalten… nachdem ich dir die Adern öffne und dir deinen Schwanz abschneide! - Sorry für den derben Satz, aber in so manchen Netflix Filmchen kommen noch derbere. Und da sehen teilweise sogar eure Kinder zu!

Nun… Das sind nur ein paar von den Gedanken, die du kurz vor deinem Selbstmord hast. Und natürlich soll das, was hier geschrieben steht, niemand dazu animieren, irgendwas Schlimmes zu tun! Aber das man mal gehört hat, wie ein Selbstmordkandidat oder ein Vergewaltigter denkt, ist doch sehr informativ, finden wir.

Es sind die „Gedanken eines Suizidgefährdeten". Andere Gedanken sind fast nicht mit Worten zu fassen und wieder andere sind so sehr von Hass erfüllt, dass es keine Worte dafür gibt, mit denen man sie schreiben könnte … Ach ja… der Hass bleibt übrigens. Er bleibt in dir. Ein Leben lang. Und nein… Er wird nicht weniger. Auch nicht mit der Zeit und auch nicht mit den Sitzungen oder den Aufenthalten in den Stationen… Und ja… es ist sonderbar… aber je mehr du von diesem Hass empfindest, desto mehr wächst er in dir nach… Und so Mancher sagt zu dir: Hass reinigt die Erde! Wenn du jemals einen Menschen soweit bringst, dass er wegen dir über Selbstmord nachdenkt oder sich wegen dir das Leben nimmt, dann hast du verwirkt, ein Mensch zu sein! Dann hast du das schlimmste getan, was ein Mensch einem Menschen antun kann … Dann hast du ihn ermordet. Und egal ob er sich erschießt, vergiftet, sich aufhängt oder sich wegen dir zu Tode säuft. Selbst wenn er weiterlebt und ein Leben lang von deiner Brutalität gebrandmarkt ist:

Dann bist du sein Mörder!

Dann bist du sein Mörder!

Dann bist du sein Mörder!

Dann bist du sein Mörder!

Dann bist du sein Mörder!

Dann bist du sein Mörder!

Dann bist du sein Mörder!

Dann bist du sein Mörder!

Dann bist du sein Mörder!

Dann bist du sein Mörder!

Und wieder andere Stimmen sagen: „Wenn jeder seinen Peiniger erschlagen dürfte, dann hätten wir in drei Jahren das Paradies auf Erden!" … Ein interessanter und wie ich finde, irgendwie logischer Gedanke. Auch wenn er sehr brutal ist. Weil es dann keine Peiniger mehr gäbe! Sondern nur noch uns, die Menschen!

Jede Nacht

Jede Nacht, da schauen wir!

Nach dir…

Jede Nacht, da stehen wir!

Bei dir…

Und jede Nacht, da warten wir

Auf dich…

Du kleine, (diese Wörter wurden vom Autor gelöscht)!

Für alle Narzissten und Soziopathen:
(Beitrag von I.E.)

Es muss wundervoll sein, jemanden zu haben, der in der letzten Stunde bei dir ist. Der dich in diesem Moment hält und der dich hütet. Der einfach nur da ist. Dir, lieber Narzisst, wünschen wir:

Dass du alleine bist.

Dass keiner kommt.

Dass du nur da liegst.

Einsam und ohne einen Menschen.

Du sollst unsagbare Schmerzen haben.

Erstickungsanfälle.

Pocken, die so weh tun, dass sie dich bei jeder Bewegung in den Wahnsinn treiben.

Jede Stunde unsagbare Todesangst.

Nur Schmerz.

Und kein Mensch soll kommen.

Tage. Wochen. Monate. Jahre.

Wir wünschen dir, dass du langsam und unter größten Schmerzen verreckst und irgendwann hinübergehst... und in den letzten Tagen erkennst, was du für eine (dieses Wort wurde vom Autor gelöscht) warst...

Das wünschen wir dir.

Für all die Menschen, die du ruiniert hast.

Für all die Menschen, die du belogen und belogen und belogen hast.

Für die Kinder, die von dir auf brutalste Weise missbraucht wurden und die bis heute stark Verhaltensgestört sind.

Für die Kinder, die du toxisch und narzisstisch erzogen hast, anstatt ihnen Liebe und Leben zu geben und aus denen du dieselben toxischen (dieses Wort wurde vom Autor gelöscht) gemacht hast, wie du selbst eine bist. Für dein Umfeld und für deine Familie, die du kaputt gemacht hast. Für die Werte, die Häuser und deine Partner, die du zerstört und kaputt gemacht hast, so dass von dem, was sich diese Menschen um dich herum aufgebaut haben, nur noch ein Trümmerhaufen, Schmerz und Hass übriggeblieben ist.

Für deine verlogene Heuchelei, die du überall verbreitest und in der du dich als den absoluten „Guten Menschen" darstellst, um uns alle zu blenden und darüber hinweg zu täuschen, dass du nur ein unmenschliches Vieh bist.

Für dein Fremdgehen, für deine Vögelei. Für die Kinder, die keine Eltern haben, weil sie von irgendeinem Ficker im Vorbeigehen gezeugt wurden und sie bis heute nicht wissen, wer ihre wirklichen Eltern sind. Für die Menschen, die sich wegen deiner Verlogenheit und deiner Boshaftigkeit am Ende doch das Leben nahmen. Für alle die, die du um ihr Geld bestohlen hast.

Das wünschen wir dir, du dreckiger Narzisst oder Soziopath…

Aus dem Internet:

https://karrierebibel.de/soziopath/

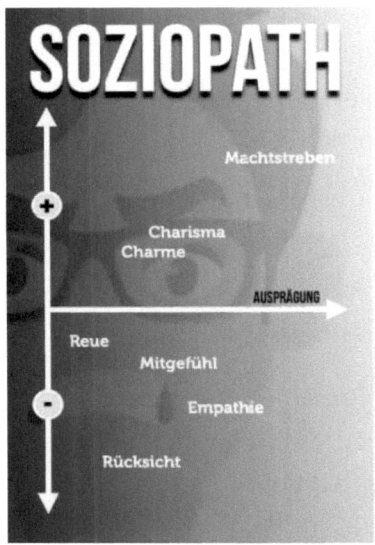

PERSÖNLICHKEITSMERKMALE

! Charmant
! Sprachgewandt
! Manipulativ
! Suggestiv
! Reizbar
! Aggressiv
! Impulsiv
! Sprunghaft
! Rücksichtslos
! Skrupellos
! Verlogen
! Verantwortungslos
! Egozentrisch
! Aufmerksamkeitssüchtig
! Beziehungsunfähig

Das
Drecksaugedicht
Für PV

Eine kleine Drecksau
Die war so hundsgemein
Sie log, betrog, verkaufte sich
Ließ jeden in sich rein

Sie machte jeden Tag ein Spiel
Man konnt es gar nicht denken
Sie spielte gern mit deinem Kopf
Und wollte dich nur lenken

Eine kleine Drecksau
Die nahm sich zu viel Geld
Dann zwickte sie die Beine zu
Und ging von dieser Welt

Schamanen

Der Schamane, Druide oder Medizinmann war für unsere Vorfahren der Mittelpunkt des Volkes. Er gab die Ratschläge und machte die Gesetze. Wollte ein junger Mann zum Beispiel eine Hütte bauen, so ging er zum Schamanen und fragte diesen um Rat. Der beschwor die Geister herauf und befragte das uralte Wissen seiner Ahnen. Dann ging er mit dem jungen Mann in den Wald hinaus und zeigte ihm, welche Bäume er fällen darf... und vor allem... welche er dafür wieder nachpflanzen soll ... „Nachhaltigkeit" war also damals schon eine Selbstverständlichkeit.

„Nachhaltigkeit"... dieses Wort, mit dem die Toxischen heute Millionen und Abermillionen von Euro verdienen und es schamlos missbrauchen, um Geld zu machen, war also für unsere Vorfahren überlebenswichtig, und das ist es übrigens heute immer noch... Wenn wir die Toxischen nicht bald bremsen und aus ihren Machtpositionen entfernen, werden unsere Enkelkinder wohl ziemlich dünn aussehen... Weil sie nichts mehr zu fressen haben, außer Insekten und Menschenfleisch. Aber das sei nur so nebenbei bemerkt ... und es ist ja auch nicht so wichtig ...

Ja... für alles Leben waren die Schamanen da... Für das Leben der Tiere, für das Leben der Menschen und für das, der Geister... Sie waren die Garanten für Gerechtigkeit und Ordnung und brachten gute Gesetze zu den Menschen. Die Schamanen glauben an die Kraft der Erde, an die Kraft der Menschen, an die Kraft der Tiere und an die Kraft der Liebe. Sie glauben an die Geister und vor allen Dingen: Sie glauben an das Universum und daran, dass es allgegenwärtig ist.

Sie glauben, dass nicht der Mensch an erster Stelle steht, sondern dass er nur ein Teil des Ganzen ist... Und: Die meisten

Schamanen sind begabt darin, verborgenen Dinge und die Geister zu sehen. Die Schamanen, die es heute noch gibt, leben immer noch in diesem Wissen und in diesem Glauben. Und zwar so, wie es unsere Vorfahren einst getan haben.

Ja … Es war die Zeit, bevor der Glaube an die „Konfessionen" und an die „Herrscher" kam und die Menschen damals anfingen, den Vertretern dieser „Institutionen" ihre Lügen zu glauben und ihnen zu vertrauen… Ohne zu wissen, dass sie damit den Psychopathen, den Soziopathen und den Narzissten die Tür zur Macht geöffnet haben. Für die Soziopathen und Narzissten hingegen, war eines klar: Um das Volk zu verdummen und auszubeuten, müssten die Schamanen, die Druiden, die Medizinmänner, die Orakel usw. aus dem Weg geräumt werden… Denn genau diese Gruppen von Menschen wussten einfach zu viel. Man musste diese „Wissenden" eliminieren… Ein Narzisst oder ein Soziopath fürchtet nichts mehr, als entlarvt zu werden und dass jemand kommen könnte, der das Volk (oder den, den er ausbeuten will) klug macht! … Und so wollten die Toxischen natürlich nicht, dass die „Wissenden" dem Volk etwas über sie erzählen…

Ein kluges, ein wissendes und fragendes Volk konnte man damals (und auch heute) nicht gebrauchen. Man braucht ein „dummes" Volk. Eines, mit dem man machen kann, was man will … Eines, das alles frisst, was man ihm in seinen Fressnapf wirft… Ein Grundsatz der Soziopathen ist: Belüge deine Opfer! Belüge sie und halte sie dumm! Und traue dich, so zu lügen, dass man es kaum glauben kann, wie unglaublich diese Lügen sind… Du wirst sehen: Die Dummen glauben dir trotzdem… Und alle die, die Fragen stellen oder dir nicht glauben: Vernichte sie! Mach sie tot! Töte sie! Und sei geschickt! Vernichte sie nicht selbst, sondern belüge das dumme Volk über sie und lass sie vom Volk töten …

Denn: Wenn du das Volk nur gut genug belügst und es schön dumm hältst ... Dann macht es immer die Drecksarbeit für dich...

Die Toxischen begannen also damit, die Schamanen zu jagen, zu foltern und zu töten. Dem Volk erklärten sie, dass man diese Personen ausrotten müsste, um das „Volk" vor ihnen zu schützen, was immer das auch heißen mag? (Übrigens wird das heute in manchen Ländern immer noch so praktiziert... Da hat sich nicht viel geändert. Heute jagt man natürlich nicht mehr die Schamanen... Nein. Heute jagt man die, die ihr Maul aufmachen und die etwas gegen „die da oben" sagen oder tun wollen...)

Die Toxischen sagten sich: „Wir brauchen ein dummes Volk! Ein Volk, das jeden Dreck frisst und das uns alle Lügen glaubt... Und dieses Volk hetzten wir dann auf, bis es glüht. Es soll seine besten Leute selbst umbringen! Es soll die umbringen, die ihnen helfen könnten, „uns" zu beseitigen! Das Volk wird so dumm sein und seine Schamanen eigenhändig Schlachten! Dann haben wir freie Bahn! ..." (Diese Vorgehensweise findet man in der Geschichte immer wieder. Man denke nur an Jesus, Kennedy, Martin Luther King, Gandhi oder noch ein paar andere mehr, die vom „Volk" verurteilt und „geschlachtet" wurden...)

Und so konnten also die Toxischen die ganze Macht an sich reißen und von da an lebten die Menschen so, wie die Toxischen es ihnen sagten... Da aber die Soziopathen und Narzissten immer empathielos sind und keinerlei Gefühl im Leib haben und noch dazu brunzend dumm sind, veränderte die Erde nun ihr Gesicht. Sie wurde ein Schauplatz von toxischer Machtfickerei, von Kriegen und Kindergarten - Geplänkel auf höchster Ebene. Die Männer (Sorry... es waren wirklich fast immer nur Männer...), die die Macht hatten, benahmen sich wie dummdämliche, hirnlose Kretins, die nicht einmal fähig waren, geradeaus zu pissen. Wenn wir heute die Geschichte des dreißigjährigen Krieges oder die Geschichte des ersten und zweiten Weltkrieges lesen... Dann lesen wir in diesen Büchern nichts anderes, als dass sich alle Menschen friedlich vertragen hätten. Nur diese dummen Pisser da oben nicht.

Ja... Ein paar dieser pissdummen, toxische Monster konnten es damals nicht wahr haben, dass sie ihren dummdämlichen Kindergartenwillen nicht durchsetzen konnten und haben deshalb Millionen und Abermillionen von Frauen, Kindern und Männern auf die grausamste Art und Weise geschlachtet und sie haben unseren ganzen Planeten verwüstet und verbrannt, nur um sich hinterher vor uns alle hinzustellen und zu sagen: „Ich war das nicht... Nein, nein ... und wenn ich es doch war, dann war es nicht so schlimm... und wenn es doch so schlimm war ... dann habe ich nichts damit zu tun ... und wenn doch: Dann warst du schuld! DU! Und nur du! Du! Du! Du! Und nicht ich!

Diese toxischen „Personen" die das damals im Mittelalter zu verantworten hatten... hatten nichts anderes im Sinn, als ihren eigenen Schwanz durchzusetzen und ein dummdämlicher Wichtigtuer zu sein... Und weißt du was? ... Wenn ich die Weltgeschichte so lese... und alles das weglasse, was die Toxischen an Lügen und verdrehten Wahrheiten in unsere Bücher geschrieben haben ... dann wundere ich mich immer wieder.... dass kein Mensch diese Affen stoppen konnte oder gestoppt hat... Oder wenigstens mal den Mund aufmacht und die Wahrheit sagt...

Und ich frage mich so oft: Wie kann man nur „Ja!" rufen, wenn dich einer von diesen Typen fragt, ob du den „totalen Krieg" für deine Kinder und deine Familie haben willst, während der, der das schreit, in absoluter Sicherheit in einem Prunkpalast sitzt und sich einen auf dich runterholt, weil du so dumm und so dämlich bist, und genau das tust, was er dir sagt? Nämlich deine Kinder schlachten zu lassen und dein eigenes Haus zu verschenken oder zu verbrennen? Und das alles nur für diesen toxischen Typen, der in Sicherheit sitzt und sich einen runter wichst?

Es ist mir ehrlich gesagt unverständlich, warum „Menschen", (von denen angeblich jeder ein Gehirn im Kopf hat), so etwas nur tun können? Der Erklärungsversuch über das anormale und kranke Verhalten von so machen Völkern, würde wohl ein weiteres Buch füllen...

Nun... Jedenfalls ist damals, vor tausenden von Jahren mit der Ausrottung der Druiden und Schamanen und all ihren Kollegen sehr viel Wissen verloren gegangen. Das Wissen, dass wir heute umso dringlicher brauchen könnten. So ist es nicht verwunderlich, dass man heute nur noch sehr selten auf einen Vertreter dieser Spezies trifft. Auf einen Schamanen, der sehen, hören und heilen kann...

Die Schamanin
(Ein Gastbeitrag von „Max")

Ich kenne eine Schamanin. Eine Freundin von mir wollte die Schamanin kennenlernen. Da habe ich die zwei zusammengebracht. Zwischendurch erwähnt: Die Frau, also die Schamanin, ist absolut normal. Sie trägt normale Kleidung und hat nichts Außergewöhnliches an sich. Sie ist eine hübsche, aufgeweckte, lebenslustige Person und keiner, der es nicht weiß, würde erkennen, dass sie eine Ausbildung zum höchsten Grad der Schamanen genossen hat. Und: Ich hatte sie schon sehr lange nicht mehr gesehen.

An einem schönen, sonnigen Vormittag gingen wir alle drei zum Frühstücken: In ein schönes Lokal mit Blick auf die Stadt. Anwesend waren meine Bekannte, die Schamanin und ich. Meine Bekannte war von der Frau begeistert und so lernten sie sich kennen und sie redeten miteinander. Ich hielt mich vornehm zurück. Die Schamanin redete mit meiner Bekannten, und sie redeten und redeten … aber zwischendurch warf die Schamanin immer mal wieder einen Blick auf mich und schaute mich an. Dazu muss man sagen, dass mir damals etwas sehr schlimmes passiert ist. Etwas, das mit toxischen Personen zu tun hatte, auf das ich aber hier nicht näher eingehen will. Irgendwann hielt sie inne und sagte: „Max! (Name vom Autor geändert) Warum wolltest du das tun?" … und ich wusste sofort, was sie meinte.

Dann sagte sie: „Warum wolltest du dich umbringen?"

Ich sah meine Bekannte an, die sah mich an und es hätte sie fast der Schlag getroffen. Sie sagte: „Wie? Was? Wie? Was wolltest du tun?" Die Schamanin legte die Hand auf sie und sagte: „Sei still. Es geht nur ihn etwas an. Und vielleicht mich. Aber das weiß ich noch nicht…" Dann sah sie mich an und ich fing an zu weinen. Sie sagte: „Ich kann dich gar nicht mehr anschauen. Du hast überall Wunden. Überall! Überall stecken Pfeile in dir. In deiner Seele… in deinem Körper… überall. Deine Seele ist so zerschlagen und zerrissen… Da fehlen ganze Fragmente. Ganze Teile davon. Max? Mein Gott! Was ist mit dir los? Was haben die mit dir gemacht?"

Dann habe ich ein bisschen was erzählt. Die Schamanin hat mich dann untersucht und mir gesagt, dass viele Pfeile in mir stecken. Sehr viele. Die meisten davon im Rücken. Aber auch woanders. Überall. Sie sagte, ich hätte es immer wieder zugelassen und den Monstern, die so etwas tun, meinen ungeschützten Rücken hingehalten. Sie sagte: „Das darfst du nicht! Weißt du denn nicht, dass die das sofort ausnutzen? Mein Gott! Mit was für Bestien hast du dich da eingelassen? Die haben alles zerstört! Alles! … Alles, was ich sehe, ist verrutscht, gebrochen oder gar nicht da, wo es hin gehört. Es fehlt so viel! So viel, Max! Was hast du nur getan? Mit wem hast du dich da eingelassen, Max? Mit dem Teufel?"

Sie sagte: „Weil du ein Mensch bist! Und kein Tier! So wie sie! Und deshalb warst du diesen Bestien ungeschützt ausgeliefert. Max! Weißt du es denn nicht? Sie haben keine Gefühle und sie töten einen Menschen mit einem Lachen im Gesicht. Sie quälen und sie schneiden dir das Fleisch aus dem Leib… und finden es noch geil und geilen sich dabei auf … verstehst du denn das nicht? Wo bist du nur hingeraten? Wo bist du da nur hingekommen? Hast du nicht gesehen, dass diese Leute dich schlachten wollen? Solche Leute kennen nur die bösen Geister!"

Dann sagte sie: „Es sind Pfeile von jetzt, dann sind da welche aus deiner Kindheit und es sind auch Pfeile aus deinem Leben vor diesem Leben. Du hast sie immer wieder zugelassen. Immer wieder. Weil du Gefühle hast. Weil du sie wirklich geliebt hast. Weil du ein Mensch bist. Weil du immer helfen willst… Du bist einer, der an Liebe, Vertrauen und Freundschaft glaubt… Da haben sie dich gepackt und haben dich halb ermordet. Dir ständig Pfeile in den Rücken geschossen. Und dann haben sie dich umgebracht…"

Sie erzählte mir, dass Teile meiner Seele an einem anderen Ort wären und vielleicht bei einer anderen Person. Sie sagt, diese Teile muss ich finden und zurückholen, bevor ich sterbe und wenn ich nicht aufpasse, würden diese Teile für immer bei diesen anderen Personen bleiben und ich würde diese Personen in meinem nächsten Leben suchen und mir meine Seelen - Teile zurückholen müssen! Sie sagte: Deine Seele ist zerrissen und zerfallen und es gibt viele Teile, die du verloren hast. Kleine Teile. Große Teile. „Du musst dir das so vorstellen, wie ein Puzzlespiel" … sagte sie: „Das hat mit deiner Kindheit zu tun. Mit deiner Mutter. Mit deinem Vater, mit deinem Bruder. Aber auch mit dem, was dir jetzt passiert ist und dann auch noch mit deinen Vorfahren." … Sie wusste, was ich vor Monaten im Keller meines Hauses getan habe, ohne dass ich ihr etwas darüber erzählen musste und sie sagte, ich soll es nicht noch einmal tun. Sie sagte mir fast ganz genau, wie es damals im Keller war und nannte mir sogar Details, die wirklich niemand wissen konnte… verstehst du? Niemand! Aber sie wusste es! Wahnsinn!

Sie sagte: „Dass du es überlebt hast, ist nur denen zu verdanken, die in dem Moment bei dir waren!" Sie sagte: „In der Minute, als man dich fand, waren die Hände deiner Ahnen auf deinen Schultern." Dann sagte sie: „Spürst du nicht, wie sie jetzt wieder da sind und wie sie dich berühren? Ich sehe deine Mutter. Und ich sehe deinen Vater. Er sitzt dort drüben und er sagt, es täte ihm so leid, was er dir damals angetan hat." Dann sagte sie: „Hast du irgendwann in letzter Zeit einmal ein seltsames Erlebnis gehabt?"

Und ich sagte: „Ja… Vor ein paar Wochen… Es war Nacht und ich habe geschlafen und jemand war bei mir. In diesem kleinen, einsamen Zimmer, da im Keller. Und er hat ganz laut nach mir gerufen. Ein einziger, lauter Schrei mit meinem Namen. Das war ein paar Tage, nachdem sie mir die Seele getötet haben. Ich bin sofort aufgesprungen und rausgerannt, weil ich dachte, es wäre etwas Schlimmes passiert. Aber niemand war da. Es war alles so anders. So kalt und unheimlich. Wie in einer anderen Welt. So surreal …

Ein paar Wochen vorher war auch was. Da war ein anderer bei mir. Und es war wieder Nacht und ich war im Traum wach geworden und habe ihn vor mir stehen sehen. Richtig da stehen sehen, so wie ich ihn immer gesehen habe! Absolut klar und absolut da! Da habe ich zu ihm gesagt: "Harry? Was machst du denn hier? Du bist doch schon so lange tot? Wie kannst du hier sein, wenn du doch tot bist?" Und der, der bei mir war, hat mich angeschaut, wie damals, als er noch lebte, und er hat gelächelt, und zu mir gesagt: „Max… Ich nehme dich mit…" Da bin ich aufgewacht und ich war sofort hellwach…"

Die Schamanin sah mich sehr ernst an und sagte: „Ja… Man sieht es: Die Todesengel waren bei dir. Und sie sind noch nicht weg! Max! Damit ist nicht zu spaßen! Wenn sie einmal da sind … mein Gott… Du brauchst Hilfe!" Ich habe sie dann gefragt, wie man jemanden verfluchen kann? Weil es vielleicht mal eine Situation gibt, wo ich jemand das größte Unglück wünschen möchte, dass es überhaupt gibt. Und sie sagte, jemanden zu verfluchen wäre ganz einfach. Ich kann es selber tun. Und wenn ich will, dann zeigt sie mir, wie es geht. Es gibt Orte, die Verbindung zum Bösen haben und dort muss ich einen Fluch aussprechen. Aber sie sagte auch: „Tu es nicht…"

Sie sagte: „Der, den ich vor meinem inneren Auge sehe, lebt in einer Welt des Bösen und er kann unsere Welt nicht sehen, oder sie betreten. Für ihn ist es ganz normal, so zu sein wie er ist und er glaubt an das Böse und an die bösen Geister. Er glaubt an die, die ihm vorlügen und sagen, dass „er" alles tun darf! Menschen töten oder sie für immer kaputt machen. Für uns ist das unfassbar. Weil er nur Tod und Verderben, Schmerz und Qualen bringt…"

Sie sagte: „Ich sehe, dass er mit den bösen Geistern eins ist und für ihn ist es „normal", so zu sein, wie er ist, weil er nicht in „unserer" Welt lebt. Es gibt für ihn keine „Freundschaft" oder „Ehre" oder „Verträge" oder „Versprechen"… Verstehst du das? Er lebt dort, wo diese bösen Geister ständig neben ihm stehen und ihn die Wahrheit nicht „sehen" lassen. Der böse Geist flüstert ihm immer wieder das zu, was er tun soll. Ich sehe abartige Dinge wie Vergewaltigung, zerstörte Kinder, Lüge und Diebstahl! Und er ist so dumm, und tut es. Deswegen fügt er allen anderen Menschen Schmerzen zu und denkt auch noch, er sei der „Herr". Dabei ist er nur der dumme Piss - Arsch des Teufels." … (die Schamanin lacht)

Sie sagte: „Dadurch, dass er weiß, welches Unrecht er getan hat, verflucht er sich selbst. Du musst es also nicht tun … Er hat schwere Schuld auf sich geladen. Sehr schwere. Immer mehr und immer wieder. Er hat alle belogen, als ob sie Säue wären. Und während er seine Lügen erzählt hat, hat er sie nochmal belogen! Als ob sie dumme Säue wären! Er hat alle belogen und betrogen, damit sie ihm verzeihen und während er sie angelogen hat, hat er sich schon überlegt, wie er sie noch besser belügen und betrügen kann! Er lädt immer mehr Schuld auf sich, weil er jeden Tag lügt, um seine Interessen durchzusetzen. Und das ist bestimmt nicht das erste Mal, dass er das tut. Er lügt und lügt und lügt! Und damit muss er erst mal leben. Ich sehe: „Ein Gespräch, zu dem er immer schon zu feige war, muss irgendwann stattfinden. Sonst finden die Seelen nie wieder zurück in ihre Körper."

Und dann sagte sie: „Wenn du jemanden verfluchen willst… Dann brauchst du das eigentlich nicht. Das Karma macht das selbst. Denn das Karma findet ihn. Und es wird ihn bestrafen. Mit Einsamkeit und Angst. Vielleicht mit einer schönen Krankheit oder Unglück. Wie es das macht, weiß niemand. Aber alles Böse, das du jemanden zufügst, kommt immer wieder auf dich zurück. Also auf ihn und auf seine Familie. Das ist ein Ur - Gesetz des Universums. Die Bösen schlagen sich ihre Wunden selbst und töten ihre Familien. Immer mehr und immer wieder. Und wenn du eine von diesen Personen in deiner Familie hast... dann zerstört sie alles. Weil immer nur die schlechten Geister bei ihr sind. Und diese Geister können nur verletzten und zerstören. Aber niemals heilen."

Sie sagte: „Der, der dir etwas angetan hat, wird immer Angst haben: Er hat Angst vor dem Abgrund. Angst vor dem Gewitter. Angst vor der Einsamkeit. Angst vor der Wahrheit. Angst vor den Menschen. Vor dem, dass er zu wenig hat. Vor seinem Versagen. Vor seinem Alter. Und vor allem hat er Angst... vor der Nacht und vor der Stille und vor dem Sterben. Weil er weiß, dass niemand da sein wird, wenn er Hilfe braucht. Das keiner da sein wird, der ein wirklicher Freund ist. Und er weiß, dass sie ihn holen werden! Die bösen Geister werden ihn holen! Sie werden sich ihn krallen und ihn mit hinunter nehmen!

Die bösen Geister sind immer bei ihm. Im Leben, im Sterben und im Tod. Wenn sie ihm gut gesonnen sind, wird er alles erreichen. Es wird alles klappen wie am Schnürchen. Sein ganzes Leben wird es mit ihm boshaft aufwärts gehen. Wie ein Teufel wird er auf dem Leid der anderen aufbauen und fliegen! ... Aber wenn sie ihn fallen lassen, dann fangen sie an, mit ihm zu spielen. Nichts wird mehr so sein, wie es sein soll und alles, was er will, wird nichts mehr sein. Alles geht schief und seine Familie geht den Bach runter und irgendwann wird ihm klar: Er hat alles, was in seinem Leben wirklich wertvoll war, an seine Gier und seine Habsucht verkauft und sich selbst belogen und betrogen. Er hat seine Familie verkauft und belogen. Seine Kinder verloren.

Genauso seine Freunde und vor allem … die Liebe. Und das alles nur, um einem anderen… einem bösen Geist… zu gefallen…

Er hat Liebe und seine Familie gegen gieriges und blutiges Geld und ein bisschen Ficken eingetauscht. Verrückt, oder? Geld gibt es überall. Es liegt überall herum. Aber wahre Freundschaft und Liebe … Das ist wirklich das seltenste, das man auf dieser Erde finden kann."

Dann sagte sie: „Nun… zu dir … Es ist so: Deine Ahnen sind immer hier. Du hast sie in dir, du hast sie um dich, du hast sie vor dir und du hast sie hinter dir. Sie sind die Kraft, die dich anschiebt oder zurückzieht. Wenn du jemanden verfluchen willst, dann tu es. Aber der bessere Weg wäre es, zu verzeihen! Auch wenn dir jemand alles genommen hat…" Dann war sie still und schaute mich an.

Ich erklärte ihr vieles und sagte unter anderem: „Das ist nicht leicht. Diese Jahre, die man mir so schlimm und so verlogen und so dreckig und gestohlen hat, das waren die wichtigsten Jahre des Lebens! Ich habe alle meine Kraft in diese Jahre gesteckt! Das kann ich nie mehr nachholen! Das, was ich in diesen Jahren geleistet habe, das kann ich nie mehr verdienen! Wenn ich zwanzig wäre… ja! Aber heute nicht mehr. Ich bin alt, ich bin pleite und ich bin leer! Und daran bin nicht ich schuld!"

Sie sagte: „Puh… Das ist wirklich schwer. Aber du hast keine Chance! Du wirst deine Zeit und dein Geld nie mehr wieder sehen. Wenn du sterben willst, dann ist das auch ein Weg. Und er ist bestimmt auch ok. Aber ich würde ihn nicht gehen, wenn ich du wäre. Die Geister sagen alle, es wäre noch zu früh." Dann sagte sie: „Wenn du einen Pfeil abschießt, der den anderen treffen soll, dann wärst du genau wie der, der das mit dir gemacht hat und du musst dann aufpassen, dass du nicht auch deine Seele dem Bösen verschreibst und so wirst, wie der, den du treffen willst. Das ist wichtig, wenn du einmal stirbst! Ich will nicht, dass die bösen Geister auf dich warten! Das ist nämlich nicht lustig!"

Dann hat sie gesagt: „Man sollte demjenigen sagen, dass er nach den Teilen seiner Seele suchen muss, um gesund zu werden! Das ist das erste was er tun muss! Unbedingt! Er soll zu einem guten Heiler gehen. Zu einem Schamanen! Das wäre sehr wichtig für ihn. Absolut wichtig!" Und sie sagte, dass ein großer Teil seiner Seele „hier" wäre. Sie könnte diese Teile hier sehen... Warum sie da sind, weiß sie nicht. Aber sie wären da! Und der, dem sie gehören, wird niemals „vollständig" sein, wenn sie ihm fehlen!

Ja... Das war mein Gespräch mit einer Schamanin... Und ja: Auch ich habe nur die Hälfte von dem verstanden, was sie mir erzählt hat. Aber so ungefähr kam ich schon mit und ich möchte es hier so aufschreiben, wie sie es erklärt hat. Oder zumindest so, wie ich es verstanden habe... Die genauen Worte weiß ich natürlich nicht mehr. Deshalb schreibe ich es aus meiner Erinnerung auf. Aber ungelogen: Es war so. Wenn ich daran denke, stellt es noch heute die Haare auf. Im Übrigen möchte ich dazu sagen, dass... als diese Frau mit mir gesprochen hat, die Lautstärke des umliegenden Cafés plötzlich viel weiter weg war, als normal. Ich kann's nicht erklären. Und es ist mir auch erst nach Tage aufgefallen. Aber als sie mit mir sprach, waren nur wir zwei in einer Art „Blase" ganz alleine und trotzdem mitten unter fünfzig Menschen in diesem Raum. Und: Wenn wir uns heute treffen, reden wir nicht darüber, was wir damals geredet haben. Es ist so unwirklich! Man kann es nicht erklären: Es ist so, als ob wir im Traum zusammen gekommen wären und sie mir dort all das gesagt hätte, was ich wissen muss. Nur wir zwei und kein anderer. Als sich dann die „Blase" wieder auflöste, war alles vergessen und trotzdem da. Es war so, als ob es nie geschehen wäre, aber wir es doch erlebt hätten. Wie soll ich es euch sagen? Es ist unbeschreibbar …

Ich habe ihr dann gesagt, dass ich Lieder singe und Lieder gesungen habe, um mich zu heilen. Sie sagte, ich hätte noch nie ein Lied gesungen. Sie sagte, ich hätte immer nur meine Seele befreit. Alle meine Lieder wären einfach nur Schreie nach Gerechtigkeit gewesen.

Ich habe ihr gesagt, dass ich Gedichte schreibe und ein Lied für jemanden geschrieben habe. Sie hat gesagt, dass das letzte Lied, das ich wirklich für den anderen gesungen habe, von einem anderen wäre. Und sie hat mir ein paar Worte daraus gesagt und mir blieb fast der Atem stehen. Dann sagte sie, dass meine Mutter, mein Vater und meine Schwester jetzt hier wären und ich solle doch versuchen, sie zu sehen? Es wäre doch so leicht, mit ihnen zu sein? Aber ich sah sie nicht. Weil ich nicht wusste, wie es geht.

Die Schamanin sagte: „Du müsstest sie eigentlich sehen können. Du bist ein Wassermann! Ein Hexenmeister! Schau doch: Es ist so leicht, sie zu sehen und mit ihnen zu reden. Also normalerweise musst du sie sehen… Spürst du sie denn nicht?

Aber ich habe sie nicht gespürt. Nicht so, wie damals in Rom, wo ich heute noch absolut sicher bin, dass sie da waren! Damals saßen wir in einer Kirche und plötzlich hatte ich genau „das" Gefühl, dass ich immer hatte, wenn meine Schwester neben mir stand! Ich wusste: Sie war da! Und ich spürte, dass meine Mutter mir ihre Hand auf die Schulter legte! Sie waren beide da! Und obwohl sie schon so lange tot waren, kamen sie zu mir, um mir etwas zu sagen!

Damals dachte ich, sie kamen, um „ja" zu sagen! Ich dachte, sie kämen, um mir zu sagen, dass es richtig war, was ich tat, und dass es richtig war, dass ich mich auf einen anderen Menschen so sehr und so bedingungslos einlasse, ihm so sehr vertraue und ihn so sehr …

Aber heute weiß ich, dass sie einfach nur kamen, um mich zu warnen! Vor dieser tödlichen Gefahr! Vor dem Teufel persönlich! Sie kamen, um mich zu warnen! Und ich der Narr, war blind gemacht und habe ihre Warnung nicht verstanden!

Dann sah die Schamanin mich an und sagte: „Ich entferne jetzt einen Pfeil aus deiner Schulter… Das ist einfach." Dann hielt sie ihre Hand in etwa einem Zentimeter Abstand an meinen Ellbogen und sah mich an. „Spürst du was?" Ich sagte: „Nein…" Aber gerade, als ich das sagte, wurde der Punkt, wo sie die Hand hinhielt, ein bisschen warm. Dann nahm sie ihre rechte Hand und strich damit an meiner rechten Schulter vorbei. Sie führte diese Hand dann an ihren Mund und blies hinein.

„So"… sagte sie… „Dieser Pfeil ist weg. Siehst du? Das geht ganz einfach." Und ob ihr es glaubt oder nicht: Seitdem habe ich keine Schmerzen mehr an meinem Halswirbel oberhalb der rechten Schulter.

Nun… Sie sagte dann noch, ich müsste ein paar Mal zu ihr ins Haus kommen. „Wir werden einen Steinkreis bilden und du musst einen Stein nehmen, den du mir dann bringst" … Sie sagte: „Und weil wir uns kennen, wird das schon irgendwie klappen." Und dann sagte sie mir noch einmal, ich muss unbedingt die Teile meiner Seele suchen. Unbedingt! Das wäre sehr wichtig, weil das im nächsten Leben umso schwieriger wäre! Und jetzt hören wir auf, hat sie gesagt, sonst wirst du noch verrückt! Und dann sagte sie… „Ich weiß jetzt schon so viel von dir. Die guten Geister haben zugesehen. Und sie vergessen nichts. Suche die Teile deiner Seele … und vertrau dem Karma! Es hat alles gesehen!"

Und ich sagte: „Das wird schwer. Damals habe ich hundertmal versucht, einen freundlichen Kontakt herzustellen. Hab so oft geschrieben: „Wollen wir nicht mal miteinander reden?" … und nie eine Antwort bekommen! Verstehst du? Kein einziges Wort! Nur Drohungen! Drohungen über Gewalt und „ich zeige dich an" und sowas … Dabei habe ich nie jemand etwas getan! … Niemals! Ich musste um alles betteln, was mir gehört! Verstehst du? Betteln! Auf den Knien betteln, um meine eigenen Sachen! Und ich habe nichts davon bekommen! Außer ein paar Klamotten, einer Kaffeemaschine und dem Zeug, das eh keiner brauchen kann! Das haben sie mir hingeworfen, als wäre ich ein Hund! Sie haben mir mit der Polizei gedroht, als ich sagte, ich möchte mich von meinen Freunden verabschieden! Und sie haben mich mit den dreckigsten Lügen bei allen anderen denunziert! Selbst dann habe ich noch versucht, ein einziges Gespräch zu bekommen! Aber Fehlanzeige! Nicht ein Wort! Nur Beleidigungen und Drohungen! Wie willst du jetzt mit so jemand reden? Wenn der jedes Wort, das du sagst, abblockt!? … Und ich sagte: „Meine Seelenteile? Ich glaube, ich weiß, wo ein paar davon sind. Weißt du… da gab es Menschen, die ich sehr geliebt habe! Die haben mit mir gesungen! Und ich habe mich nicht einmal von ihnen verabschieden dürfen! Nicht mal von meinem besten Freund! Sie haben mir gesagt, sie rufen sofort die Polizei, wenn ich mich von den Kindern verabschieden will! … Und sie würden denen sagen, dass ich pädophil bin und ich die Kinder bedrängt hätte!"

Die Schamanin sagte: „Ja. Brutal! Das kann gut sein. Aber das geht mich auch nichts an … Wenn du ohne Aussprache und ohne Abschied von deinen Liebsten gehen musstest, dann ist das für einen Menschen das Schlimmste, was ihm passieren kann! Dieser absolute Vertrauensbruch von einer Minute zur anderen.

Dazu all das andere ... Dass du das überlebt hat, grenzt ja eh an ein Wunder ... Man reißt euch auseinander... Dann bleiben immer Teile deiner Seele bei denen zurück, die du geliebt hast! Und dort sind sie noch immer. Hole sie! Man hat dein Herz und deine Seele zerrissen! Und ohne ein Herz und ohne eine Seele fällt der Mensch in ein tiefes Loch, aus dem er nie wieder rauskommt."

Ich sagte: „Du hast mit diesem Satz genau dasselbe gesagt, was ein Psychologe mir gesagt hat. Allerdings hat er drei Wochen dafür gebraucht und du nur eine Minute." Sie sagte: „Ach ja ... Ich weiß ... Die Psychologen ... Deine Mutter hat mir alles erzählt! Du warst auf Zimmer fünfundzwanzig, Block C, stimmt's?" ... Ich war vollkommen fassungslos! Ich sah sie einfach nur an... Einfach nur an! Niemand wusste das! Niemand! Nie – Nie – Niemand! Dann konnte ich nicht mehr! ... Ich hab nach Luft geschnappt, bin aufgestanden, und rausgegangen!

Wir waren in dem Lokal, in dem ich als Kind mit meiner Mutter war. Damals war das so: Als wir einkaufen gingen, war ich immer dabei und musste auf die Taschen aufpassen. Zum Schluss gingen wir dann immer in dieses Lokal und ich bekam etwas zu essen und eine Cola... Und genau an dem Platz, an dem wir damals immer gesessen haben, ging ich jetzt vorbei. Es waren sogar noch die alten Stühle da und die Tische ... Niemand saß da. Aber ich habe mir kurz eingebildet, zwei „flimmernde Umrisse" oder so etwas zu sehen, die dort an diesem Tisch am Fenster saßen. Ich habe lange hingeschaut. Aber ich konnte nicht weinen. Weil ich zu der Zeit schon acht Monate geweint hatte.

Ja. Ich weiß... Aber mir ist das egal. Denn ich muss nicht mit euren Lügen leben. Mit diesen Unwahrheiten... Es ist ein großes Geheimnis des Lebens:

„Ihr" müsst es! Ihr, die Lügner, müsst mit diesen Lügen leben! Immer und immer wieder! Und nicht ich! Weil ich weiß, wer ich bin und weil ich weiß, was ich bin! „Ihr" müsst eure Lügen glauben und mit ihnen leben und „euch" wird es die Seele zerfressen, wenn ihr daran denkt, was ihr mir und vielen anderen angetan habt und das ihr es immer noch tut! Nicht mir! Weil ich bei den Guten bin! Und weil ich nicht lüge!… Denn Lügner sind die Pest der Erde!

Nun… Das Lokal gibt es wirklich und ich kann es jedem zeigen. Die Schamanin ist eine gute Bekannte von mir. Die „Freundin", welche die Schamanin kennenlernen wollte, heißt I.E. und wohnt nicht in diesem Landkreis. Auch sie kann diese Geschichte bezeugen! Den Chat, in dem steht, dass man mich wegen Diebstahl und Kindesmissbrauch anzeigen wird, wenn ich mich von meinen Freunden verabschiede, habe ich auch noch!

Und denk daran: Von einer toxischen Person wirst du niemals die Wahrheit hören! Von den Opfern hingegen schon! … Es liegt also an dir, zu erkennen, wer dich belügt und wer nicht! Denn wenn wir ehrlich sind, könnte ja auch diese Geschichte hier gelogen sein! … Aber wie gesagt… es liegt einfach nur an dir… Mir ist es nämlich vollkommen egal, welche Geschichte du führ wahr anerkennst und welche nicht! Weil ich nämlich alle Geschichten kenne! Und du keine!

Und weil sie dich dumm halten! Dumm wie ein Vieh …

Wenn du kritisiert oder angegriffen

wirst . . .

Dann musst du irgendwas richtig

machen, denn:

Man greift immer nur den an, der den

Ball hat!

Aus dem Internet:

Patienten mit narzisstischer Persönlichkeitsstörung überschätzen ihre Fähigkeiten und übertreiben ihre Erfolge. Sie denken, sie sind überlegen, einzigartig und besonders. Die Überschätzung ihrer eigenen Werte und Leistungen bedeutet oft eine Unterschätzung des Wertes und der Leistungen anderer.

Merke: Narzissten scheren sich nichts um ihre Nächsten! Sie tun so, als dürften sie alles tun und zerstören dadurch ihr komplettes Umfeld. Sie zerstören Familien, Ehepartner, die eigenen Kinder, Länder, Menschen, Freundschaften, Strukturen, und einfach alles, was ihnen in die Quere kommt... Einen Narzissten, und noch mehr den Soziopathen, erkennst du daran, dass um ihn herum alles kaputt ist oder er eine düstere Abhängigkeits - Welt um sich herum aufgebaut hat, in der „er" der „Kommander" ist. (Beispiel: Diktatoren wie Hitler, Stalin usw.)

In diesem Abhängigkeits – Verhältnis findest du nur Personen, die dem Narzissten alles glauben! Wie durch einen Zauber sind sie ihm hörig und glauben jede seiner Lügen! Du kannst sie nicht bekehren! Selbst wenn du ihnen tausend Beweise vorlegst und hundert Zeugen vor sie stellst und alle sagen: „Dein Komamnder ist ein Lügner!" glauben sie ihm immer noch! Und sogar noch mehr als vorher, weil sie „Ihn" vor den „bösen Lügen der anderen" schützen wollen, die eigentlich die Wahrheit sind!

Und so können Massenmörder, Kriminelle oder ganz einfach nur die Teufel der Welt ganze Völker oder ganze Familien in das Unglück stürzen, sie belügen und betrügen, und dann so tun, als wären sie unschuldig!

Es geht sogar so weit, dass genau diese (dieses Wort wurde vom Autor gelöscht) noch verherrlicht wird, noch lange, nachdem sie gestorben ist und dass man von ihr spricht, wie von einem Helden! Aber es ist einfach nur Fakt: Ein Dieb bleibt ein Dieb! Und jemand, der einen anderen umbringt, ist ein Mörder! Und einer, der immer lügt, ist ein Lügner! Und einer, auf den das alles zutrifft, das bist DU! (Nein, nicht du und du und du, sondern nur DU! Ja! Schau dich nur an, du (diese zwei Wörter wurde vom Autor gelöscht)!)

Oft geht der Narzissmus oder der Soziopathismus mit einer toxischen Erziehung einher. Ein narzisstisches Elternteil erzieht sein Kind in der Regel zu seinem Ebenbild. Pass also bitte auf, wenn du so etwas erlebst und meide diese Personen! Typische Narzissten - Sätze sind zum Beispiel: „Ich mache es, weil ich es kann!" Oder: „Frag dich nicht, warum, sondern frage dich: Warum eigentlich nicht!?" oder: „Mach doch kein Drama draus!..."

Die nächste Schilderung über die absolute Überheblichkeit, Gefühlskälte und den Zerstörungswillen eines Narzissten, unter anderem sogar gegenüber seiner eigenen Familie, ist ein Erklärungsversuch anhand einer Story, die sich so nie zugetragen hat und doch seit Anbeginn der Menschheit immer wieder passiert und deswegen wiederrum absolut wahr ist. Warum? Weil der, der sie erzählt hat, einfach nur selbst dabei war und sie selbst erlebt hat, obwohl es weder ihn, noch die Geschichte jemals wirklich gab! ... Such´s dir aus! Sie heißt: „Der Hurenbock!"...

Der Hurenbock

(Für C, I, A und J, die immer nur beschissen wurden)

Der Johann war nach außen hin ein feiner Kerl. Er war überall beliebt und wenn du dich mit ihm unterhalten hast, dann hast du gedacht, der ist ja supernett und so ein lieber Mann. Der kann ja keiner Fliege etwas zuleide tun. So ein Süßer. Doch der Johann… Er hatte zwei Gesichter…

Johann war verheiratet und lebte mit seiner Frau und seinen Kindern in einer schönen, kleinen Wohnung. Hinter dem Haus gab eine Wiese und eine Terrasse und sogar einen kleinen Garten. Johann hatte einen gut bezahlten Job und ein schönes Auto. Mit diesem Auto fuhren er und seine Familie jedes Jahr für drei Wochen nach Italien.

Johanns Frau war absolut lieb und perfekt, die Kinder absolut süß und Johann war der absolute, gute Vater… Man hätte also glücklich und zufrieden sein können, aber Johann wollte das nicht. „Er" musste sich ausleben. Und zwar sehr heimlich und sehr leise. Niemand, der die Familie nicht aus nächster Nähe kannte, hätte auch nur annähernd vermutet, dass da etwas nicht stimmt.

Johann war sexuell sehr aktiv und wollte jeden Tag mit einer Frau schlafen. Am liebsten war es ihm, wenn diese Frau nicht seine eigene, sondern jeden Tag eine andere Frau war… und so hat Johann sich jeden Monat eine erobert. Er tat sich leicht, denn die Frauen liebten ihn. Er hatte viele kleine Freundinnen und jede hat er irgendwann besucht und mit jeder hat er schön gevögelt. Die eine war siebzehn und die andere siebzig. Er war in jeder Kneipe für seine Vögelei bekannt und viele Leute wusste das. Die „Leute", die das wussten, erzählten es jedem. Nur eben nicht seiner Frau. Wenn sie seine Frau auf der Straße sahen, belächelten sie sie und fingen an zu grinsen ... Aber niemand sagte ihr was.

Johann hingegen sagte seinen Kindern viel. Er sagte ihnen immer wieder, dass er sie liebt und dass er alles für sie tun würde. Er sagte ihnen, er liebe ihre Mutter und er wäre so glücklich, eine so gute Familie zu haben ... Und das sagte er ihnen jeden Tag ein paar Mal.

Aber leider war alles nur Lüge. In Wirklichkeit schiss er auf jeden, der ihm im Wege stand. Ihm waren die anderen egal. Hauptsache, er konnte seine Mädchen ficken. Er war empathielos und wenn er etwas wollte, dann nahm er keine Rücksicht. Nach außen hin tat er so, als könne er nicht bis auf drei zählen. Nach innen hin machte er aber schauderhafte Pläne, in denen er seine Frau brutal belog und betrog, nur um den nächsten Fick zu bekommen. Wenn ihm dabei irgendjemand im Wege stand, dann wurde derjenige mit Lügen und Zerstörung aus dem Weg geräumt. Das galt auch ... und ganz besonders... für seine Familie.

Diese „Vorgehensweise" war ihm nicht fremd. Er hatte sie als Kind schon oft erlebt. Ja ... Er hatte alles von seiner Mutter gelernt, die auch „ihren Weg" ging und immer das tat, was sie wollte. Sie hatte viele „Freunde", die oft wechselten und die dann zu ihr nach Hause kamen. Manchmal fuhr sie mit einem dieser „Freunde" sogar in Urlaub. Und es geschah nicht nur einmal, dass Johann als Kind von der Schule nach Hause kam und lautes Stoßen und Stöhnen aus dem Schlafzimmer hörte. Dann schaute er immer durch das Schlüsselloch oder öffnete die Tür einen Spalt, und sah zu, wie seine Mama vor Lust nur so schrie, wenn irgend so ein Kerl aus dem Dorf sie gerade zusammenfickte. Ihr machte es nichts aus, dass er zusah. Im Gegenteil. Sie wurde nur noch geiler, wenn sie wusste, dass der kleine Johann in der Türe stand …

Sie bläute ihm ein, dass er nie etwas davon erzählen darf und dass das alles ganz normal sei! Und das die „anderen Mamas" das auch tun … Und sie lernte ihm, wie man es macht, dass man die anderen „dumm" hält! So zeigte sie ihm die „Macht der Lüge", und wie man das Lügen über die anderen ausüben konnte! Sie schaffte es immer, ihr „Tun" zu verstecken, so dass keiner irgendetwas wusste. Alle waren unwissend! Und „sie"… die Mama … hatte „Macht" über all die anderen! Sie hatte die Macht, die anderen zu „Unwissenden" zu machen und sie dumm zu halten! Sie hatte die Macht, sie zu belügen und zu betrügen, wie immer sie wollte! … Johann war fasziniert von dem Tun seiner Mutter und wollte auch so sein… Sie hielten zusammen wie Pech und Schwefel und lächelten sich verstohlen an, wenn sein Papa abends heimkam und nicht wusste, was Johann und seine Mutter wussten…

Sie hatten immer alle Fäden in der Hand und logen alle an, um an ihre Ziele zu kommen. Sie wollte Ficken. Und als Johann größer wurde, wollte er das auch. Sie war eine Meisterin darin, andere Menschen gegeneinander auszuspielen und Intrigen zu schmieden. Und Johann war ihr Meisterschüler. Sie war Meisterin darin, nach außen hin die liebenswürdige Frau zu markieren, die immer betrübt war und weinen musste, weil sie es immer so schwer hatte. Ja, ja… sie spielte den Leuten immer etwas vor. Eiskalt wie ein Mafiaboss. Und Johann war ihr Meisterschüler … Er wurde nach außen hin und für alle die, die er belügen wollte, zu dem „lieben, feinen Menschen, der keiner Fliege was zuleide tun konnte"… Er wollte ein Mensch sein, der heimlich die Fäden in der Hand hat und sein Leben gegen alle anderen durchsetzt. Ebenso, wie seine Mutter ihm das vorgelebt hatte … Er lachte alle aus. Alle! Und spielte „sein" Spiel. Alles andere war ihm scheißegal.

Leider fehlte ihm die Raffinesse seiner Mutter und weil er ein bisschen dümmlich war, kam nach und nach alles auf ... Schon am nächsten Tag verschwand er mit einer Kollegin im Nebenraum, wo er sie auf dem Tisch gevögelt hat. Ein andermal war der Erzähler sogar selbst mit dabei. Es war Fasching und sie waren alle am Marktplatz zum Fasching feiern. Da kam die Frau von Johann plötzlich weinend und ganz aufgelöst angerannt und flehte ihre Bekannten an: „Helft mir! Bitte helft mir! Jetzt macht er das schon wieder! Vor meinen Augen! Jetzt ist er mit dieser Frau da im Haus verschwunden. Was soll ich denn jetzt nur machen? Die ficken doch da drin! Die ficken doch!

Und weil sie es nicht besser wusste, bat sie sogar Johanns Mutter um Hilfe... also die Frau, die Johann beigebracht hatte, wie Lügen und fremdficken geht... „Was soll ich denn jetzt nur tun?" rief Johanns Frau und brach in Tränen aus ...

Und so kam es, dass Johanns Frau immer mehr und mehr von seinen Vögeleien erfuhr und ihn zur Rede stellte. Sie sagte ihm: Wenn er jetzt nicht damit aufhört, ständig fremde Weiber (sorry für das Wort, aber die Person, die mir die Geschichte erzählt hat, hat genau dieses Wort benutzt...) zu ficken, dann würde sie ihn rauswerfen. Sie sagte ihm, dass er Kinder hat und dass er seine Familie damit kaputt machen wird, wenn er nicht aufhört fremd zu ficken! Er soll doch endlich mal nachdenken und er soll doch endlich mal an seine Kinder denken. Doch Johann dachte nur an seinen Schwanz ...

Bei den Gesprächen mit seiner Frau war Johann immer sehr einsichtig und zeigte sehr viel Reue. Er fing jämmerlich an zu weinen und versprach ihr weinend dann auch alles, was sie hören wollte … Ja… Das hatte er von seiner Mutter gelernt, die mit seinem Vater genau das Gleiche tat… Er wusste: Man muss weinen, wenn man etwas will. Dann glauben die Deppen dir alles… Diese blöden Idioten… Ja … Alles war nur gespielt. So wie er jedem diesen „guten Menschen" vorspielte, welcher er beileibe nicht war. Und eigentlich hat er schon bei den Gesprächen mit seiner Frau alle ausgelacht und belogen und einfach nur an den nächsten Fick gedacht. Denn schon ein paar Tage später vögelte er die Freundin seiner Frau. Und die hat es dann seiner Frau erzählt. Und eine Woche darauf erzählte man seiner Frau, dass er wieder bei einer anderen Frau war, die er schon seit mehreren Jahren regelmäßig fickt!

Seine Frau weinte und weinte und gab ihm trotzdem eine Chance nach der anderen. Sie baute ihm jede Brücke, die es gab. Jahrelang. Diese wirklich gute Frau und wahrer Mensch hielt ihm immer wieder die Hand hin und wollte die Familie damit retten. Ja… Sie kämpfte verzweifelt um ihre Familie und hätte alles dafür gegeben, wenn er vernünftig wird. Sie weinte nächtelang durch. Flehte ihn auf Knien an. Sie sagte ihm immer wieder: „Denk doch an unsere Kinder. Bitte! Denk an unsere Kinder! Bitte! Denk an unsere Kinder." Aber es half nichts. Im Gegenteil:

Johann wurde nur noch überheblicher. Er sah sich bestätigt! Niemand konnte ihm etwas beweisen. Er dachte: „Ich bin ganz oben! Ich bin der „Herr"! Ich bescheiße meine Frau und die blöde (dieses Wort wurden vom Autor gelöscht) rutscht sogar noch vor mir auf den Knien herum. Ja, schau nur, wie sie für ihre Kinder bettelt und jammert und kniet. Dieser Abschaum! Diese Schwäche! Diese schwache Kreatur! Die hat´s doch nicht anders verdient, als dass ich ihre Freundinnen zusammenficke!"

So dachte er ... Aber nach außen hin war Johann bei jedem Gespräch natürlich wieder sehr einsichtig ... Das war seine Taktik. Denn wenn er seiner Frau alles versprach, was sie hören wollte, dann hielt sie für ein paar Wochen den Mund und er konnte weiter ficken. Er betrog sie immer mehr und mehr und mehr. Nach jeder Aussprache immer mehr und mehr... So hatte er das als Kind zu Hause gesehen und so machte er das auch, weil er für sich dachte: „Was will die denn? Die soll doch ihr Maul halten. Was ist denn schon dabei, wenn ich da ab und zu mal eine andere ficke? Die soll doch nicht so ein Drama draus machen... Ist doch nur ein Fick!"

Irgendwann hatte seine Frau die Schnauze voll und warf Johann aus dem gemeinsamen Ehebett. Johann musste ab jetzt in einem anderen Zimmer schlafen. Fast ein Jahr schlief er dort und vögelte immer weiter mit fremden Frauen herum. Seine Frau und seine Schwiegereltern sprachen fast kein Wort mehr mit ihm...

Die Kinder merkten nichts. Ihnen erklärte er, dass „Mutti komisch sei und er in einem anderen Zimmer schlafen müsste, weil er zu viel schnarcht..."

Natürlich machte er alles heimlich. Zu seiner Familie sagte er: „Er müsste abends noch Überstunden machen oder zum Sportverein..." Und irgendwann passierte es. Was genau passiert ist, wissen wir nicht. Aber anscheinend wollte Johann die Sportstunden nur mit sehr jungen Mädchen verbringen und hat irgendetwas falsch gemacht... Da wurde die Frau von Johann angerufen... Die Mutter eines der Mädchen drohte Johanns Frau damit, Johann bei der Polizei anzuzeigen... und sie würde es nur nicht tun, weil sie und Johanns Frau langjährige Freundinnen wären und sie wären ja miteinander zur Schule gegangen ... Aber sie soll Johann endlich zügeln und verhindern, dass er solch jungen Mädchen noch einmal „Unterricht" gibt!

Da warf die Frau von Johann den Johann hochkant aus dem Haus hinaus. Sie sagte: „Jetzt reicht's! Diese verlogene (dieses Wort wurden vom Autor gelöscht)! Diese (diese Wörter wurden vom Autor gelöscht)! Das was er jetzt gemacht hat, das ist so Scheiße und so dreckig! Jetzt reicht's!"

Johann flüchtete zu seiner Familie. Er aktivierte seine Mutter, bei der er jetzt wohnen konnte ... Überall erzählten die beiden jetzt herum, dass Johanns Frau eine Hure sei und das der brave Johann jetzt absolut am Ende wäre, weil seine Frau die Ehe zerstört hat und dass der arme Johann deswegen jetzt ausgezogen ist! Aber als Johanns Frau damit anfing, die Fragen der Freunde zu beantworten und wahrheitsgemäß zu erzählen, was im Sportheim los war und was Johann seinen Kindern und seiner Familie schon seit Jahren angetan hat ... Da sagte Johanns Mutter zu Johann: „So eine (dieses Wort wurden vom Autor gelöscht)! Der stopf ich das Maul! Sowas erzählt man nicht über dich! Wie kommt diese (dieses Wort wurden vom Autor gelöscht) dazu, so zu reden!? Bloß weil die nicht richtig ficken kann, erzählt sie jetzt so einen Scheiß herum! Die soll erst Mal richtig ficken lernen! Dann muss man auch nicht immer woanders hingehen, wenn man´s mal braucht! Pass mal auf, Johann: Mit der mach ich jetzt ein Fass auf! Sowas hast du noch nicht gesehen!"

Dazu muss man wissen: Johanns Mutter hatte sich selbst schon immer zum „Paten über Leben und Tot" in der Familie erklärt und sie führte ein hartes Regime. Sie war der absolute Boss der

Familie und alles, was in der Familie passierte, musste über sie gehen. Ja, es m u s s t e … Niemand kam an ihr vorbei. Johanns Mutter war ein eiskalter Kommandeur.

Johanns Mutter rief also Johanns Frau an und fing am Telefon sofort an, zu schreien und zu drohen. Sie machte die Frau von Johann total fertig. Sie schrie sie zusammen und sagte: „Wenn du auch nur ein einziges Wort über Johann sagst, das ihn schlecht macht. Wenn du auch nur ein einziges Wort sagst! Dann Gnade dir Gott! Dann nehmen wir dir die Kinder! Wir machen dich fertig! Die ganze Familie steht hinter mir! Alle hören auf mein Kommando! Wir haben alle Mittel und alle Wege, dir deine Kinder zu nehmen! Und ich mache dich fertig. Wir alle machen dich fertig. Alle miteinander. Du hast keine Chance. Überhaupt keine! Halt dein blödes Maul und sag den Kindern, dass DU!! an allem Schuld bist und Johann nichts dafür kann! Hörst du! Sonst passiert was! Sag ihnen, dass DU! Schuld bist! Du! Du! Du! Hast du das verstanden?! DU bist schuld! Wenn du richtig ficken könntest, wär das nie passiert!!!"

Und so erklärte die Frau von Johann weinend ihren Kindern nicht die Wahrheit, nämlich dass ihr Vater ein (dieses Wort wurde vom Autor gelöscht) wäre, sondern sie erzählte ihnen unter Tränen die Geschichte, dass man sich „auseinandergelebt" hat und somit eine Trennung beschlossen hätte. Und sie sagte ihnen auch, dass „sie" daran schuld wäre… und nur sie! … Ja, sie wäre schuld.

Ganz einfach.

Die Frau von Johann wurde also gezwungen, ihre eigenen Kinder zu belügen und die Schuld auf sich zu nehmen … Der liebe Johann war somit aus dem Schneider. Er hat seiner Frau jahrelang die schlimmsten Schmerzen zugefügt. Hat sie betrogen, belogen und sie zum Gespött gemacht. Hat sie in Angst und

Verzweiflung zurückgelassen, während er stundenlang nicht heimkam und sie genau wusste, wo und mit wem er gerade herumfickt. Auch seine Kinder hat er belogen, betrogen und sie ausgelacht. Er hat auf alle geschissen. Sein Schwanz war ihm wichtiger als seine Kinder… Aber „er" war aus dem Schneider… und seine Frau… die liebende Mutter, die jedem half und die immer etwas Gutes tat … die ihm tausendmal eine Brücke gebaut hätte … deren Seele man brutalst vergewaltigt und betrogen hatte… die vollkommen erniedrigt worden ist und die Lügen musste, um die Wahrheit nicht zu sagen… war seelisch am Ende.

Vergewaltigt und brutalst erniedrigt und für den Rest ihres Lebens missbraucht und gezeichnet, stand sie vor ihren Kindern und schluckte alles hinunter und lächelte. Ein Lächeln, das den Kindern verbergen sollte, wie sehr man sie missbraucht hat. Eine gebrochene Frau… ein kaputter Mensch… eine vergewaltigte Seele…

Dann ließ man sich scheiden. Die Frau bekam natürlich alles und Johann nichts. Er musste zahlen… Das war klar, denn vor Gericht wurde ja klipp und klar dargestellt, dass er ein (dieses Wort wurde vom Autor gelöscht) ist und die Ehe bewusst und vorsätzlich kaputt gemacht hat. Aber von all dem durfte natürlich nichts nach außen dringen und so glaubte jeder immer noch, dass Johann ein feiner Kerl und ein ehrlicher Mensch wäre und seine Frau eine Hure. Und all die, die etwas damit zu tun hatten, mussten erzählen, dass man sich „auseinandergelebt" hätte, was natürlich nie der Fall war. Dann war Johann allein. Es dauerte nicht lange, da holte Johann seine „Freundin" zu sich. Das war genau die Frau, mit der er während seiner Ehe schon jahrelang regelmäßig fremdgegangen war. Sie war sehr gut im Bett und hatte eine gute Figur und darum hat Johann sie sich als „Dauerfreundin" schön warm gehalten. Natürlich durften die

Kinder der Freundin und auch die Kinder von Johann das nicht wissen und so führte man die Lügen fort… Man spielte den Kindern und den Bekannten wieder etwas vor und belog und belog und belog sie alle. Man sagte einfach, Johann und seine Freundin wären sich so „gaaaaanz zufällig" wieder mal über den Weg gelaufen und hätten sich sofort „ineinander verliebt"… Ja, ja…

Jeder Tag. Jede Stunde und jede Minute waren ab jetzt gelogen und unwahr. Sie spielten den Kindern und auch jedem anderen ein Schauspiel vor und niemand kannte die Wahrheit. Außer Johann, seiner geschiedenen Frau, seiner Freundin und Johanns Mutter natürlich… mit der Johann doch tatsächlich immer schon über seine Fick – Abenteuer geredet und zusammen mit ihr über diese dummen … er nannte sie „Fickmatratzen" … gelacht hatte.

Keine vier Monate später war es dann wieder so weit: Johann hatte eine neue und blutjunge Assistentin bekommen und die vögelte er nicht nur in der Firma in einem Nebenzimmer auf dem Tisch oder bei ihr zu Hause… Nein… und das hat man augenzeuglich beobachtet… Diese Dame schlich sich auch zu ihm in seine Wohnung, wenn seine „richtige" Freundin nicht da war. Irgendwie bekam seine Freundin das aber raus und ein Donnerwetter brach herein. Die beiden hatten dann richtig Krach. Da jammerte Johann wieder seiner Mutter vor und diese rief dann den Familienrat ein, wie sie es immer machte, wenn jemand „da draußen" über „die Familie" oder ihre Kinder die Wahrheit erzählte. Sie sagte jedem, der dabei war, dass man Johanns Freundin, dieser dummen Kuh, die alles immer so „dramatisieren" muss … diese „Drama Queen" … auf keinen Fall noch irgendetwas sagen darf! Man soll zwar so tun, als ob sie zur Familie gehört, aber auf alle Fälle vermeiden, dass sie wirklich etwas weiß oder dazugehört. Das war ein Befehl, und alle, die am

Tisch saßen, mussten sich daran halten. Sie sagte: „Sie ist Johanns Freundin. Mehr nicht. Er fickt sie und er wird sie dann irgendwann mal ablegen. Das haben wir gestern Abend so besprochen!" Und seine Mutter fragte Johann dann doch tatsächlich vor allen anwesenden Personen laut und deutlich: „Ob „die" denn wirklich so gut blasen kann, dass er „die" behalten muss?" Wo sie ihm doch ständig Schwierigkeiten macht und sich auch noch so aufmupft, nur weil er mal eine Assistentin vögelt?" Und ein anderes Familienmitglied sagte zu ihm: „Er soll doch diese „Drama Queen" endlich hinauswerfen und sich „eine richtige Fickunterlage" suchen..." Nun…

Die „Drama Queen" … also Johanns Freundin … kam natürlich zu Johann zurück und von da an war sie in der Familie eigentlich nur noch die belächelte „Fickunterlage" von Johann, die er in der nächsten Zeit gegen etwas anderes austauschen würde. Jeder wusste das … außer der Freundin natürlich… Und auch die Kinder ließ man in dem schönen Glauben, dass man eine schöne, große und wunderbare Familie sei und dass Johann seine Freundin wirklich liebt und dass die Freundin Johann wirklich liebt und das alles gut wäre und das alle total verliebt und glücklich wären. Sie feierten Feste miteinander, gingen baden oder zum Spielplatz … er schwor seiner Freundin die Liebe … und ließ sich abends von ihr einen blasen … obwohl er genau wusste, dass er sie, wenn er eine „bessere Fickunterlage" gefunden hätte, sofort mit einem Arschtritt vor die Tür werfen wird… Schließlich hat seine Mama… äh… der „Kommander"… das ja so befohlen … Niemand vom Familienrat durfte sagen, was er wusste. Das wäre Verrat an Johanns Mutter gewesen und diese hätte dich eiskalt zerstört, wenn du so etwas getan hättest.

Wenn Johann es dann irgendwann so hindrehen wird, dass er seine Freundin (sie alle nannten sie immer nur die „Drama

Queen" und lachten Tränen über sie) abservieren wird... Wird er es natürlich so machen, dass „sie" an allem Schuld ist... Ja, sie! ... und niemals „er"...

Irgendwann wird er es so hindrehen, dass „sie" etwas macht, was er dann als Grund für eine Trennung benutzen und aufbauschen kann ... Und er wird sie anschreien und sagen: „Du hast alles kaputt gemacht! Du hast alles zerstört!" Und sie dann auf die Straße setzten! ... Aber nicht, ohne dass er sich vorher von ihr noch schön einen blasen lässt! Das hatte er sich alles schon ganz genau überlegt! ... Und wenn es nicht funktioniert, dann wird er ganz einfach zu seiner Mutti... äh ... zum Kommander gehen und dann wird der Kommander das in die Hand nehmen ... Und wenn „der" das in die Hand nimmt, dann wird das auf alle Fälle funktionieren ... denn dafür ist er ja berühmt... Wenn der Kommander „ein Fass aufmacht", dann überlebt das keiner!

Den Kindern wird man wieder sagen, „man hätte sich auseinandergelebt!" und man wird ein bisschen dazu weinen und sehr traurig schauen und vielleicht noch einmal ein bisschen weinen und schluchzen und hinterher mit ihnen ganz traurig zum Burger essen fahren ... Dann werden diese dummen Gören das bestimmt fressen ... Wäre ja blöd, wenn die die Wahrheit erfahren und die vielleicht sogar noch rumerzählen, was wirklich passiert ist ...

Und zu der weinenden Freundin wird „jemand" sagen: „Halt doch deine blöde Fotze, du blöde Kuh! Wenn du auch nur ein einziges Wort über Johann sagst, dann machen wir dich fertig! Dann zerlegen wir dich! Wenn du auch nur ein einziges Wort zu den Kindern sagst, dann bekommst du keinen Fuß mehr auf den Boden! Dann mach ich ein Fass auf, wie du es noch nie gesehen hast!" ... und sie wird für immer still sein und kuschen...

Zusammengefickt und benutzt von einem (dieses Wort wurde vom Autor gelöscht) wird sie sich ein Leben lang erniedrigt und vergewaltigt fühlen … Nun ja.

Mir läuft es eiskalt den Rücken runter, wenn ich daran denke, wie kalt und gefühllos Johann und seine Mutter erst das Leben seiner Frau und dann das Leben seiner Freundin benutzt und missbraucht haben. Sie bringen Pein und Not auf diese Erde, um sich selbst zu befriedigen! Andere Menschen sind ihnen vollkommen egal! Sie schmieren allen Honig um den Mund und gieren doch nur nach Macht, nach Selbstbestätigung und Überheblichkeit. Damit „sie" ihren Spaß haben und „sie" ihr Leben leben können, treten „sie" die Gefühle und die Seelen der anderen mit den Füßen und räumen eiskalt und brutal jeden aus dem Weg, der ihnen gefährlich werden könnte! Und wenn derjenige am Boden liegt, treten sie mit ihren Stiefeln noch mal nach, bis man halb verreckt daliegt und man nicht mehr kann! Dazu lachen sie und freuen sich, so viel Macht über andere ausüben zu können! Sie freuen sich, einem Menschen so weh zu tun! Denn das empfinden sie als „Sport" und „Genugtuung" und haben ihren Spaß damit! Sie benutzen Lüge, Intrige und Gewalt und lassen sich parasitär von ihren Opfern aushalten! Sie sind einfach nur Kriminelle, Mörder und Lügner. Pass bloß auf, dass du so etwas nie in deine Familie aufnimmst oder vielleicht sogar heiratest!

Die scheißen auf dich! Auch wenn sie dir tausendmal sagen: „Ich liebe dich!", scheißen sie auf dich! Meide solche Personen! Und gehe niemals in ihre Nähe!

60 Jahre

(Liedtext 2015 – inspiriert von „60 Jahre und kein bisschen Weise")

I war so lang auf da foischn Seitn
Und as Lem. Des geht so schnej vorbei

I hob ma denkt, i konn des Lem grod hoidn
Und i hob glaubt, es kannt für imma sei

I war so lang auf da foischn Seitn
Falsche Wörter. Aus am falschen Mund

Da Deife, der wollt scho so oft auf mir reitn
Manchmoi hod s me beidld. Wia an Hund

De Zeid konn renna. Koana konns mehr zruggdrahn
So fui anders. So fui war dann guad

So fui Sachn. Stengan auf da Rechnung
So fui Zeich. Und so fui oide Wuad

Und wia a Schiff. Mid große, weiße Segl
A Lem lang gfahrn. Und doch ned gwusst, wo hi

A s Lem vageht. Und langsam zeigt der Kompass
Auf des Zui. Zum letzten Hafen hi

Wie man sich vor einem Soziopathen schützen kann!

Kapitel 1: Die Angst, der Diebstahl und die Bestien

Merke dir: Angst ist eines der häufigsten Mittel, mit denen Soziopathen die Menschen steuern! Also lass dir niemals Angst machen!

Angst macht dumm! Wenn jemand versucht, dir Angst zu machen, oder wenn jemand versucht, dich durch schöne Reden oder Versprechen zu ködern … Dann geht es immer nur darum, dich zu kontrollieren! Pass also auf: Fürsorgliche Menschen machen anderen Menschen keine Angst! Und sie lügen dich auch nicht an und sie versprechen dir auch nicht die Ehrlichkeit oder die Ehe, um dich einzuwickeln und dich abzukassieren. Das machen nur Menschen, denen du vollkommen egal bist! Auch wenn sie dir alles versprechen, (z.B. die ewige Liebe) ist es wahr: Empathielose Menschen, welche dich mit Angst, mit Versprechen und mit ihren Lügen manipulieren, wollen dich immer nur verdummen, benutzen und dich für ihre Zwecke missbrauchen! Sie wollen sich an deinem Körper befriedigen, dich benutzen oder dir etwas stehlen! Eiskalt und ohne Reue! Auch wenn du denkst, dass es solche Menschen niemals geben kann … Glaube mir: Es gibt sie! Es sind eiskalte Bestien, die dir und allen anderen tagtäglich den „guten Menschen" vorspielen und vielleicht schon darüber nachdenken, ob sie dich vor einen Zug stoßen oder dich in den Selbstmord treiben sollen! Aber natürlich erst, wenn sie mit dir fertig sind und dir dein Vermögen gestohlen haben! …

Es gibt mehr von diesen Bestien, als dir lieb ist. Du findest sie überall! Wahrscheinlich sogar in deinem nächsten Umfeld! Vielleicht sogar in deiner eigenen Familie! Pass also auf: Sie spielen dir immer den „guten Menschen" vor. Das spielen sie, weil sie dich ködern wollen. Das ist ihr Ziel. Wenn du es bemerkst, ist es schon zu spät. Dann bist du schon tot! Lass das also niemals zu! Traue niemand! Glaube kein Wort! Lass nicht zu, dass du in deinem Denken von jemandem gesteuert oder beeinflusst wirst! Lass nicht zu, dass andere dich „führen" oder dir etwas „einreden" können! Traue niemandem! Traue nicht deinem Handy, nicht den Medien und nicht einmal deiner Familie! Ja, du hast schon richtig gelesen: Nicht einmal deiner Familie! Denn genau hier findet man die meisten Bestien, Lügner und Missbrauchsfälle… Es tut mir leid, aber es ist so! Die Kriminalstatistiken beweisen es. Diese empathielosen Bestien findest du überall! Sprich mit den Opfern und lies ihre Geschichten! Dann weißt du es!

Übe dich! Und scanne dein Umfeld ab! Scanne die Personen um dich herum! Welches Gefühl hast du?

o   Hat eine von diesen Personen schon öfter mal gelogen? Ist es in deiner Familie fast schon „normal", dass ständig gelogen wird? (Lüge ist übrigens das böseste Werkzeug der Welt! Mit ihr kannst du Menschen töten, ohne dafür bestraft zu werden! Du kannst einen töten, oder wenn du willst, Millionen! Die Lüge ist das böseste Werkzeug der Welt und wird ständig und ununterbrochen von genau deinem Soziopathen angewendet, um dich zu manipulieren! Er tötet damit Menschen! Eiskalt! Und sagt dann weinend und schluchzend zu dir, er wäre unschuldig!)

o   Lügt eine Person oft und immer? Hat sie schon einmal gelogen, als es wichtig war? Ja? … Dann halte Abstand! Geh weg von diesem Vieh! Nicht nur, damit du in Sicherheit bist… nein … auch deswegen, weil solche Wesen die Pest der Erde sind!

- Hat diese Person sehr viele Bekannte, aber in Wirklichkeit keine echten Freunde? (Narzissten umgeben sich oft mit einem großen Bekanntenkreis. Das brauchen sie, damit man ihnen das Lügenmärchen des „Gut – Menschen" abkauft. Aber wahre Freunde haben sie nie! …)

- Gibt es im Umfeld dieser Person jemanden, der behauptet, diese Person hätte ihn benutzt, ihn vergewaltigt oder ihn bestohlen oder ihm sehr weh getan? … Ja? Dann geh weg von dieser Person. Und zwar so schnell und so weit, wie es geht. Lauf um dein Leben und lege alles, was diese Person zu dir sagt, auf die Goldwaage und überlege, was die von dir will und warum sie das zu dir sagt! Baue auf keinen Fall eine Beziehung oder Vertrauen zu ihr auf! Denn das könnte schlecht für dich ausgehen! Im besten Fall stehlen die Narzissten dir nur dein Geld oder tackern dich auf einen Tisch und vergewaltigen dich ein paar Tage lang… Im schlimmsten Fall könnte es aber auch deinen Tod bedeuten…

- Ja! Scanne dein Umfeld ab: Gibt es in deinem Umfeld eine Person, die behauptet, dass man mit bestimmten anderen Personen nicht reden darf, weil diese Lügen über sie erzählen? … Und von der dir „verboten" wird, dich mit diesen anderen Personen zu treffen oder dich mit ihnen zu unterhalten? Falls ja… dann rede genau mit diesen Personen, die dir verboten wurden! Du wirst überrascht sein, was sie dir über deinen vermeintlich so liebenswürdigen Bekannten zu sagen haben!

- Gibt es im Umfeld einer Person die du kennst, Personen, die sich die Haut aufritzen, die in psychischer Behandlung sind oder schon einmal einen Suizid versucht haben? Oder sind es mehrere solcher (gestörten) Personen, die immer wieder

217

im Umkreis dieser einen Person zu finden sind? „Produziert" diese Person vielleicht sogar solche Menschen, die mit ihrem Leben dann nicht mehr fertig werden oder die behaupten, bestohlen oder missbraucht worden zu sein? Und werden diese betrogenen Personen in deren Umfeld irgendwie immer mehr?

- Oder gibt es Personen, die andeuten, diese eine Person hätte etwas damit zu tun, das die anderen Personen so sind? Oder die hinter vorgehaltener Hand andeuten, im Haus oder im Umfeld dieser einen Person „ginge es nicht mit rechten Dingen zu" oder sie hätte „seltsame ausschweifende sexuelle Begierden", die sie heimlich auslebt? Vielleicht mit Kindern? Gibt es im Umfeld einer Person die du kennst, Personen, die Essstörungen haben oder viel zu dick oder viel zu dünn sind? Die irgendwie „komisch" sind und manchmal „apathisch" wirken? Die nie etwas auf die Reihe bringen oder sich als Erwachsener an eine bestimmte Person klammern, ohne die sie nicht leben können?

- Gibt es im Umfeld einer Person die du kennst, Personen, welche Alkohol- oder Drogenabhängig sind und die ihren Lebenswillen verloren haben? Die sich irgendwie tot saufen? Oder findest du vermehrt Personen im Umkreis einer Person, die oft lügen, keine Freunde haben, die sich einsperren oder verkriechen? (Das sind z.B. typische Symptome von missbrauchten Kindern die dann im Erwachsenenalter auftreten …)

- Oder findest du vielleicht Personen im Umkreis dieser einen Person, die seltsam auf dich wirken? Die irgendwie so komisch sind und die dich (wenn du z.B. ein hübsches Mädchen bist) manchmal so komisch anschauen und wirklich „sehr gute Freunde" deiner dir bekannten „Person" sind? Die irgendwie so verschwiegen sind und ein bisschen „herrisch" wirken und so tun, als ob sie alles wissen und alles könnten und die sich immer gegenseitig so verstohlen anlächeln und manchmal so ganz nebenbei durchblicken lassen, dass sie seltsame, sexuelle Gelüste haben? Die Kinder sehr gerne mögen und gut mit ihnen umgehen können und viel mit ihnen machen? Die vielleicht sogar eine pädagogische Ausbildung haben? Kindergärtner zum Beispiel? Oder Erzieher? (In pädagogischen Berufszweigen gibt es häufig seltsame Vorkommnisse zwischen Erwachsenen und Kindern …)

o Oder gibt es Personen in deinem Umkreis, die ganz „harmlose" Andeutung aussprechen? Die mal zu Besuch sind und die mal die eine oder andere sexuelle Anspielung ganz öffentlich über den Tisch schieben? Wie zum Beispiel:. „Na, so jung bist du dann auch wieder nicht… du bist doch kein kleines Mädchen mehr… schau dich doch mal an … an dir ist ja schon alles dran, was eine Frau dazu braucht"… usw… usw…

o Oder die kein Geheimnis daraus machen, dass sie sexuell sehr freizügig sind und schon mal einen Striptease öffentlich in einer Kneipe oder eine Sex Nummer mit der Hausherrin beim Grillen im Garten abziehen, während der Ehemann betrunken daneben sitzt und zuschaut, wie „der beste Freund des Hauses" seine Ehefrau direkt vor ihm auf dem Tisch zusammenfickt? Und vier Nachbarn ganz zufällig aus dem Schlafzimmerfenstern zuschauen müssen, wie die „arme" Dame die Beine spreizt und bei jedem Stoß ziemlich laut stöhnt, während ihr Mann weinend am Tisch sitzt und sie anfleht, aufzuhören… Ja?…

Nun… Das ist wirklich nicht lustig, denn…

Falls du im letzten Kapitel ein paar Mal „ja" sagen konntest, und wirklich jemanden kennst, der so ist oder die so sind … dann solltest du schleunigst zusehen, dass du aus der Umgebung dieser Kreaturen herauskommst. Denn alles ist besser, als in dieser Umgebung zu bleiben! Und auch, wenn du es immer schon so gesehen hast und es nicht anders kennst und denkst, das sei doch alles „ganz normal" und die tun doch niemandem weh und „machen doch nur Spaß" … Dann glaube mir: Solch ein Verhalten ist eben n i c h t normal und diese Leute tun (höchstwahrscheinlich) Dinge, die anderen Menschen sehr, sehr weh tun! Nur siehst du das nicht, weil du nicht durch Mauern oder verschlossene Türen sehen kannst! Und auch nicht in Herzen oder Seelen! Denn genau diese Leute sind Meister darin, die schlimmsten Dinge heimlich zu tun, während sie nach außen hin den besten Menschen der Welt spielen und vielleicht sogar Vorträge über Nächstenliebe halten, kurz nachdem sie einen Menschen vergewaltigt und bestohlen haben! … Ja, glaub es mir: Solche empathielosen (dieses Wort wurde vom Autor gelöscht) sind zu allem fähig!

Falls es dir wirklich passiert, und du so jemanden in deiner Umgebung hast oder sogar in deiner Familie… Oder dass dich jemand mit solchen Typen „bekannt" macht oder zusammen-bringt und diese dich in irgendeiner Form komisch anmachen oder dich bereits vergewaltigt haben… Dann rufe bitte diese Nummer an:

0800 111 0 111 (Deutschlandweit)

Und hole dir einen guten Rat… Und keine Angst – Das ist nicht die Polizei! Das sind Helfer! Und es sind wirklich gute Leute, die da am anderen Ende sitzen… Und ich garantiere dir: Niemand außer dir und den Leuten hinter dieser Nummer werden jemals erfahren, dass du angerufen und dir einfach nur einen Tipp geholt hast… Ruf an… und versuche von den Personen, die so komisch sind, wie oben beschrieben, weg zu kommen! Vielleicht tust du dem einen oder anderen Unrecht, wenn du im Vorfeld denkst, der ist so. Aber sei lieber vorsichtig und nimm das in Kauf, bevor du wirklich noch unter so einer Bestie landest und sie in deinem Bauch oder als Junge sonst wo spürst und deine Mutter zu dir sagt: „Mach doch kein solches Drama draus! Das ist doch nur der liebe Onkel, der will das mal mit dir machen! Der spielt doch nur! Und hinterher macht er dann noch ein paar schöne Fotos von dir, gell!"… und du nie jemanden etwas davon erzählen darfst… weil es ja deine „Familie" ist… was dich dann wirklich kaputt macht.

Erniedrigt, ausgebeutet, geschächtet und von deinen engsten „Vertrauenspersonen" halb tot gefickt … kommst du an diese Säue selbst nicht ran! Darum zeig sie an! … Pass auf: Auch wenn du bedroht wirst oder deine Peiniger dich durch Manipulation zum Schweigen zwingen… Geh zur Polizei und sag alles, was du weißt! Du wirst sehen, wie klein und ohne Kraft deine Peiniger plötzlich sind, wenn sie erst Mal auf der Anklagebank sitzen! Keiner von ihnen kann dir jemals etwas tun! Und „du" wirst niemals! eine Strafe für das bekommen, was du der Polizei sagst! Das ist eine Lüge von denen, die dir sowas antun!)

Und noch was: Wenn sie dich anmachen, wenn sie dich auf eine „seltsame Party" mitnehmen, oder dir etwas anbieten, damit sie was mit dir „machen" können oder dich sonst irgendwie zu etwas hinführen, dass am Anfang sehr verboten und vielleicht sogar sehr interessant für dich ist, oder mit dem man Geld verdienen könnte, (Fotos von dir) aber am Ende dein Leben kosten könnte... Dann gehe bitte s o f o r t   zur Polizei und schildere denen, was in deinem Umfeld so los ist! Vielleicht kannst du dadurch nicht nur dein Leben retten, sondern auch das von vielen anderen... Die Verhaltensmuster von Soziopathen und toxischen Personen sind hinlänglich bekannt und wiederholen sich immer wieder. Wenn du also einem Wissenden so etwas erzählst, wird dieser ziemlich schnell kapieren, was bei dir abgeht und in welche Phase der toxische Bekannte dich gerade führt ...

Doch weiter... Wir wollen ja ergründen, was Narzissten und Soziopathen sind...

Kapitel 2: Die Wahrheit ist das, was du fühlst! Und nicht das, was man dir erzählt!

Merke dir: Es gibt immer und für alles einen Grund! Niemand ritzt sich in die Haut auf oder sagt, „der" hat mich vergewaltigt oder als Kind missbraucht oder „der" hat mir weh getan oder mich bestohlen oder meine Seele kaputt gemacht, wenn es nicht einen wahren Grund dafür gäbe! Mach die Augen auf und siehe das, was du siehst!

Suggerieren bedeutet, dass man dir etwas einredet, ohne dass du es merkst. Dieses „Einreden", „Manipulieren" oder „Einwickeln" kann Stunden oder auch nur Minuten dauern. Es kann aber auch über Monate oder Jahre gehen und „du" glaubst dann wirklich felsenfest an das, was man dir vorlügt und tust dadurch Dinge, die du eigentlich nicht tun würdest ... Die aber für den, der sie dir „suggeriert" (also einredet), ein sehr großer Vorteil sind. Pass auf: Wenn Personen mit Vorsatz und Absicht über Suggestion einen anderen Menschen so weit beeinflussen, das sie ihm sein Geld abnehmen können, dann ist das eine kriminelle Handlung. Sogar eine sehr dreckige. Denn wenn du jemanden durch Lügen und (…auch geistige!) Gewalt dazu zwingst, etwas zu tun, was er nicht will (zum Beispiel Geld zu geben) dann ist das ganz einfach nur dreckiger Diebstahl!

Es ist also k e i n Kavaliersdelikt, bei dem man hinterher sagen kann: „Naja, da hab ich mir halt die neue Küche und die Reisen und das Auto und all das andere von „dem" bezahlen lassen, weil ich ihn ein bisschen mit meiner Muschi eingewickelt habe! …" Nein … So etwas ist kein Kavaliersdelikt, so etwas ist dann doch wohl eher ein krimineller Diebstahl, der vorsätzlich geplant wurde! Pass also auf, falls man dir solche „witzigen" Geschichten von deiner Tante oder Schwester erzählt, die ihren „Freund" auf diese Art ausgenommen hat und das alles nur „sehr lustig" findet… Der „Freund" findet das nämlich gar nicht lustig und möchte deiner Tante wohl am liebsten den Hals umdrehen!

Bedenke: Es sind ganz einfach abartige, asoziale Kriminelle, mit denen du da verkehrst! Es sind kriminelle Diebe und Halsabschneider (und wohlmöglich noch mehr). Darum: Wenn dich jemand anspricht und etwas zu dir sagt, dann frage dich immer:

o   Warum sagt der das zu mir?

o   Warum sagt er es so, wie er es sagt?

o   Warum sagt der das so „komisch", so eindringlich und auf diese Art und Weise zu mir?

o   Warum sagt er es immer wieder? Warum so oft? Und warum wiederholt er das Thema, ohne dass ich es merken soll?

o   Warum sagt er es gerade mir und nicht den anderen?

- Was will er damit (in mir) erreichen oder auslösen?

- Soll ich Mitleid mit ihm haben, weil er vor mir jammert und weint?

- Ist sein jammern und sein Weinen echt oder kann er es so gut spielen?

- Hat er „Weinen" schon oft gespielt, oder spielt er die „Mitleidstour", immer dann, wenn er etwas erreichen will?

- Sagt er Sätze wie: „Dann wein ich halt" und lacht dazu?

- Will er meinen „Helfer Instinkt" anbohren und mich ausnutzen?

- Kann es sein, dass er lügt?

- Warum sollte ich ihm glauben?

- Habe ich jemals einen Beweis dafür gesehen, der mir das bestätigt, was „er" mir da erzählt? Und wenn ich ihn gesehen habe, könnte es ein, dass dieser „Beweis" gefälscht ist oder vollkommen aus dem Zusammenhang gerissen ist? Oder dass dieser Beweis nur deswegen „so furchtbar schlimm" ist, weil „er" ihn so dramatisch vor uns allen aufbauscht?

- Was für einen Vorteil hat „er" davon, wenn ich glaube, was „er" sagt?

- Warum spricht er schlecht über jemanden, der nicht da ist?

- Spricht er schlecht über mich, wenn „ich" nicht da bin?

- Wird er schlecht über mich sprechen, so wie er das mit denen macht, die nicht genau das tun, was er will?

o Und erzählt er vielleicht auch noch Lügen über jemand anderen, nur um diesen schlecht zu machen und von sich selbst und von den Dingen abzulenken, die „er" angestellt hat?

o Traue ich ihm das zu? Ist er so ein Mensch, dem man nicht unbedingt alles glauben sollte?

o Ist er manchmal sehr dominant oder sehr „herrisch"?

o Ist er gierig, geizig oder fixiert auf Geld?

o Hat er gerne Geld in seiner Hand und geht gerne mit Geld um und brüstet sich oft, dass „er" gut mit Geld umgehen kann?

o Traue ich ihm zu, dass er was Böses tun könnte, oder weiß ich, dass er schon öfter mal jemandem was Böses angetan hat? Etwas, das „er" dann immer zu einem „Kavaliersdelikt" heruntergespielt? (Stehlen zum Beispiel?)

o Woher hat er sein ganzes Geld? Wie hat er das alles bezahlt, was er hat? Wenn ich rechne, was er in seinem Leben verdient hat, hat er doch nie so viel Geld verdient als das, was das alles gekostet hat! (z.B.: Er hatte doch immer nur einen Halbtagsjob/oder war immer arbeitslos!) Wie kommt er also zu so viel Geld?

o Sagt er öfter mal so Sachen wie: „Der soll doch kein Drama draus machen! So schlimm war das jetzt auch nicht, was ich da mit ihm gemacht habe ... Und wenn es doch so schlimm war, dann bin „ich" bestimmt nicht daran schuld... Und wenn ich doch schuld war, dann ist

er doch ganz bestimmt selber schuld (und lacht dazu)?"
(So etwas bezeugt seine Abwertung der Mitmenschen und das
Gefühl, sich selbst als „Herrenmensch" zu sehen, der mit den
anderen machen darf, was er will. Auch morden, stehlen oder
vergewaltigen! Es ist höchste Vorsicht geboten, wenn jemand vor dir
so etwas oder so etwas ähnlich, abwertendes sagt!)

- Oder sagt er immer wieder: „Mit dem mache ich jetzt ein
  Fass auf!" …und macht dann einen Menschen kaputt?
  (Absolut narzisstisch! Das bedeutet in seinem Denken:
  Ich bin in meinen Augen der absolute „Herren –
  Verzeihung – der Übermensch" und werde diesen
  „Untermenschen" der sich erdreistet hat, mich auch nur
  im Geringsten anzukratzen, quälen, ficken und bestialisch
  ermorden, weil ich es kann!) – Auch hier ist höchste
  Vorsicht geboten! Wenn solche Typen dann auch noch
  sehr überheblich und von sich sehr überzeugt sind,
  könntest du einen heimlichen Serienmörder vor dir
  haben …)

- Oder: „Ich mache das (mit dem oder mit dem), weil ich
  es kann!" (Ein Soziopath erklärt durch diesen Spruch
  seine Gefühlslosigkeit und seine Brutalität, auf die er
  natürlich auch noch stolz ist, was er aber natürlich nicht
  zeigen darf und es nur durch diesen oder eine ähnliche
  Sprache zum Ausdruck bringen will) …?

- Frage dich: Fühle ich mich manipuliert? Will er mir was
  einreden, von dem ich keinen Beweis sehe und eigentlich
  gar nicht abschätzen kann, ob es stimmt, was er mir da
  einreden will, weil ich selbst z.B. nicht dabei war?"

- Versucht er uns allen Dinge einzureden, bei denen
  niemand außer ihm selbst und vielleicht eine andere

Person (z.B. Vertragsabschluss, Absprache mit seinem Opfer) mit dabei waren und er dabei die andere Person als Lügner abstempelt?

- Und warum soll ich es glauben, wenn ich selbst nicht dabei war? Nur weil „er/sie" es zu mir sagt?

- Lügt er oft?

- Lügt er immer wieder und hat er schon Mal gelogen, als es wirklich wichtig war?

- Sagt er dann, wenn er erwischt wird, dass das „Ganze" doch schon lang vorbei wäre (Auch wenn es erst vor ein paar Tagen passiert ist?) und nicht mehr so wichtig wäre, oder dass dich das nichts angeht oder dass es einfach „so ist wie es ist" (Gefühlskälte) oder: „Halt doch dein Maul! Musst du jetzt wieder damit anfangen? (Herrschsucht) Und ist er dabei sehr „herrisch" und „von oben herab" zu dir?

- Ist diese Person immer liebenswürdig und hilfsbereit und sehr kontrolliert und liebevoll und herzlich? Aber manchmal und für kurze Zeit auch so unglaublich eiskalt und herrisch und so absolut befehlend und bestimmend?

- Muss alles immer so sein, wie diese Person es befiehlt? Und leuchten dann ihre Augen wie die eines Teufels und bekommst du ein Gefühl, als ob du jetzt ein Gesicht sehen könntest, welches du an dieser Peron gar nicht kennst?

- Gibt es Personen, die von dieser Person gelenkt, gesteuert oder manipuliert werden? Die sie für jede Entscheidung aufsuchen und fragen müssen, bevor sie selbst etwas tun dürfen oder können oder wollen? Die von dieser Person so schwach gemacht wurden, dass sie selbst nichts bestimmen können, ohne diese Person zu fragen? (Zum Beispiel Ehemann, Arbeitskollege oder Kinder? – Hier am Beispiel der Erziehung, klappt aber auch am Arbeitsplatz usw: Toxische Eltern erziehen ihre Kinder immer zu ihrem Ebenbild, weil sie von sich denken, Übermenschen zu sein. Und sie wollen, dass auch ihre Kinder Übermenschen werden sollen. (und stehlen, morden, unterschlagen, quälen und vergewaltigen können, ohne Reue zu zeigen). Dazu werden sie erzogen. Wenn eines der Kinder dies nicht mitmacht oder nicht kann, weil es die Gefühllosigkeit der toxischen Erziehung ablehnt, wird dieses Kind instinktiv von toxischen Eltern zu einem „Ja Sager und Nichtskönner" erzogen, der ein Leben lang von seiner toxischen Obrigkeit abhängig ist, und diese für jeden Schritt seines Lebens fragen muss, damit er in den Augen der toxischen Mutter/Vater nichts „falsch" macht. Solche Kinder sind für ihr Leben gezeichnet (oft ohne dass sie es wissen). Sie sind unfrei und laufen auch noch als erwachsene Menschen zu ihren Eltern hin und fragen zum Beispiel, ob sie sich ein Auto kaufen dürfen und wenn ja, welches, und wenn ja, welche Farbe es haben soll … usw. usw. usw. usw. usw. usw. usw. usw. usw. usw…

Ja… Hinterfrage jeden! Und glaube niemandem! Narzissten, die z.B. Kinder auf brutalste Art und Weise missbraucht haben, sind sehr oft genau „die" Personen, von denen das ganze Dorf hinterher sagt: „Von dem hätte ich das nieeeeeeeeeeee geglaubt, dass der sowas macht! Der war doch immer soooo ein guter Mensch! So ein Braver! Der hat doch sogar im Kirchenheim geholfen und Vorträge über Nächstenliebe und Menschlichkeit gehalten! Das hätte ich nieee von dem geglaubt, dass der so etwas macht! Nie!"

Darum: Hinterfrage jeden! Frage vor allem die Personen, die dir „verboten" werden. Sprich mit ihnen über den, der dich manipulieren will oder von dem du glaubst, dass er dich oder euch manipulieren will oder von dem du seltsame Geschichten gehört hast. Und pass bitte auf dich auf: Denn „gute" Manipulation findet immer so statt, dass du sie nicht bemerkst!
Wenn du einen Verdacht hast. Oder wenn dein Bekannter komisch ist oder wenn es Menschen gibt, die über ihn sagen: „Der hat mich ausgenutzt, vergewaltigt, bestohlen, kaputt gemacht, usw…!" Dann hinterfrage dich immer, welche Absicht diese Person hat, wenn sie mit d i r redet oder wenn sie d i r etwas erzählt! Selbst wenn es dein nächster Verwandter oder sogar deine Eltern sind!

Oder denke einfach mal darüber nach, ob diese Person einen Vorteil davon hätte, wenn sie „das" getan hätte, was man ihr so übel nachsagt? Frage dich: „Könnte es sein, dass dieses: „Der hat mich ausgenutzt, vergewaltigt, bestohlen, kaputt gemacht, usw…!" vielleicht doch die Wahrheit ist?!" … Auch wenn die Person, um die es geht, dir sagt, dass es ganz bestimmt nur Lügen sind?

Wenn dir so eine Person zum Beispiel (weinend und schluchzend) „ihre" Geschichte erzählt, dann kannst du sicher sein, dass sie dir dadurch auch „ihre" Meinung suggerieren wird… (Also „ihre" Meinung… und sonst keine!)… Diese wird dir (mit Weinen und Schluchzen) eingeredet und du frisst sie und denkst, das sei die Wahrheit! … Denk mal drüber nach!

Und hier siehst du nämlich: Ein Narzisst erzählt dir s e i n e (bestimmt jammervolle und traurige) Geschichte (welche immer eine Lüge ist) und suggeriert dir damit, das „der" und „der" ganz böse Menschen sind, die ihm „das" und „das" (was natürlich gelogen ist) angetan haben! Jetzt bist „du" also der Meinung, dass dein Narzisst ein sehr guter Mensch ist, und alle anderen sehr böse zu ihm sind! Er hat es also mit ein paar verlogenen Worten und ein paar Schluchzern geschafft, dir „das" unterzujubeln, was er jetzt braucht, damit du —

Erstens: Den anderen nicht glaubst und ihm selbst deshalb nicht auf die Schliche kommen kannst! Sonst würdest du erfahren, dass dein (ach so netter) Narzisst/Soziopath ein brutaler und skrupelloser Krimineller ist! Der gestohlen, gemordet und Kinder vergewaltigt hat! Und der das schon zweimal vorher gemacht hat und der das wieder und wieder und wieder tun wird! Weil nämlich „er" der „Böse" ist! Und sonst keiner!

Und Zweitens: Du ihm jetzt gegen die (ach so bösen) Menschen, die so schlimmen Lügen über ihn erzählen, beistehen wirst! Ja! Weil du ihm glaubst, wirst du ihm helfen, sie mundtot zu machen und damit die Wahrheit ersticken! Denn genau DAS ist das Ziel deines Narzissten! Nämlich, möglichst viele von euch zu belügen und vor allen Dingen, sie zu überzeugen! Weil er dann eine ganze Armee an freiwilligen Lügnern, (die seine Lügen weitertragen, ohne es zu wissen), hat, die ihm die Drecksarbeit machen! Die nämlich gegen die, (seine Opfer) die jetzt die Wahrheit sagen, kämpfen und ihn selbst, (den armen, armen Narzissten, der ja so viel leiden muss) auch noch helfen und ihn unterstützen! Um die Opfer kümmert sich keiner! Aber um die (diese Wörter wurden vom Autor gelöscht) schwänzeln sie herum und bemitleiden sie und helfen ihr!

Also: Wenn du jetzt nicht den Gegenpart dazu befragst und ganz einfach zu den Leuten gehst, die behaupten, dass dein Narzissten/Soziopath sie bestohlen / vergewaltigt / ausgenommen / betrogen / belogen usw. usw. hat, dann wirst du nie wissen, wer lügt und wer nicht! Wenn du jetzt nicht zu den Opfern hingehst sagst:

„Hey, du? Sag mal! Wie war denn das jetzt wirklich? Hast du ihm jetzt wirklich das Haus (oder das Geld, Handy, Firma, Goldbarren, Auto, TV Gerät, Küche usw…) geschenkt, wie er das immer behauptet, oder nicht?! … Dann wirst du immer nur d a s gehört haben, was dein Narzisst dir v o r g e l o g e n hat! Und nichts anderes! Und auch nicht die Wahrheit!

Und genau das ist seine Absicht! Er rechnet mit deiner Dummheit und erzählt dir eine Lüge, die du nicht nachkontrollieren wirst! Und genau diese Lüge wird dann deine Meinung bilden! Jetzt ist er an seinem Ziel und hat dir „seine Absicht" eingeimpft, um „sein Ziel" zu erreichen! Er hat dir also etwas „suggeriert"! (Funktioniert übrigens auch mit Regierung und dem Volk!)

Ab jetzt bist du seine Marionette! Ab jetzt wirst du ihm öfter glauben und „er" wird dir (weil er weiß, dass du seine Lügen ohne zu denken frisst und sie nicht kontrollierst) Horrorlügen über genau die oder den Menschen auftischen, die „er" vernichten will oder die „ihm" gefährlich werden können, weil sie zu viel über ihn wissen! Und auch diese „Drecksarbeit" wird er, ohne dass du es merkst, DIR tun lassen! Einfach deswegen, weil: Wenn DICH nämlich dabei die Polizei erwischt, dann ist „er" aus dem Schneider und sagt zu dir: „Wie konntest du nur so etwas tun?!" Und das sagt er dann zu dir, obwohl „er" eigentlich der Auslöser dafür war, dass du es tust!

(Lies dazu vielleicht auch die Geschichte „Josef das Schwein" in meinem Buch „Die Toxischen" – Wenn du das Buch nicht kaufen möchtest, schreibe mir, ich schicke dir diese Geschichte dann zu)

Kapitel 3: Warum kontrollierst du seine Lügen nicht!?

Ab jetzt wird er dir Geschichten (über seine Opfer) erzählen, die dir die Haare zu Berge stehen lassen, die aber allesamt (glaube mir) von vorne bis hinten erstunken und erlogen sind und die „du" nur zu dem Zweck hörst, damit du mit diesen Menschen (die zu viel über ihn wissen) auf keinen Fall Kontakt aufnimmst und sie nicht nach der Wahrheit fragen kannst! Der Narzisst /Soziopath hat zum Beispiel gewonnen, wenn er den, den er vernichten will, so hinstellt, dass alle vor ihm davonlaufen! Und ihm keiner mehr ein Wort glaubt!

Ein Beispiel, damit es plastischer wird? Ok … Bitteschön:

Hier ein Beispiel aus einer Ehe: Der Mann war ein sehr hilfsbereiter, netter, naiver und ein sehr lieber Kerl. Seine Frau war eine eiskalte Hure und hat ihn ständig mit anderen Männern betrogen, während er in der Arbeit war. Sie hat sein Geld verprasst und auf ihr heimliches Konto umgeleitet. Der Mann hat die Frau dann nach Jahren ihrer Untreue gewarnt! Er wollte sie rauswerfen und wollte alles öffentlich machen! Jetzt musste die Frau sich was einfallen lassen. Sie musste ihren Mann „vernichten":

Ihr Mann hat manchmal ein Bierchen getrunken, so wie das jeder tut. Da hat sie die Lüge über ihn verbreiten, dass er ein „starker und gewalttätiger Alkoholiker" ist, der sie … (Zitat) … „Der mich im Suff immer zusammenschlägt und vergewaltigt!" … Was natürlich niemals stimmte und alles nur gelogen war und lediglich dazu diente, dass selbst die besten Freunde nun vor diesem angeblich so „gewalttätigen, versoffenen Mann" nun Abstand nahmen!

Und weil so ein „gewalttätiger Mann" ja dann auch so abstoßen ist und weil die Frau genau deswegen diese Lüge über ihn verbreitet hat … Na? … Ja! … Richtig geraten! Niemand hat den Mann je gefragt, was denn wirklich los war!? Wirklich niemand! Sie alle kannten ihn seit Jahren und wussten, dass er ein feiner Kerl war, der wirklich niemals gewalttätig wurde. Aber: Keiner ging zu ihm hin und hat ihn befragt, weil er angeblich eine „versoffene und gewalttätige Drecksau" war und weil man mit so einem nicht spricht!

Er hatte keine Chance! Wegen dieser einen Lüge wird ihm keiner mehr ein Wort glauben! Seine Frau, eine eiskalte Narzisstin konnte ihre Lüge so geschickt platzieren, dass sich alle von dem Mann abwendeten und alle „ihr" (dem (dieses Wort wurde vom Autor gelöscht)) halfen!

Die Frau kann also ihren Mann jetzt noch mehr betrügen, belügen, bestehlen, ausnutzen und vergewaltigen … Denn sie weiß: Wenn ihr Mann jetzt wirklich mal die Wahrheit sagen würde – Tja… Man würde ihm nicht glauben! Denn ihr Mann ist ja ein „gewalttätiger Alkoholiker", der immer nur lügt …

Kapiert?

Dass der „gewalttätige Alkoholiker" (geht natürlich auch mit Frauen oder irgend einer anderen gelogenen Behauptung – Alkohol ist hier nur ein Beispiel von vielen) irgendwann dann wirklich das Saufen anfängt … Naja - Wen wundert's?

Und deswegen kontrollierst du diese Lügen nicht! … Weil dein Narzisst/Soziopath dich so einstellt und dich so manipuliert, dass du sein Opfer niemals fragen wirst! Und du … Weil du seine dumme, die Drecksarbeit erledigende, Marionette bist, kapierst weder, dass du von dieser (dieses Wort wurden vom Autor gelöscht) mit einem Schwanz voller Lügen in den Arsch gefickt wirst, noch, dass er vielleicht schon überlegt, ob nicht „DU" sein nächstes Opfer bist, dass er schächtet, bestiehlt und zu Tode quält!

(Der Mann aus der Geschichte hat übrigens weder gesoffen, noch hat er jemals irgendjemanden wehgetan oder geschlagen!)

Ja … So machst du einen … wie war das? … einen hilfsbereiten, naiven und sehr lieben Kerl fertig, und bringst ihn vielleicht sogar noch damit um! Denn manche von diesen Opfern überleben so eine dreckige Attacke auf ihre Seele, auf ihr Herz und auf ihren Verstand nicht immer … Die Friedhöfe sind voll von Leuten, die sich wegen einer soziopathischen Hure aufgehängt, vergiftet oder zu Tode gesoffen haben!

Ach ja … Sowas wie diese Frau kannst du aber nur machen, wenn du empathielos bist, denn du musst ja dabei zusehen, wie dein Gegner manchmal über Jahre hinweg an d e i n e n Lügen zugrunde geht … Und zwar jämmerlich und qualvoll! Und das setzt schon eine gewisse Kälte voraus, die man haben muss, wenn man da jahrelang einfach weitervögelt, während der eigene Ehemann bittet und bettelt, damit aufzuhören und jahrelang neben einem verreckt!

Das kannst du nur, wenn du eine eiskalte (dieses Wort wurde vom Autor gelöscht) bist und keine Reue kennst! Dann musst du so sein: Du willst nur ficken, ficken und nochmal ficken. Du willst mit fremden Männern ins Bett! Du willst andere Frauen haben! Du willst Luxus haben, du willst ausbeuten, der „Herr" sein, quälen, befehlen, auf den Gefühlen der anderen herumreiten, mit ihnen spielen, sie gegeneinander ausspielen, Intrigen schüren und ganz einfach alle gegeneinander aufhetzten und sie gegen sich ausspielen … „Du" willst zerstören! Aus Neid, aus dem Willen heraus, „weil ich es kann!" oder ganz einfach deswegen, weil es dir unsagbar viel Freude macht und du dieses unsagbare Gefühl der „geilen Macht" spürst, wenn du Menschen quälen und vernichten kannst! Du bist so Machtgeil, dass du dir einen runterholst, wenn vor dir ein Mensch verreckt, den du kaputt gemacht hast! Du bekommst einen Orgasmus, wenn du es schaffst, unschuldige Menschen zu zerstören, sie zu quälen und sie zu vernichten! Deswegen machst du das! Weil du ein gefühlloses (dieses Wort wurde vom Autor gelöscht) bist, dass seine „Macht" ausleben muss!

Also: Wenn ihr solche Situationen habt: Fragt nach! Geht hin zu diesem „gewalttätiger Alkoholiker" und frage ihn mal, warum das alles so gekommen ist und was diese andere Person so alles mit ihm gemacht hat! Du könntest nämlich der nächste sein, mit dem sie das macht!

Lass dich also niemals manipulieren. Und lass dich nicht benutzen! Und lass dir keine Angst machen! Sonst bist du bald am Arsch und tust genau das, was der andere von dir will! Bestenfalls will er nur, dass du die Drecksarbeit für ihn machst … Es kann dir aber auch passieren, dass er dein Geld und sogar noch deinen Körper obendrauf haben will … also dein Geschlechtsteil, usw. … und deinen Sex! (Die Betonung liegt hier auf: „usw." … Was das heißt, musst du selbst rausfinden. Das möchte ich hier nicht schreiben. Es soll ja auch kein Buch über abnormale Sexualpraktiken werden …)

Kapitel 4: Was du tun musst, um dich zu schützen:

Es ist sehr einfach und doch sehr schwer: Lasse nicht zu, dass dich jemand belügt! Lasse nicht zu, dass dich jemand manipuliert!

Wenn du Manipulation auch nur im Geringsten Maße erkennst, dann sage nichts: Steh einfach auf und gehe weg!

Merke dir: Jemand, der andere manipuliert, ist immer eine empathielose Drecksau! Hinter solchen Personen verbergen sich Mörder, Halsabschneider und Diebe!

Merke dir: „Gute Menschen" manipulieren dich nicht! Sie erzählen dir auch keine Lügen! Und: Sie benutzen dich nicht, damit du seltsame Aufgaben für sie erledigst oder „ihre" Meinungen unter den anderen Menschen verbreitest oder in den Krieg gegen jemand ziehst! Das tun nur böse Menschen ohne Charakter und ohne Gewissen, denen du vollkommen egal bist!… Auch wenn sie dir tausendmal sagen, dass sie dich lieben! Geh solchen Säuen niemals auf den Leim! … Ja. Steh auf und geh… Du kannst diesem Wesen wortlos ins Gesicht spucken, wenn du willst. (Glaube mir, es erwischt keinen Falschen) Aber schau, dass es keine Zeugen gibt … denn das kostet dich Geld!

Und: Meide diese Person! Meide sie für immer! Das ist wichtig! Und pass auf! - Die Toxischen geben nicht nach! Narzissten oder Soziopathen werden, wenn sie dich „haben" wollen, einen Plan für dich schmieden, mit dem sie hoffen, dich dann doch noch zu erwischen! Sie werden dir sehr viel Honig ums Maul schmieren und dich loben und dich in die höchsten Höhen heben, um dich doch noch gefügig zu machen. Lass dich darauf nicht ein! Lass dich niemals manipulieren! Lass dich niemals benutzen! Glaube niemals ihren Lügen! Glaube niemals, wenn sie dir sagen: „Dieses Schwein machen wir jetzt „zusammen" fertig!" und auch nicht mit „Honig Gesäusel" wie: „Du bist so ein wundervoller und so ein guter Freund!" …

Und wie gesagt: Dieses böse Spiel geht auch in der großen Weltpolitik – Ein richtig schönes Beispiel dafür ist das Thema

Krieg! Na? … Was braucht man zum Krieg? … Stimmt: Einen Feind! (Der eigentlich gar kein Feind ist und nur Erdöl oder sonst was hat, das du gierig und neidisch haben willst!) Und du brauchst jemanden, der dir hilft, diesen Feind zu töten und zu beseitigen… Jetzt erzählst du eine große Lüge über den „Feind"… Und du erzählst sie sehr dramatisch, wie z.B.: „Wir müssen unsere Kinder und unser Land vor dem bösen Feind retten") … Deinen naiven Soldaten, die dir natürlich glauben, was du über diesen „Feind" sagst, und die den „Feind" noch niemals selbst gefragt haben, ob das auch stimmt) werden nun für dich in den Krieg ziehen! Na?…

Wenn jetzt der „Feind" aber in Wirklichkeit ein herzensguter Mensch ist, der niemandem etwas zuleide tun will und wenn der, der dir immer wieder erzählt hat, dass der „Feind" böse ist, nur jemand ist, der etwas stehlen will, was dem „Feind" gehört? …

Weißt du dass dann? Wenn du ein Soldat bist und du aus gewissen Medien und von deinen Vorgesetzten immer nur das erfährst, was du „erfahren" darfst?! Ja?… Weißt du es dann? …

Nein, du weißt es nicht! Und so werden tausende und abertausende von Menschen hinausziehen und anderen Menschen Kugeln in den Bauch schießen, damit ihnen ihre Gedärme rausplatzen und sie schreiend und blutend stundenlang in einem Graben in ihrem eigenen Blut qualvoll verrecken! Sie werden Kinder halb tot vergewaltigen und ganze Städte vernichten. Sie werden Millionen von Menschen in Lager bringen und sie dort bestialisch zugrunde richten, weil man ihnen gesagt hat, das wären Un-Menschen, die man vernichten muss! Sie werden wehrlose und friedlichen Männer, Frauen und Kinder eiskalt abknallen und ihnen die Haut vom Kopf schneiden und mit diesem Skalp dann in ein staatliches Büro (!) gehen, um dort die Abschlachtungsprämie für das Töten von friedlichen Menschen zu kassieren! Sie werden morden und ganze Länder und ganze Völker zu Tode schießen, Atombomben über tausenden von Kindern zünden, ohne mit der Wimper zu zucken, sie werden Menschen verbrennen, aufhängen, zerfleischen, zerschießen, ertränken, köpfen oder was sonst noch alles … nur weil „einer", der gut lügen kann, genau das haben will, was einem anderen (der eigentlich immer friedlich war) gehört … usw. usw.

Denk mal drüber nach – Die Verhaltensmuster von Narzissten und Soziopathen sind immer die Gleichen. Diese Wesen sind brutal, bestialisch, gewaltbereit, gefühllos und dazu noch sehr dumm und idiotisch. Was wiederrum der beste Nährboden für Gier, Gewalt und Machtgeilheit ist… Falls du also jemals bemerkst, dass dich jemand auch nur im Geringsten benutzen oder dich manipulieren will … Dann spuck dieser (diese Wörter wurden vom Autor gelöscht) eine Ladung (dieses Wort wurden vom Autor gelöscht) in ihre (dieses Wort wurde vom Autor gelöscht) hinein!

Und falls es in deinem Umfeld jemanden gibt, der so ist, oder ein bisschen so ist, wie die, die so sind … Und du dieser (dieses Wort wurden vom Autor gelöscht) nicht ins Gesicht spucken darfst, weil es z.B. dein Onkel oder deine Tante oder deine Mutter ist und dir deine Eltern das verboten haben … Dann meide diese Person und sprich nicht mit ihr! Wende dich ab! Schick sie in die Hölle! Besuche sie nie wieder und wenn du sie besuchen musst, dann rede nicht mit ihr! Wenn sie etwas sagt, dann sagst du nur: „Ich will nicht mit dir reden, weil du mich und alle anderen immer wieder manipulierst und belügst und weil ich den Verdacht habe, dass du mit „dem oder dem" „das und das" gemacht hast, was diesem Menschen dann zerstört hat oder ihm sehr geschadet hat!"

Das ist nämlich genau das, was dich selbst am besten schützt!

Wenn du einem Soziopathen zu begreifen gibst: „Ich habe dich erkannt! Mit mir machst du das nicht!" … Dann ist das für dieses Wesen, das von sich selbst denkt, ein „Übermensch" zu sein, ein Zeichen, dass du stark bist und ihm, wenn er dich hinterlistig anfällt, das Gas einstellen könntest! Also wird er die Finger von dir lassen! Und: Es ist die auch größte Strafe für so ein Vieh! Soziopathen hassen nichts mehr, als von einem erkannt zu werden, der zu den Opfern hält!

Ein Brief an Melanie:

Liebe Melanie, heute habe ich einen schönen Satz gelesen. Er lautet: „Es gibt keine Gewinner - Nur Überlebende". Da musste ich an dich denken… Auch du hast überlebt. Was allgemein, verzeih mir bitte … ein Wunder ist. Aber ich muss auch an die Geschichte von Abraham Lincoln denken… Ich erzähl sie dir:

Abraham Lincoln und der Krieg

Als Abraham Lincoln bei einem Fest zu seinen Ehren eingeladen war, saß er in der ersten Reihe und hörte sich die Reden an. Wieder und wieder bestiegen die wohl mächtigsten und klügsten Männer des Landes das Podium und ließen einen Lobgesang nach dem anderen auf den Präsidenten nieder. Mehr und mehr lobten ihn die Redner, weil er doch diesen Krieg gewonnen hätte! Diesen dummen, dummen Krieg, bei dem Lincoln so groß und so überragend gesiegt hätte. Diesen dummen, dummen Krieg, aus dem die Nordstaaten so siegreich und so wunderbar hervorgegangen wären. Diesen großen und gewaltigen Krieg, den Lincoln so glorreich gewonnen hat.

Lincoln saß mit versteinerter Miene da und hörte sich all die Reden an. Als der letzte der Lobpreiser gesprochen hatte, bestieg er selbst das Podium. Wie ein Wind, der alle Stimmen löscht, fuhr sein dunkler Blick durch die Ränge. Dann hob er seine Stimme und sprach: „Ihr Narren! Ihr verdammten Narren! Versteht ihr denn immer noch nicht? Niemand kann einen Krieg gewinnen! Niemand!" Nach einer langen Pause sprach er weiter:

„Sagt es mir: Wer von euch hat jemanden gekannt, der in diesem Krieg getötet worden ist? … Einen Bruder? Eine Schwester? Einen Freund oder einen Bekannten?"

Jetzt hob fast jeder im Raum die Hand. Langsam und zögerlich. Traurige Blicke, wohin man schaut. Manche Frauen fingen an zu weinen. Andere riefen: „Mein Sohn! Mein Sohn! Mein Gott, mein Sohn!" Und als alle Anwesenden Tränen in den Augen hatten, da hob auch er die Hand: Abraham Lincoln. Dann sagte er: „Glaubt ihr jetzt immer noch, dass man einen Krieg „gewinnen" kann?

Mein Gott, Melanie… Wann ist der Tod endlich satt? Und wie viel Kriege braucht er noch? Wie viel Menschen müssen noch sterben?

Liebe Melanie… Weißt du: Als Kind habe ich viele Kriege gesehen. Die waren immer weit weg. In Vietnam, in Bolivien und sonst wo. Die Alten haben mir immer ihre Narben gezeigt und gesagt, die hätten sie aus dem Krieg. Aus Russland und aus Frankreich … Damals haben sie jeden Tag darüber berichtet und geredet. Über den Krieg… Und jetzt? Jetzt kommt er bis zu uns… und klopft an unsere Tür. Weißt du, Melanie… und das ist wahr: Tausend Mal habe ich ihnen diese Lieder gesungen! Tausend Mal! „Blowing in the Wind", den „Universal Soldier" und „Sag mir, wo die Blumen sind"…

Aber die Leute haben es nicht verstanden. Sie sind zu dumm, Melanie… Sie sind einfach nur zu dumm! Sie sind dagesessen mit ihren fetten Wampen und haben gesagt: „Schön, schön, dass man diese alten Lieder auch mal wieder hört!"… und das war´s … Mehr nicht. Sie haben ihr Bier getrunken, über den nächsten Urlaub gequatscht und gar nicht gemerkt, dass sie dem Krieg damit die Tür aufmachen! Ich glaube, Rosa Luxemburg war es, die einmal gesagt hat: „Frieden zu machen ist schwer! Aber Frieden zu halten ist noch schwerer!"

Und ehrlich gesagt: Ich habe es gewusst. All die Jahre meines Lebens darauf gewartet. Ich konnte nie glauben, dass wir in Frieden leben würden. Wenn du dir anschaust, was da oben los ist… Wohin du schaust, nur Gier und Gier und Gier und Neid! Und je höher du kommst, desto gieriger werden ihre Augen, Melanie! Und doch… Die letzten Jahre hätte ich fast geglaubt, dass wir die Kurve kriegen und all diese Narzissten und Soziopathen rauswerfen könnten! Doch als ich in die Augen dieser Kriegstreiber sah… und dazu ein paar Gift geifernde Stimmen am Radio hörte, die von einem „Zurückschlagen der Nato" sprachen, da wusste ich, dass sie wieder nichts gelernt haben! Nichts. Narzissten lernen nie, Melanie. In ihren Köpfen gibt es keine Gnade, keine Reue und kein Geben. Nur Dummheit! Sie sind so gotterbärmlich dumm, diese Kreaturen! So gotterbärmlich dumm und so arm im Geiste! Für sie gibt es immer nur ein Nehmen und ein Nehmen und ein Nehmen und ein Nehmen! … Sie zerstören… und zerstören… und zerstören! Sie zerstören immer alles… Alles was wir Menschen uns aufgebaut haben! Wusstest du das nicht? Sie selbst können nichts aufbauen, weil sie der Neid zerfrisst, wenn ein anderer etwas haben würde! Sie müssen immer gieren und gieren und gieren und bekommen ihren dreckigen Hals dann doch nie voll genug! Und weil sie nie genug bekommen, gönnen sie keinem was! Lieber zerstören sie das, was der andere sich aufgebaut hat! Diese Kreaturen sind es, die die Menschheit ausrotten und die Welt an den Abgrund steuern werden … Sie töten Menschen, weil sie voller Neid wissen, dass sie immer nur ein empathieloses Vieh bleiben werden, und selbst nie ein Mensch sein können! Sie töten Menschen, weil sie das haben wollen, was diese Menschen haben! Nämlich ein Gefühl… Ein Gefühl für Liebe und Zusammenhalt! Ein Gefühl, das selbstlos „geben" kann! Und nicht immer nur

„nehmen und nehmen" muss, um seine Gier zu befriedigen! Und sie töten so grausam und so kalt, wie sich keiner von uns das vorstellen kann. Sie töten und zerstören… gezielt und geplant… und schlagen und schlagen und schlagen immer weiter und weiter und weiter! Und spielen uns dabei auch noch den „Gutmenschen" vor, der keiner Fliege etwas zuleide tun kann… Und wenn sie dann alles zerstört und Millionen von uns vergewaltigt und getötet haben, dann sagen sie:

„Ich war das nicht!"…

„Das waren doch die anderen!" …

„Ich kann doch nichts dafür! …"

„Im Gegenteil! Ich bin sogar noch das Opfer! Helft mir! Los! Helft mir! Das ist ein Befehl!"

Und dann beuten sie dich wieder aus. Indem sie dich bitten, ihnen zu helfen und alles wieder aufzubauen…

Sie zerstören den Frieden. Die Menschen. Die Welt… Und bleiben für immer die dummen Dummköpfe, die Mr. Lincolns Rede nicht verstanden haben. Weil sie es nicht lernen wollen, Melanie! Weil sie viel zu dumm dazu sind, etwas zu verstehen, das nicht mit „Gier" zu tun hat! Viel zu dumm, um zu reden …

Soziopathen reden nicht! Von ihnen bekommst du nie ein Gespräch oder eine Antwort! Ich selbst habe das erlebt! Und viele andere haben das am eigenen Leib erfahren! Sie reden nur mit dir, solange sie dich ausbeuten und vergewaltigen können! Und dann nicht mehr! Diese Kreaturen sind keine Menschen! Und in meinen Augen sind selbst Säue noch tausendmal bessere Wesen, als diese Monster! Du kannst bitten und betteln. Um ein Gespräch oder um den Frieden oder auch um deine Sachen oder um dein Eigentum. Sie werden dich ignorieren und über dich lachen und sie werden es genießen, dich betteln zu sehen und betteln zu lassen und dich zu quälen und zu quälen und zu quälen… Weil sie von sich glauben, dass sie die „Herren" sind! Diese Überheblichkeit, gepaart mit ihrer unbändiger Dummheit und dieser nackten, dreckigen Gier … das ist der Grundstock des Bösen auf dieser Erde!

Melanie: Ich glaube, unsere Urahnen hatten recht: Man muss den Teufel austreiben! Sonst geht er nicht weg und zerstört dich und alles, was wir aus Liebe aufgebaut haben. Dabei wäre es so einfach. So furchtbar einfach: Man müsste alle Narzissten, Soziopathen und Lügner auf den Mond schießen… oder in die Hölle stürzen! … Aber was versteh ich schon davon…? Nichts…

Irgendwann im Sommer 2022 sind zwei B52 Bomber der US Luftwaffe über das Haus geflogen, in dem ich jetzt wohne… Ganz hoch oben. Ich konnte es nicht glauben und hab mein Fernglas geholt, um sie besser zu sehen… Sie waren wunderschön… Zwei silberglänzende Adler! Sie flogen nebeneinander, als ob sie Brüder wären … Angeblich sind solche Maschinen jetzt in Deutschland stationiert und machen hier „Übungsflüge".

Was viele nicht wissen: Die B52 ist ein Nuklearwaffenträger. Sie kann alle Ziele der Welt erreichen. Wenn sie erst einmal in der Luft ist, kann sie keiner mehr stoppen. Sie kann nonstop von hier bis nach Moskau fliegen und ihre Fracht abwerfen. Oder nach Peking oder sonst wo hin… Ich mag mir gar nicht vorstellen, was passiert, wenn jetzt einer von diesen Narzissten einen Fehler macht, den er sich selbst nicht eingestehen will… Für ihn ist es ganz normal, dich oder mich oder etwas anderes zu zerstören… Ein Menschenleben bedeutet für einen Soziopathen nichts! Wie du bestimmt aus deiner eigenen Beziehung erfahren hast, haben Narzissten und Soziopathen sogar noch Spaß daran, jemanden zu quälen und alles kaputt zu machen… Und da frage ich mich: Werden sie dieses Mal erkennen, was sie tun, bevor sie dich und mich und unsere Familien auslöschen? Was denkst du? Dein Narzisst? Oder mein Soziopath? Stalin? Mao? Dein Peiniger? Oder meiner? Oder wie sie alle heißen? Diese Teufel?

Wenn du jemals mit so einem (diese Wörter wurden vom Autor gelöscht) zu tun hattest, dann ist deine Antwort absolut klar: Nein! … Das werden sie nicht! Dazu sind ihre Gefühlskälte und ihr Egoismus und vor allem ihre exorbitante Dummheit einfach nur zu groß! Im Gegenteil… Sie werden sich sogar noch etwas darauf einbilden und sich brüsten, alles zerstört zu haben und werden uns… die Opfer… als die „Bösen" hinstellen! Genauso, wie es im Lehrbuch der Narzissten und Soziopathen steht und wie wir alle es erleben durften! Du und ich und die anderen …

Ich wünsch uns viel Glück, Melanie: Dieses Mal werden wir es vielleicht nicht überleben… Pass auf dich auf und nimm es nicht so schwer. Du hast es einmal überlebt und das ist schon mehr, als es so manch anderer von uns geschafft hat… Mach's gut…

Liebe Melanie - Danke, dass du mir erlaubt hast, das hier zu veröffentlichen. Ich denke sehr oft an deinen Spruch:

In erster Linie bin ich ein Mensch!
Ein Mensch mit Gefühlen!

Mach´s gut, Melanie… Liebe die Menschen und
kämpfe gegen all die anderen…

Und…

„Kill the Zombies!"… die Betonung liegt auf: „Kill!" …

Die Putzhilfe
(Ein Gedicht für die ganze Familie)

Jetzt kniest du da. Mit der Spachtel in der Hand.
Und kratzt den Scheißdreck von den Fliesen,
das ist ja allerhand.
Die Fotze hat ihn hingeschissen,
schon vor einem halben Jahr.
Und jetzt wartet sie auf dich.
Zum Putzen. Ist ja klar.

Zu der Putzfrau muss man doch nur sagen:
„Ach Putzi, Putzi…
Ich kann das selber doch nicht machen!"
Die Putzfrau kommt und putzt.
Und die Fotze geht hinaus.
Zum Rauchen und zum Lachen

Los! Kratz meine Scheiße jetzt vom Boden weg, sagt sie!
Weil ich es sag!
Weil ich so bin!
Und wenn du dann gegangen bist!
Scheiß ich für dich gleich nochmal hin!

Putzfrau! Kratz meine Scheiße weg!
Ich will, dass du es fühlst!
Ein jedes Mal, ein jedes Mal
Wenn du für mich den Deppen spielst!

Ich scheiß auf dich, du blöde Putze
Und genieß mein schönes Leben
Ich lass dich meine Scheiße fressen
Und mir Geld noch von dir geben

Die Putzfrau kniet im Scheißdreck drin
Die Fotze durchsucht jetzt ihre Tasche
Nach Geld sucht sie, na iss ja klar
Das ist doch immer ihre Masche

Das Geld, das stiehlt sie
Die macht doch immer solche Sachen
Und ich schau zu, wie du in ihrer Scheiße kniest
Und kann nichts dagegen machen

Putzfrau! Nimm's nicht so hart
Nimm' s nicht so schwer
Das Geld bekommst du nimmermehr
Das Geld, das stiehlt sie dir, sei einfach still!
Die fickt dich doch noch heute
So oft und wann sie will

Die Fotze geht ein zweites Mal
Lacht dich aus und raucht noch zwei Zigaretten
Hat nen Fünfziger gestohlen
Von der Putzfrau, von der netten

Dann geht sie noch zur „Putzi" hin
und weint ein bisschen sehr.
Die „Putzi" buckelt sich noch besser.
Und kratzt die Scheiße nur noch mehr.

Ich schaue dir zu und frage mich.
Was hat sie gegen dich nur in der Hand?
Dass du sowas für sie tun musst?
Auf deine Antwort wär ich sehr gespannt.

Ein Jahr hat Fotze hier gelebt.
Ausziehen muss sie heuer.
Ich frag mich ... diese Scheiße?
Ist sie von ihr?
 Oder ist sie von einem ihrer Freier?

Das Huren Gedicht

Eine kleine Schweinebacke
Die spreizte gern die Beine

Dafür hat sie Geld genommen
Ihr wisst schon, was ich meine

In der Stadt im Weiten Land
Da lebte sie allein

In die Wohnung allerhand
Lud sie sich Freier ein

Sie gab ihr Loch und auch den Mund
Für sechzig Euro in der Stund

Das wollte sie gern öfter tun
Doch war sie viel zu fett

Sie war auch etwas ungepflegt
Da flog sie aus dem Bett

Man hat sie nicht mehr angefasst
Sie zog dann um die Welt

Und verdiente sich mit Stehlen
Und Lügen dann ihr Geld

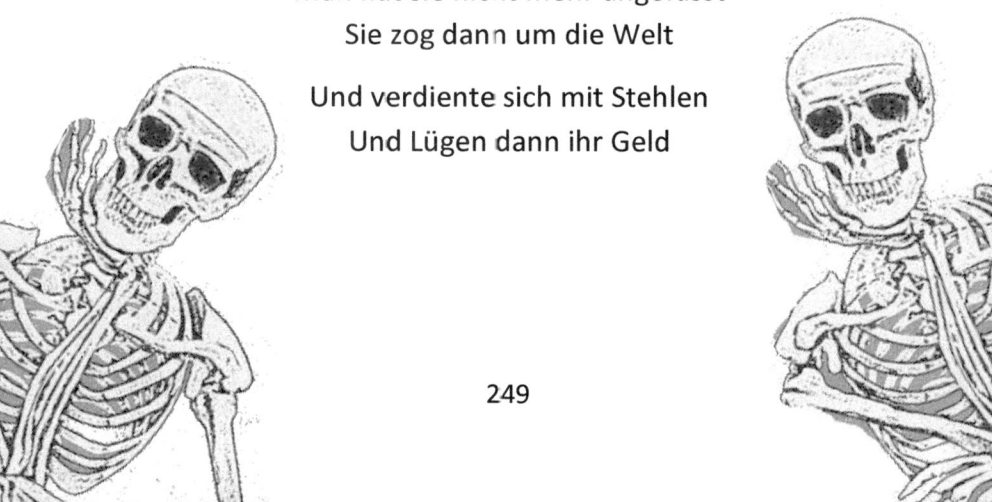

Donnerstag, 15. November.

Kapitel eins:

Heute war ich zu Gast bei einem Menschen.

Diesen „Menschen" habe ich in ein Sanatorium gefahren, weil er selbst keine Kraft mehr dazu hatte. Das Wort „Mensch" wähle ich hier sehr bewusst … Weil es ein „Mensch" ist, den ich hier kennenlernen durfte. Er ist weiblich, etwa in meinem Alter, 1.70 groß und hatte eine untersetzte Figur.

Ja… eine Frau.

Die Frau hatte ein ausdrucksloses Gesicht. Sie sah aus, wie ein alter Mensch, dessen Leben vorbei war. Ein paar Falten im Gesicht und kein Lachen. Ein schmaler, blasser Mund. Wenn man in ihr Gesicht sah, erkannte man ein weißes Dreieck… In der Klinik habe ich gelernt, was das bedeutet… Sie war sehr niedergeschlagen und manchmal leicht apathisch. Ich dachte fast, sie wäre krank. Vor der Fahrt lud sie mich auf Kaffee und Kuchen ein. Die Räume, in denen sie lebte, waren schmucklos, dunkel und kalt. Der Kuchen war nicht selbst gemacht, sondern aus dem Kaufhausregal… Ich fragte sie, was sie denn heute so gemacht hätte und wie es ihr denn heute geht und wie sie sich fühlt? Sie sagte: „Heute? … Ich habe versucht, zu überleben…"

Dann sagte sie: „Ich habe auch gestern versucht, zu überleben und morgen versuche ich es vielleicht noch einmal…" Dann war Stille… lange Stille… Nach der Stille sagte sie: „Es geht mir gut… Ich habe zu Essen und ein Dach über dem Kopf… es geht mir gut…" Ich fragte sie nochmal, wie sie sich fühlt? Und sie sagte: „Leer… Tot. … Wie eine Blechdose, die man jeden Tag durchgefickt hat und dann weggeworfen. Er hat mich totgefickt, diese (diese Wörter wurden vom Autor gelöscht) … Er hat mich totgefickt und umgebracht … Mich bestohlen und weggeworfen … Er hat mir jeden Tag seine Liebe geschworen! Die Heirat! Das wir das Haus fertig bauen und für immer zusammen…" Sie brach ab und weinte. Aber es war kein lautes Weinen. Kein Weinen, wie man es kennt. Nicht klagend oder anklagend … nein… Es war ein Weinen, wie ich es noch nie in meinem Leben gehört hatte. Es war so leise und so persönlich. So nur für sich allein. Als ob eine Seele mit den Engeln weint …

Dann war wieder Stille…

Nach der Stille zeigte sie mir ein paar Fotos. Sie sagte: „Das bin ich!" … Ich sah das Foto an und das Foto zeigte eine lebendige, junge Frau mit leuchtenden Augen und einem bezaubernd, jungem Lachen. Ich sagte: „Das bist du!?" Sie sagte: „Ja"… „Das war vorher. So sah ich vorher aus. Vor etwa dreieinhalb Jahren. So sah ich aus, bevor „er" mir die Seele rausgerissen hat. Bevor mich dieses Vieh belogen und betrogen und bestohlen hat…" Dann erzählte sie mir ihre Geschichte. Die Geschichte ihrer Vergewaltigung, die über sechs Jahre dauerte, ohne dass sie selbst es eigentlich mitbekommen hatte, was dieses verlogene Vieh da mit ihr macht…

In diesen sechs Jahren war sie durch ihren toxischen Partner von einem selbständigen Menschen zu einem hörigen Sklaven umerzogen und manipuliert worden. Er hat sie gezielt ausgesucht, weil sie menschlich naiv war und einen gut bezahlten Job hatte, in dem sie viel Geld verdient. Ebenso, wie Soziopathen das halt mal so machen, wenn sie sich ein Opfer suchen… Er hat sie in einem Internetforum angeschrieben. Dann hat er sie eingefangen, sie eingewickelt und manipuliert… Sie von all ihren Freunden und

Bekannten abgeschirmt, damit keiner mehr zu Hilfe kommen kann... und sie dann für sich „umgedreht" und „hergerichtet"...

Das übliche halt. So wie die Soziopathen das halt so machen... Er hat sie nach seinen Vorstellungen bewusst und gezielt zu seinem persönlichen Sex- und Bezahl- Sklaven „umerzogen" und ließ sie für ihn ins Bett ... und in die Arbeit gehen. Er hat sie belogen und belogen und belogen und ihr alles versprochen... Die Heirat. Das Haus. Die Träume... Und sie hat ihm alles geglaubt und ihm alles gegeben... Er hat sie sechs Jahre lang vergewaltigt und sie finanziell ausgenommen wie eine Weihnachtsgans. Am Ende war sie pleite. Er stahl ihr das Vermögen, das Haus ... und ihr Leben...

Am „Ende" sagte sie, hat sie alles für ihn getan, was er wollte... Und „er" wollte viel! Er wollte ihren Körper! Perversen Sex... und vor allem ... ihr Geld! Als ihre Liebe am größten war, wollte „er" ihre Finanzen in Ordnung bringen und brauchte dazu natürlich die Bankvollmacht für ihr Konto... Sie hat sie ihm gegeben, ohne darüber nachzudenken. Weil sie ihn liebte. Und er sie auch ... Das sagte er ihr jedenfalls tausendmal am Tag!

Drei Tage später hat er sie aus ihrem Haus geworfen, welches zwar sie bezahlt hatte ... man es aus „steuerlichen Gründen" aber auf „seinen" Namen hat eintragen lassen. Auch das war seine Idee, wie alles anderen auch, und sie hat ihm vertraut. Heute weiß sie, dass „er" sie eiskalt und geplant dazu manipuliert hat, all diese Fehler zu machen... Er hat sie belogen, betrogen und dazu hingeführt, ihm ihr Geld zu geben!

Damals wusste sie nicht, was passiert. Alles ging so schnell ... Er hat alles so gemacht, dass am Ende alles „ihm" gehört, obwohl er nie etwas davon bezahlt hatte. Sie bekam nichts. Gar nichts. Sie erzählte mir, dass „Nichts" wirklich „Nichts" war... Als sie nach dem Rauswurf in ihr Auto steigen wollte, holte er sie mit Gewalt aus dem Wagen und erklärte ihr, dass auch das zweite Auto nach dem Gesetzt „ihm" gehören würde! Weil „er" den Fahrzeugbrief hätte und es stünde natürlich auch hier „sein" Name drin!

Er hat sie jahrelang gefickt und sie in die Arbeit geschickt ... Hat von ihr gelebt, wie die Made im Speck! Er hat ihr alles genommen, was ihr gehört und was sie bezahlt hat! Ihr Rechtsanwalt konnte nichts machen! Der Teufel ließ ihr einen freundlichen Brief schreiben, in dem stand, dass „sie" ihm alles geschenkt hätte! So stünde Aussage gegen Aussage... Ihr Rechtsanwalt sagte, man könne nichts machen, denn ihr Ex Partner würde mit seinen Lügen bestimmt durchkommen!

Heute hat sie Schulden und weiß nicht, wie sie sie bezahlen soll. Sie hat ihren Job verloren, weil sie keine Kraft mehr hat und weil sie nichts mehr kann. Und auch weil sie nie da ist... weil sie ständig in irgendeinem Sanatorium sitzt und weint ... ein jedes Mal, wenn sie den Suizid versucht, packen sie sie und liefern sie wieder ein... Für sie ist alles sinnlos und sie ist seelisch am Ende. Sie weiß: Ihre Depressionen lassen nichts anderes mehr zu, als den Selbstmord. Und sie weiß: die Schulden werden sie irgendwann in den Abgrund treiben. ...

Sie hat keine Freunde mehr, weil ihr Partner, kurz nachdem er sie abserviert hat, überall Lügen über sie verbreitet hat und alle ihre gemeinsamen Freunde ihm, dem (diese Wörter wurden vom Autor gelöscht), geglaubt haben, aber nicht ihr. Obwohl sie, so schwor sie mir weinend und mit einen Eid auf das Kreuz Christi, allen ihren Bekannten die Wahrheit gesagt hätte. Aber niemand hat ihr geglaubt... Stell dir das mal vor: Jeder hat gesagt: „Der Chris? Das ist doch so ein lieber Kerl! Der tut so etwas nicht! Der ist doch so ein herzensguter Mensch! Und das Haus hat doch „er" gebaut, oder? Das gehört doch ihm… Jedenfalls war doch „er" immer auf der Baustelle und „er" hat doch alles bestellt und „er" hat doch immer die Handwerker beauftragt und „er" hat uns doch immer erzählt, dass „er" das Haus baut…? Oder? Du lügst doch! Der Chris hat schon recht: Du willst jetzt nur von der Trennung was rausschlagen und ihm das Haus nehmen! Du dreckige Sau! Hau ab!"

Ja … Das war das, was „er" über sie erzählte. Niemand glaubte ihr die Wahrheit! Sie hat mir dann die Kontoauszüge gezeigt. Das war das einzige, was ihr noch blieb. Alles andere hatte „Chris" in Verwahrung genommen und gab es nicht heraus! … Auf den Auszügen standen horrende Summen! Summen, die sie an Handwerker überwiesen hatte! An Baustoff Händler und an Ämter und Behörden! Er kaufte sich sogar noch einen blauen Skoda und ein paar schöne Dinge für sein Leben! Er machte Reisen auf ihre Kosten und hat sich für ihr Geld ein sündhaft teures Fahrrad zugelegt! All das sagten die Kontoauszüge, man konnte alles ganz deutlich sehen! … Der Rechtsanwalt sage: „Diese Kontoauszüge wären wertlos! Denn Chris würde lügen! Er würde vor Gericht alle anlügen und behaupten, dass es „Geschenke" waren, die er von ihr bezahlt bekommen hätte! Es täte ihm leid, aber man könnte nichts gegen so einen Kriminellen unternehmen!

Ja … „Chris" hatte seinen Beutezug vom ersten Tag an geplant und alles so eingerichtet, dass sie am Ende nichts… und „er" am Ende alles hätte… „Er" behielt die Autos, „Er" behielt das Haus… und „er" behielt alles, was sie jemals für die „gemeinsame Zukunft" und fast immer auf Anraten von „Chris" gekauft hatte… Am Ende ging sein dreckiger Plan auf und „sie" hat alles bezahlt und „er" hat alles behalten…

Heute, so sagt sie, kann sie es gar nicht mehr glauben, wie dumm sie gewesen ist, und diesem dreckigen und verlausten Schwein so vertraut hat. Sie hat ihm alles geglaubt, sagt sie. Weil er sie immer und immer wieder angelogen hat. Weil er ihr immer und immer wieder genau die Lügen erzählt hat, die sie hören wollte. Und weil er sie immer wieder mit seiner gespielten Liebe in den siebten Himmel gevögelt hat ... Weil er genau wusste, wie man einen Menschen manipuliert und wie man ihn dumm vögelt...

Vorsätzlich und geplant hat er sie eiskalt bestohlen und sie brutalst vergewaltigt! Auf eine Art, die niemand beweisen kann. Am wenigsten sie selbst ... Jeden Morgen schlägt sie ihre Augen auf und denkt:

Du Drecksau!
Du dreckige Sau!
Du Drecksau!
Du dreckige Sau!
Du Drecksau!
Du Drecksau!
Du dreckige, abartige Drecksau!
Du Drecksau!
Du Drecksau!
Du Drecksau!
Du dreckige, dreckige, abartige Drecksau!
Du Drecksau!
Du dreckige Sau!
Du Drecksau!

Und das denkt sie ununterbrochen... jeden Tag. Sie kann nicht anders. Sie will es nicht denken ... aber es geht nicht. Den ganzen Tag... den ganzen Tag ... bis sie wieder schlafen geht... denkt sie nur: „Du dreckige Saufotze"!

Sie sagt: „Ein Leben ist das keines mehr… Eher ein lebendiger Tot… Ich wasche mich und wasche mich… aber sein Dreck klebt an mir und geht nicht mehr weg! Ich muss jeden Tag kotzen, wenn ich an die Stunden denke, in denen er mich gefickt hat! Und es dauert nicht mehr lange… dann hat er mich umgebracht… dann will ich sterben! Doch bevor ich sterbe, werde ich ihn besuchen! Diese dreckige Sau! Diese Saufotze!‟

Darum: Wehrt euch!

Gegen die Narzissten!

Und gegen die Soziopathen!

Heute ist Donnerstag, der 15. November

Kapitel 2: Die bösen Wörter:

Nun … Einige von euch sagen, dass man so manche Wörter in diesem Buch auch anders hätte abstimmen können. Sie sagen, dass man die Wörter nicht so grob und so böse und so brutal hätte wählen sollte. Aber ich sage euch: Wenn ihr etwas gegen Narzissten oder Soziopathen tun wollt, dann müsst ihr die Dinge beim Namen nennen! Ihr müsst sie so nennen, wie sie sind! Mit diesen Schweinen müsst ihr in ihrer eigenen Sprache reden, sonst verstehen sie euch nicht … Und damit jeder erkennt, was da mit dir passiert, wenn du in die Fänge von so einer Sau gerätst, habe ich hier versucht, die Dinge so zu sagen, wie die Narzissten und Soziopathen sie sagen! Ihr dürft nicht vergessen, dass solche Wesen keine Menschen sind! Narzissten und Soziopathen sind empathielos! All die Gefühle, die einen Menschen ausmachen, haben diese Wesen nicht! Wenn du also so ein Wesen einen „Menschen" nennen willst, dann könntest du genauso gut auch eine Kröte, eine Schlange oder eine Spinne einen „Menschen" nennen. Denn außer, dass Narzissten und Soziopathen anders aussehen als Spinnen und Schlangen ... ihre Gesinnung oder ihre Gefühlswelt ist dieselbe wie bei diesen Tieren! Wobei man sagen muss: Die Tiere unterliegen immer noch den Gesetzen der Natur... Der Narzisst/Soziopath hingegen weiß, dass es menschliche Verhaltensmuster, Gesetzte, Empathie und Nächstenliebe gibt... aber „er" verstößt gezielt, gewollt und geplant gegen all diese menschlichen Tugenden und nutzt sie im Gegenteil noch bei den anderen aus, nur um sich selbst zu befriedigen! Und dabei geht es ihm nicht nur um seinen nächsten Orgasmus! Nein! Er will Macht! Und vor allem treibt ihn eines: Seine Gier! Seine un-sag-bare Gier!

Ein Soziopath wird keinerlei Skrupel haben, ein Kind halb tot zu schlagen, es dann zehnmal zu vergewaltigen und es dann zu bei lebendigem Leib zu verbrennen, wenn du ihn das tun lässt! Gib einem Soziopathen die Macht, solche Dinge zu tun (zum Beispiel als KZ-Aufseher) und du wirst sehen, wozu solche Wesen fähig sind! Und du wirst auch sehen, dass solche Wesen sogar noch Freude daran haben, andere Menschen zu quälen! Ja ... Jeder, der einen Soziopathen überlebt hat, kann dir das bestätigen! ... Glaube mir: Es kann nur diese Sprache sein, mit der du mit solchen asozialen, bösartigen und skrupellosen Wesen sprechen kannst. Denn genau das ist „ihre" Sprache... Soziopathen „lieben" nicht! Sie „ficken"! ... Weil sie nicht wissen, was Liebe

ist. Sie können nicht „lieben" … Soziopathen „lieben" nicht …
sie „ficken" … und je härter und je abartiger und je dreckiger sie
ficken können, desto mehr gefällt es ihnen…

Ja, ja … Einige von euch monieren, dass ich Wörter wie „ficken"
benutze… Ich aber sage euch: Ein Narzisst und vor allem der
Soziopath vollzieht den Liebesakt nicht mit dir, weil er dich liebt
oder weil er dir etwas Gutes tun will. Nein … Er vollzieht den
Liebesakt mit dir, weil er sein Ziel erreichen will! Das ist alles. Er
fickt mit dir, um dein Geld zu bekommen! Er stößt dir praktisch
die Euros aus dem Leib oder reitet sie auf dir herunter! Und dazu
schläft er nicht mit dir… Nein… dazu „fickt" er dich. Es ist so
eine Art „verlogene Vergewaltigung", was diese Monster da mit
dir machen! Das sagt dir jeder, der mit so einem Tier zusammen
war! Frag einmal die Opfer!

So ein Monster spielt dir seine Liebe vor und lacht dich beim
Geschlechtsakt heimlich aus, weil es genau weiß, dass es sich an
deinen Körper kostenlos befriedigen kann und du Dummkopf
dabei auch noch an seine „Liebe" glaubst! Es benutzt dich wie
eine vollgewichste Blechbüchse und denkt sich dabei nur, dass es
bei dir zu einem kostenlosen Fick kommt, den es bei einer Hure
teuer bezahlen müsste. Ja: So! denkt ein Narzisst, wenn er dich
vögelt. Und nur „du" glaubst an seine Liebe … Und ja: Das geht
natürlich von Mann zu Frau … und vielleicht noch besser von
Frau zu Mann! Denn die Mädchen haben leichtes Spiel! Dreimal
gefickt und schon bin ich schwanger! Na? Geht dir ein Licht auf?

Die Soziopathin oder sagen wir hier geschlechtsübergreifend
einfach allgemein „der Soziopath" fickt dich einfach nur
deswegen, damit du blöd wirst und seine Lügen glaubst! Damit er
dich abzocken und für seine bösartigen Zwecke benutzen kann!
Damit er dir seine „Liebe" besser vorlügen und dir dein geld
stehlen kann! … Und dabei auch noch zu einem kostenlosen

Orgasmus kommt! … Nur deshalb geht er mit dir ins Bett! Das haben viele von denen, die mit so einem Wesen zusammen waren, erlebt, erkannt und bestätigt! Und wenn du es brauchst, um seine Lügen besser zu glauben, dann spreizt er seine Beine dreimal am Tag für dich oder bläst dir einen oder besteigt dich, sooft du es willst. Mit „Liebe" hat das nichts zu tun… auch wenn du es glaubst…

Dabei ist er keine Hure, die für jeden sexuellen Akt eine gewisse Summe an Geld nimmt! … Nein… „Er" will alles! Er will das Geld, das Auto und das Haus! „Er" setzt Sexualität als Werkzeug ein! Als Werkzeug, mit dem er dich manipulieren und dich führen kann und welches ihm dabei hilft, sich an dir sexuell zu befriedigen. Er f i c k t dich! Und anders kann man es nicht sagen!

Und ohne, dass du es merkst, benutzt der Soziopath nicht nur deine Kraft, dein Geld und deinen Geist, um sich ein gutes Leben zu gönnen. Nein! Er benutzt auch deinen Körper und dein Geschlechtsteil. Er benutzt deine Muschi oder deinen Schwanz, um seine Ziele zu erreichen und reich zu werden! Eiskalt und gefühllos. Dass er dich einfach nur benutzt und n i c h t „aus Liebe" mit dir schläft… das zeigt er dir natürlich nie! Nein… „Er" lügt dir sogar beim Sex noch seine „ach, so große Liebe" vor… Und „schläft" mit dir in dieser „großen, großen, Liebe" Arm in Arm ein…

Dabei zeigt er dir nie sein wahres Gesicht … Jedenfalls nicht, solange er dich benutzen will! Er spreizt seine Beine für jede Person, von der er etwas haben will. Er lässt sich gerne ficken. Für ein bisschen Geld, für ein bisschen Macht, für einen Vorteil, für einen Körper, den er mal im Bett haben will oder für ein ärztliches Attest, mit dem er seinen Widersacher in eine

Sanatorium schicken und seinen Vorteil durchsetzen und viel Geld gewinnen kann! Der Narzisst/Soziopath schläft nicht mit dir, weil er dich liebt. Nein… Er will sich im allerhöchsten Falle noch an dir befriedigen! Mehr bist du ihm nicht wert. Denn Narzissten und Soziopathen sind empathielos und e i s k a l t ! Sie haben keine Gefühle.

Und während du unter ihm stöhnst und den da über dir unsagbar liebst … überlegt „er" schon, wie er dein Konto plündern oder dich so manipulieren kann, dass du alles für ihn tust und ihm auch noch seine ausgefallensten und perversesten Sex - Gelüste erfüllst, oder ihm die Möbel in den dritten Stock schleppst… oder ihm eine sündhaft teure Couch oder ein Auto kaufst …

Gründe, warum ein Narzisst/Soziopath dir seinen Körper hinhält oder seine gespielte „Freundschaft/Liebe" schenkt, gibt es für solche Typen viele… Merke: Der Grundsatz lautet: Egal was du bekommst - Sex oder Liebesschwüre: Es muss immer alles für „ihn" dabei heraus springen! Und nicht für dich! Ein Narzisst/Soziopath vögelt niemals mit dir, wenn er nicht einen Vorteil davon hat! Du siehst also, dass sich der alte Spruch immer wieder bewahrheitet:

„Liebe macht blind".

Und genau das nutzen diese dreckigen Viecher aus. Sie spielen dir die „Liebe" vor… Und zwar so echt und so gut und so ehrlich wundervoll, dass du es glaubst! Der Narzisst/Soziopath muss einzig und allein dafür sorgen, dass du ihm vertraust! Das ist sein Ziel und dazu wird er dich von Anfang an belügen und dir „Sex" vorspielen. Immer und immer wieder. Ein Narzisst weiß, dass Sex seinen Partner gefügig macht und deshalb wird er ihn täglich für dich praktizieren. Er schläft mit dir, um dich zu bestehlen! Er schläft mit dir, damit du für ihn arbeitest oder er schläft mit dir, damit du für ihn den Diener machst!

Wenn es soweit ist, ist es schon zu spät. Da bist du schon tot. Davon weißt du aber noch nichts... Dabei hat dein dich „ach so sehr liebender" Narzisst/Soziopath das Datum deines Sterbens schon für dich festgelegt! Jemand, der so etwas schon einmal erlebt hat, der hat mir erzählt, dass ihm „sein Narzisst" hinterher lachend ins Gesicht gesagt hat: „Dass er das „Timing" für ihn „nicht besonders gut gewählt hatte..." Aha... Es gab also ein „Timing" für ihn...

An so einer dreckigen und unmenschlichen Aussage kann man die Kälte spüren, die solche Säue haben! Zuerst versprach der Soziopath die große Liebe, die Heirat und die ewige Freundschaft... Und in Wirklichkeit hatte sie schon Monate vorher das „Timing" für ihn ausgearbeitet. Ja, ja. Glaubt es nur! Es ist wahr! Solche Monster gibt es! Ein Narzisst oder Soziopath schläft mit dir und weiß ganz genau, dass er dich bald in den Selbstmord treiben wird... Mir wird schlecht, wenn ich an solche gefühlskalten Säue denke.

Also... Nennt die Dinge beim Namen. Und redet nicht drum herum. Sprecht mit diesen Typen so, wie sie es aus der Hölle gewohnt sind: Eine Sau ist eine Sau und wird immer eine Sau bleiben! Und ein Narzisst oder ein Soziopath schläft nicht mit dir! Er fickt dich bis er dich nicht mehr brauchen kann und wirft dich dann weg! Er wirft dich weg, wie eine vollgewichste Blechdose und schaut dann mit Genuss zu, wie du verreckst... Denn das gefällt ihm! Das ist sein wahres Gesicht! Ja... Es gefällt ihm, wenn du vor Schmerz und Qual nur noch schreist... dann schaut er dir zu und holt sich dabei einen runter. Und tritt dich mit seinen Stiefeln in die Seite, bis du halb verreckst! Und ja... es ist wahr: Nichts ist übertrieben oder gestellt. Und jeder, der von so einem Vieh angefallen und geschächtet wurde, kann dir das genauso bestätigen!

Deshalb zeigt mit dem Finger auf die hin, die euch so etwas angetan haben und erzählt jedem, dass ihr einen Narzissten erkannt habt, bevor er sich sein nächstes Opfer suchen kann! Macht sie bekannt, damit die nächsten Opfer vor ihnen gewarnt werden. Sagt offen, was sie euch angetan haben. Und geht vor allen Dingen von solchen „Personen" weg und meidet ihre Nähe! Wer jemals mit so einem (dieses Wort wurde vom Autor gelöscht) etwas zu tun hatte, der tut sich unheimlich schwer, so ein (dieses Wort wurde vom Autor gelöscht) „Mensch" zu nennen. Denn ein „Mensch" ist so ein (dieses Wort wurde vom Autor gelöscht) mit Sicherheit nicht. In unseren Augen ist ein Narzisst oder ein Soziopath ein (dieses Wort wurde vom Autor gelöscht), das keinerlei Gefühle hat!

Diese (dieses Wort wurde vom Autor gelöscht) gehören eigentlich nicht in eine menschliche Gesellschaft! Solche (dieses Wort wurde vom Autor gelöscht) gehören … und zwar alle!

Das sagen wir: J. I. BGirl91 Maxi Jäger Ham RenaTee HB SB FX Jan Keksi N Ü CeSter LauS Mi … Und noch viele andere mehr…

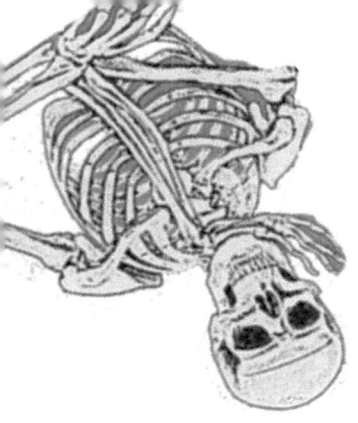

Verschiedene Wörter

Narzisst   Soziopath
Pädophiler Parasit   faules Schwein Lügner
Vergewaltiger Ficker Seelenmörder
Schwein Fotze Monster Sau Bitch
Hure Hurenbock Dieb Stecher Drecksau
Säue Schweine Kinderficker
Mörder Vieh
Saufotze!

Rittergedicht

Eine kleine Drecksau
Die hat sich nie gewehrt

Da traf sie einen Ritter
Mit seinem langen Schwert

Sie spreizte schnell die Beine
Der Ritter fand das fein

Und steckt in ihre Scheide
Sein langes Schwert hinein

Das machte sie dann täglich
Der Ritter wurde blind

Er fraß aus ihrer Hand
Als wäre er ein Kind

Doch dann hat sie genug gefressen
Die Beine zu gemacht

Der Ritter hat ganz dumm geschaut
Und sie hat nur gelacht

Da war der Ritter ganz entsetzt!
Ja, sah er plötzlich doch!

Sein ganzes, schönes Geld!
Das war da, in ihrem Loch!

Weil sie es schnell hat zu gezwickt
Da konnt er nicht mehr ran

Das hat sie schon einmal gemacht
Mit einem anderen Mann

Der Ritter war ganz traurig.
Und sprach: „Das ist nicht fein!"

Da zog er kühn sein Schwert
Und schlug der Sau den Schädel ein

Die Zusammenfassung

Kapitel 1: Wer schweigt, der stirbt!

Wenn du einem Narzissten oder einem Soziopathen auf den Leim gehst, wirst du an ihm zunächst nicht nur einen guten Kumpel haben, sondern einen richtig guten Freund finden, mit dem du Pferde stehlen kannst! Ja! - Dieses (dieses Wort wurden vom Autor gelöscht) wird sich dir gegenüber als Übermensch und guter Samariter darstellen und dir alles vorspielen und alles versprechen, was du brauchst, um blind zu werden! Du wirst es kaum glauben und für dich wird es wundervoll sein, so eine gute Freundin/Freund gefunden zu haben! … Er/Sie wird dir die gleichen Träume erzählen, die auch du träumst und wird dir sagen, dass er diese Träume (die er heimlich bei dir ausgelotet hat) mit dir erleben will! Somit wird er in deinen Augen zu einem „Über" - Menschen und zu einem „Über" - Freund aufsteigen, dem du vollkommen vertrauen wirst! Auch deswegen, weil er dir ständig Dinge sagt, wie: „Ich liebe dich! Ich liebe dich so wahr und ehrlich und so sehr! Ich würde jederzeit mein Leben für dich geben! Ich will, dass wir heiraten! Ich will deine Frau (Mann) werden und bis zu unserem Lebensende mit dir zusammen sein!" … Dabei wirst du leider nicht erkennen, dass der Soziopath dich nur deswegen ausgesucht hat, weil du ziemlich viel Geld hast oder einen schönen, langen Schwanz, den er unbedingt haben will …

Nun… Solche wirklich guten Freundschaften gibt es natürlich. Denke nur mal an das „alte Ehepaar", das sich noch immer liebt, oder an die „unzertrennlichen Freundinnen", die sich ein Leben lang treffen und immer wieder etwas zu reden und zu lachen haben … Ja … Solche ehrlichen und wahren Freundschaften gibt es. Und genau deswegen ist es auch so schwer, diese „falschen" und verlogenen Freundschaften am Anfang zu erkennen! Es ist fast unmöglich, denn: Narzissten und Soziopathen sind absolute Meister darin, dich einzuwickeln, dich anzulügen und dich zu verzaubern. Die spielen dir solange etwas vor, bis du glaubst, dass du im siebtem (Liebes-) Himmel bist und sie dann das von dir bekommen, was sie haben wollen: … Nämlich dein Geld! Und genau deswegen musst du gehen, bevor es zu spät ist! Steh auf und geh, wenn du glaubst, dass dein Gegenüber dich einwickeln oder manipulieren will!

Glaube mir: Der Schmerz, den du aushalten musst, wenn dich dein Soziopathen ausgebeutet, geschächtet und seelisch vergewaltigt hat, ist millionenfach stärker als der, der entsteht, wenn du von einer Person Abstand hältst, von der sich vielleicht später herausstellt, dass sie gar nicht so ist, wie du vermutet hast.

Sieh dir dazu auch die Videos im Internet an. Suche nach Begriffen wie: „Narzisst, Soziopath und Psychopath" und lerne, wie solche Monster dich einfangen, manipulieren, dich bestehlen und dich durch ihre Intrigen in den Selbstmord treiben! Schau dir an, was die Opfer sagen! Und denke daran, dass dies nur die „leichten Fälle" sind… Denn die „schweren Fälle" können nichts mehr sagen! Die sind alle tot! Die haben sich wegen so einem toxischen Schwein das Leben genommen! … Schau es dir an… Dort wird alles erklärt.

Mach es, weil es für dich und dein Leben wichtig ist! Ja… So beschämend das auch für unseren Planeten ist, aber: Es ist wirklich wichtig, über solche Typen Bescheid zu wissen! Dein Chef oder dein Freund oder ein Polizist oder ein Politiker könnten mal so einer sein und dann musst du ihn erkennen können! Sonst geht das für dich vielleicht gar nicht gut aus. Du musst vielleicht einmal mit so einem (diese Wörter wurden vom Autor gelöscht) zusammenleben oder zusammenarbeiten. Oder vielleicht musst du einmal eine Partei wählen, die z.B. behauptet, der Krieg wäre gut! Dann musst du in der Lage sein, einen Lügner zu erkennen und zu entscheiden, ob die da oben den Krieg nur wollen, weil sie damit Geld verdienen, oder ob dein Land wirklich in Gefahr ist …

Vielleicht bist du sogar der Soldat, den „die da oben" auf das „Feld der Ehre" schicken, wo du dann ihren Reichtum verteidigen und vermehren kannst? Und blind, wie du bist, tausende Kinder, Frauen und Männer in den Bauch schießt, so dass deren Blut nur so spritzt, weil „die da oben" dir gesagt haben, dass diese Menschen sowieso nichts wert sind, und man sie alle erschießen und „vernichten" darf, und du in deiner Dummheit diesen Scheißdreck auch noch glaubst …

Und nachdem du tausend Menschen erschossen hast, spürst du jetzt plötzlich, wie sie dich selber erschießen, so dass dein Bauch aufreißt und deine Gedärme rausquellen und sie vor dir in deinem Blut liegen und du nach deiner Mama schreist! Und du zwei Stunden lang jämmerlich für die Machtgeilheit und Geldgier eines anderen verreckst … Weil man nämlich „denen da drüben" genau das gleiche vorgelogen hat, wie dir … Nur dass „die" heute Mal die besseren Gewehre hatten und „dich" damit erwischt haben! …

Und morgen erwischt es vielleicht wieder die anderen. Bis Millionen von jungen Menschen bestialisch abgeschlachtet worden sind … Also deine Kinder … Ja, ja … Glaub's nur: Du, der dieses Buch gerade liest … Es werden d e i n e Kinder sein! Und alles nur dafür, dass drei oder vier Multimilliardäre um siebenundsiebzig Milliarden Dollar reicher werden …

Lass dich also niemals belügen! Lass dich nie manipulieren! Lerne, sie zu erkennen! Denn wenn du nicht weißt, was Soziopathen und Narzissten sind und wie sie vorgehen, ist es möglich, dass genau dir „das" auch passiert, was hier in diesem Buch beschreiben ist … Dann hast du vielleicht auch bald eine „Soziopathen – Freundin/Freund", die/der dich abzockt oder liegst auf dem „Feld der Ehre" (das eigentlich nur eine ganz normale Wiese ist, auf der man Menschen mit der Zustimmung von „Herrschern" nicht nur ermorden, sondern sie sogar brutalst abschlachten, lebendig verbrennen und zerfleischen darf! … Und deshalb diese Wiese auch „Schlacht – Feld" genannt wird …

Na? Klingelt´s?

Du liegst jetzt da und versuchst verzweifelt, dir deine Gedärme in deinen einundzwanzigjährigen Bauch zu stopfen, weil du ja noch ein bisschen Leben möchtest und die Hoffnung hast, dass dich der Sani dann doch noch einmal zusammenflicken könnte, was natürlich nicht funktionieren wird, weil du jetzt, in diesem Moment, so jämmerlich verrecken wirst, wie eine räudige Sau! …

(Nur nebenbei bemerkt: Soziopathen machen das sehr gerne mit dir! Dass sie dir sogar noch sagen, was mit dir passieren wird, wen du dich mit ihnen einlässt: Zum Beispiel ist ein „Schlacht" – Feld für sie ein Schlachtfeld! Dort wollen sie Menschen „schlachten!" … Du kannst ja gerne mal in einer Industriemetzgerei vorbeischauen und dort zusehen, wie „schlachten" so geht!… Aber nimm dir bitte eine Tüte mit! Da darfst du nämlich nicht auf den Boden kotzen! Die Hygienevorschriften sind dort einfach zu streng! - Einem Bekannten und Opfer einer der schlimmsten Soziopathinnen, die wir kennen, hat beim ersten Treffen mit ihm folgende Worte gesagt: „Lass dich nicht mit mir ein! Ich bin eine Hexe und ich kann dich verzaubern! Und dann musst du irgendwann an „Liebe" sterben!" … Er hat es als lustige Umschreibung aufgefasst! Vier Jahre später war er wegen dieser Frau vollkommen pleite und seelisch absolut zerstört! Sie hat ihn ausgenommen, wie eine Weihnachtsgans und dann weggeschmissen! Er hat damals zwei Selbstmordversuche gemacht!)

Oder du bist total am Ende und drückst siebenundsiebzig Schlaftabletten in ein Bierglas voll Wodka hinein, weil dich ein dreckiger Lügner brutalst vergewaltigt hat und dir alles gestohlen hat, was du jemals hattest! Ja! … Genau daran gehst du dann zugrunde! Genau daran!

An dieser Erniedrigung. An dieser Verlogenheit, an diesem Vertrauensbruch und an dieser Bestialität… Es ist ungefähr so, als ob der Teufel dich jeden Tag mit seinem glühenden Schwanz in den Mund fickt, und du nichts, aber auch schon gar nichts dagegen tun kannst! Wenn „er" sagt: Mach den Mund auf, ich will dich ficken! Dann musst du es tun! … Du musst dir alles von diesem Teufel gefallen lassen, obwohl er dir vorher schon alles genommen hat! … All diese Erniedrigungen! All diese dreckigen Sprüche und Spiele deines Soziopathen! Du musst alles über dich ergehen lassen und kannst nichts! dagegen tun! So ungefähr fühlt es sich an, wenn ein Soziopath dich schächtet, deine Seele vergewaltigt und seine Lügen über dich verbreitet!

Merke dir: Es gibt auf diesem Planeten keine gefährlicheren Kreaturen und keinen schlimmeren Parasiten, als einen Soziopathen! Der Teufel persönlich sitzt in der glühenden Hölle am Bett eines schlafenden Soziopathen und wenn der Soziopath wach wird und die Augen aufschlägt, dann sagt der Teufel zu ihm: „Guten Morgen, mein Meister! Was soll ich heute für dich tun?"

Und wenn du es nicht glaubst, dann frag Mal die Opfer … wenn du überhaupt noch Überlebende findest… Auch wenn du noch so ein lustiger Typ bist! Auch wenn du noch so wenig Geld hast oder und denkst, du kannst nie Opfer von so einem sein! Es kann jedem passieren, der nicht darauf vorbereitet ist und der diese Säue nicht kennt… Also informiere dich! Und sei vorsichtig:

Wenn du erst einmal auf einen Narzissten oder Soziopathen hereingefallen bist, wird sich dein Leben komplett umdrehen! Es wird sich absolut verändern! Wenn du es überhaupt überlebst!

Du wirst kein Geld mehr haben, sondern nur noch Schulden! Auch das Zeug, das du für dein Geld gekauft hast, gehört dir nicht mehr. Und du kannst nichts dagegen tun! Irgendwie hat er es so hingedreht, dass „er" alles hat … Und du nur Schulden, die du jetzt bezahlen musst! Vor dem Gesetz ist das alles ganz legal! Der Soziopath muss nur lügen! Dann klappt es! Du wirst keine Kraft mehr haben, keine Lust, keinen Antrieb, keinen Lebenswillen … und bestimmt wirst du psychologische Hilfe brauchen, um deinen Selbstmord abzuwenden. Darum: Beuge vor! Informiere dich darüber, welche Monster da draußen herumlaufen und wie du sie erkennen kannst! Die größte Dummheit der Menschen liegt immer darin, dass die Opfer von solchen (diese Wörter wurden vom Autor gelöscht) sich umbringen und dadurch nie etwas sagen können! Sie verkriechen sich und weinen und schweigen und ritzen sich die Haut auf, weil ihnen die Täter dieses Verhalten durch ihre ununterbrochenen Schuldzuweisungen immer wieder einreden. Und: Weil das Umfeld ihnen sowieso nicht glaubt, dass diese (nach außen hin) „so wundervollen Leute" in Wirklichkeit solche Schweine sind! Darum an alle Opfer: Tut das nicht! Schweigt nicht! Steht auf und sagt was los war! Und erkennt sie, bevor sie euch angreifen können! Das hier sind typische Sätze der Narzissten/Soziopathen!

Wenn du Leute kennst, die diese oder ähnliche Sätze öfter mal sagen, dann lauf um dein Leben:

- o „Mach doch kein Drama draus!" (Sei so wie ich! Sei gefühllos!)

- „Duuuu" bist doch an allem schuld!" (Schuldumkehr)

- „Was wird wohl dein Sohn/deine Tochter/deine Eltern usw. dazu sagen, wenn sie erfahren, dass „du" mitgemacht hast?" (Das ist die eiskalte Erpressung. Missbrauchte Kinder haben durch diese Manipulation keine Chance mehr…)

- „ICH" mache es, weil „ICH" es kann!" (Eigentlich „der" Satz, der Soziopathie erklärt – Wenn man drüber nachdenkt ist dieser Satz absolut egoistisch und menschenverachtend und soll dir sagen, dass man ein „Übermensch" ist, (ich benutze hier das Wort „Herren - Mensch" gezielt nicht, obwohl genau d a s die Leute sind, über die wir hier reden!) … Der Satz soll also sagen, dass solche Personen von sich denken, dass sie ein „Übermensch" oder „Herrenmensch" sind, der die anderen benutzen, ausbeuten und mit ihnen machen kann, was er will!)

- Oder: „Du bist doch der Böse und „ich" bin das Opfer!" (Täter - Opfer – Umkehr: Das ist ein typisches Verhalten von Narzissten und Soziopathen - Schon Wochen vorher wird das Umfeld sensibilisiert und der Lügner erzählt überall böse Geschichten über das Opfer. Er erzählt, dass er sich von dem Opfer trennen will, weil es ihn immer vergewaltigst oder zusammenschlägst und bereitet so den Diebstahl vor, den er an seinem Opfer begehen will! Wenn „du" dann von ihm bestohlen bist und die Wahrheit erzählst, wird niemand mehr da sein, der überhaupt noch mit dir reden will… oder dir glaubt! Dabei liegt der Beweis unumstößlich auf der Hand: Denn merke dir - Egal, was dein Narzisst oder Soziopath erzählt - Fakt ist immer: Das Opfer ist immer der, dem etwas unfreiwillig genommen wurde. Und der Täter ist immer der, der etwas gestohlen hat, was ihm vorher nicht gehört hat! Ganz einfach!

Und so kommt es dann auch, dass manche Leute, die vorher überhaupt nichts hatten, nach einer kurzen Ehe plötzlich ein Auto, teure Reisen, Sportgeräte, ein gefülltes Bankkonto, ein Haus, eine Wohnung, Möbel, Elektrogeräte, teure Klamotten usw. usw. usw. usw. usw. usw. usw. usw. usw. usw. usw. usw. usw. usw. usw. usw. usw. usw. usw. usw. usw. usw. usw. usw. usw. usw. usw. usw. usw. usw. usw. usw. usw. usw. usw. usw. usw. usw. usw. usw. usw. usw. usw. usw. usw. usw. usw. usw. usw. usw. usw. usw. usw. usw. ihr Eigen nennen, ohne dass sie jemals sehr viel dafür gearbeitet haben! Denn „arbeiten" … das haben sie einen anderen für sich machen lassen! (Das nennt man: Parasitärer Lebensstil!)

Na? Klingelts?

Mach dir mal selbst ein Bild darüber, wie so etwas geht: Oder kennst du vielleicht sogar so jemanden? Der plötzlich sehr reich geworden ist, und sich alles leisten kann … nur weil er einen Freund/Ehemann/Geschäftspartner hatte, der vorher reich war und jetzt zufällig arm ist? … Na?

Narzissten und Soziopathen kehren nach der Tat das komplette Bild um! Sie stellen sich selbst als das „große, arme Opfer" hin und dich, (das eigentliche Opfer), als den „Täter" dar. Dazu benutzen sie die Lügen! Sie lügen und lügen

und lügen und lügen und lügen und lügen und lügen und lügen
und lügen und lügen und lügen und lügen und lügen und lügen
und lügen und lügen und lügen und lügen und lügen und lügen
und lügen und lügen und lügen und lügen und lügen und lügen
und lügen und lügen und lügen und lügen und lügen und lügen
und lügen und lügen und lügen und lügen und lügen und lügen
und lügen und lügen und lügen und lügen und lügen und lügen
und lügen und lügen und lügen und lügen und lügen und lügen
und lügen und lügen und lügen und lügen und lügen und lügen
und lügen und lügen und lügen und lügen und lügen und lügen
und lügen und lügen und lügen und lügen und lügen und lügen
und lügen und lügen und lügen und lügen und lügen und lügen
und lügen und lügen und lügen und lügen und lügen und lügen
und lügen und lügen und lügen und lügen und lügen und lügen
und lügen und lügen und lügen und lügen und lügen und lügen
und lügen und lügen und lügen und lügen und lügen und lügen
und lügen und lügen und lügen und lügen und lügen und lügen
und lügen und lügen und lügen und lügen und lügen und lügen
und lügen und lügen und lügen und lügen und lügen und lügen
und lügen und lügen und lügen und lügen und lügen und lügen
und lügen und lügen und lügen und lügen und lügen und lügen

Und genau das ist „der" Grund dafür, warum sich manche Opfer
eine Kugel in den Kopf schießen, Tabletten nehmen oder sich
langsam tot saufen … Die Opfer können nämlich nichts
beweisen… weil der Soziopath vom ersten Tag des Zusammen-
lebens an (der Geschäftsbeziehung, Ehe usw…) gezielt und
vorsätzlich dafür gesorgt hat, dass er am Ende absahnt und alle
anderen glauben, das Opfer! wäre dann die Person, die lügt!!

Es war vom ersten Tag an sein P l a n, dich auszunehmen wie eine Weihnachtsgans! Selbst wenn nach der Trennung alle im Glauben sind: Der verletzte Liebhaber/Geschäftspartner usw. (also das Opfer des Soziopathen) sei so verletzt, dass er all die Lügen vom gestohlenen Haus (Geld, Auto, Eigentumswohnung usw...) erfindet, um den anderen Bloß zu stellen! ... Es stimmt nicht! Denn genau DAS hat der Soziopath von Anfang an so geplant! Und genau DAS erzählt er jetzt herum!

Ohne einen konkreten Beweis wirst du von den Sachen, die dir gehören, nichts mehr wieder bekommen. Das sagt dir jeder Rechtsanwalt. Dafür sorgt dein Narzisst oder Soziopath mit seinen Lügen, die er sogar eiskalt vor Gericht erzählt! In vielen Fällen läuft es ungefähr so, wie bei einer Frau, die dem Autor persönlich bekannt ist. Lies dazu die Geschichte: „Donnerstag, 15. November":

Zuerst wirst du ausgesucht. Dann wirst du eingewickelt, belogen und mit abnormalem Sex, Liebes - und Heiratsschwüren (im Geschäftsbereich vielleicht mit Gewinnversprechen) gefügig gemacht! Dann wirst du ausgehorcht, ausspioniert und es wird dein absolutes Vertrauen erlangt! In dieser Zeit bezahlst du schon alle Rechnungen, weil dein „Geschäftspartner / dein Freund / deine Freundin" gerade nicht „liquid" ist oder dir weinend erklärt, wie „arm" er ist! ... Dann wird man dir „helfen" wollen, indem man das, was der Soziopath von dir stehlen will, immer weiter von dir „entfernt"! Also zum Beispiel dein Geld!

Man wird dir vorlügen, dass es besser ist, wenn du „das und das" „so und so" machst, und du wirst es glauben! Weil ja alles ganz logisch ist! Und du vollstes Vertrauen hast! Und so wird man zum Beispiel ein „gemeinsames Schließfach" eröffnen, in dem man „dein Geld" hineinlegt! Der H a u p t i n h a b e r des

Schließfaches wird aber dein „Partner" sein! Das wird er dir so suggerieren! Wegen der scheidung und so … Oder wegen steuerlichen Gründen zum Beispiel!

Dass aber „er", als Hauptinhaber des Schließfaches, das Recht hat, dich mit einem einzigen Anruf als „Mitinhaber des Schließfaches" auszuschalten und du somit nie wieder! an das Schließfach und an dein Geld kommst, verstehst du erst, wenn dein so „ehrlicher Geschäftspartner/Ehemann-/frau" diesen Anruf dann wirklich macht! Du darfst dann einfach nicht mehr an dein Schließfach ran! Die Bank verbietet dir das! Auch wenn du tausendmal sagst, dass dort unten im Schließfach etwa 100 000 Euro liegen, die dir gehören! Und du kannst noch so sehr erklären, dass das d e i n Geld ist und dass es dein ganzes Vermögen ist … Der einzige, der jetzt noch Zugang zu dem Schließfach hat, ist nämlich dein ehemaliger Partner!

Und was glaubst du nun, wie viele Leute am Friedhof liegen oder in Sanatorien sitzen, weil ein anderer genau diesen Anruf gemacht hat!? Na? Wie? … Du sagst: Es gibt keine Menschen, die so etwas Abscheuliches und Dreckiges tun könnten? … Nun … Das stimmt! Du hast vollkommen Recht! Solche Menschen gibt es nicht! Aber jemand der so etwas Dreckiges tut … der ist ja auch kein Mensch!

Klingelt´s?

Und wenn du nicht so richtig willst, dann wird man bei dir mit süßen Versprechen, mit eiskalten Lügen, mit supergeilem Sex und Liebesschwüren so lange nachhelfen, bis du es tust! Wenn der andere dann Zugriff auf das hat, was er will, wirft er dich (dein „Freund /Geschäftspartner", der dir Ehrlichkeit, Korrektheit, Liebe oder Freundschaft oder Heirat oder sonst was geschworen hat), innerhalb von Minuten raus und behält dein komplettes

Eigentum! Er gibt dir nichts von dem, was dir gehört, heraus. Er behält dein komplettes Vermögen und sperrt hinter dir die Türe zu, so dass du nicht mehr an das, was dir gehört, ran kommst!
Er redet kein einziges Wort mehr mit dir. Er beantwortet keine Frage! Über ein „warum" antwortet er immer nur mit einem kurzen, sarkastischen und zynischen Satz, der dir sagen soll, dass du ein Arschloch bist und für „ihn", (den „Herren"), wertlos geworden bist und er dich deswegen wegwirft! Wie zum Beispiel: "Geld? Welches Geld? Mach doch kein Drama draus und genieße doch deinen Garten!" …. Oder: „Was hast du? Das Auto bezahlt? Die Couch? Die Wohnung? Das Auto meiner Tochter? Hä, Hä! … Dann beweise es!"

Solche Sätze und dieses Verhalten dir gegenüber sind dann schon wieder eine Manipulation, die dich voller Wut machen sollen, damit du einen Fehler begehst und etwas gegen den Soziopathen tust, schreibst oder sagst, dass „er" dann wieder gegen dich verwenden kann! Und du? Du merkst gar nicht, dass du schon wieder „geführt" wirst und dein Soziopath nur darauf wartet, dass du etwas Dummes tust, was er dann benutzen kann! … Du bist total überfordert und fertig mit dir selbst und mit deinen Nerven. Du verstehst überhaupt nicht, was los ist und warum dich der, der dir gestern noch die absolute Ehrlichkeit geschworen hat, oder der mit dir die halbe Nacht in absoluter Liebe gevögelt und gefickt hat und der immer so absolut korrekt war … jetzt so ganz anders ist? Sich innerhalb von Minuten so absolut kalt und berechnend verändert hat? So quälend und bestialisch Böse! Du hast ihm nie! etwas getan! Nie! Du warst immer korrekt und hast ihm immer geholfen! Warst immer für ihn da! Aus jeder Scheiße hast du ihn rausgeholt und ihr zwei ward doch so ein tolles Team…

Du bist total fertig, weil du jetzt ganz langsam realisierst, dass du nicht mehr an dein Eigentum rankommst … weil alles noch bei „ihm" ist … und du realisierst, dass du auch nicht mehr an dein Geld rankommst … weil das jetzt auch das bei „ihm" ist! … Und du kapierst, dass „er" es ist, der dir das alles freiwillig zurückgeben müsste … und zwar genauso, wie „er" es dir immer und immer und immer wieder versprochen hat, als du den Fahrzeugschein des sündhaft teuren Autos auf seinen Namen hast schreiben lassen … und du verstehst überhaupt nicht, dass „er" das jetzt nicht tut, weil er doch immer so korrekt war und … ihr ihr ward doch so gute Geschäftspartner (oder ihr habt euch doch so sehr geliebt)! … Und „er" hat dir doch immer gesagt, dass ein einziges Wort von dir genügt, und du bekommst dein Eigentum und dein Geld natürlich sofort wieder ausgehändigt …

Und wenn du über das alles nachdenkst, dann kommt erst die richtige Bombe:

Der Soziopath (der gestern noch die halbe Nacht mit dir gevögelt und dir seine absolute Liebe und die Heirat geschworen hat – Sorry – aber als ich diese Geschichte von einem Opfer gehört habe, dass sein Soziopath das mit ihm gemacht hat … da musste ich so kotzen, und ich kann nicht anders, als dass ich dieses unmenschliche Verhalten immer wieder erwähnen muss!) nimmt jetzt die Fehler, die er dir durch seine Sprüche und seine Provokation entlockt hat, dringt damit in dein persönliches Umfeld ein und macht dich bei deinen besten Freunden, Bekannten und bis hin zu deiner Familie so schlecht, dass sich alle von dir abwenden und du als Monster dastehst! Er sagt zu allen: „Da schaut mal her, was „der" zu mir gesagt (oder gepostet) hat! Und ja… Und auch das hat der Kriminelle vorher schon geplant! Denn genau das ist für den Täter sehr wichtig! Weil er dich dann da hat, wo er dich haben will: Nämlich am

Rande des Selbstmordes! Und: Es wird dir keiner mehr ein Wort glauben!

Weil dir dann keiner mehr glaubt, kann „er" von den Verbrechen, die „er" begangen hat, ablenken. Er behauptet jetzt ganz locker, du würdest Lügen über ihn verbreiten! (Das ist die Standartaussage eines Soziopathen: „Die „anderen" erzählen ja alle immer Lügen immer über mich!" – warum wohl?) … Und er hofft, und das wäre natürlich auch sein Plan, dass du dich dann umbringen wirst, weil damit all seine Probleme gelöst wären und du nie wieder jemand die Wahrheit erzählen könntest! Weil du ja tot bist!

„Du", als Opfer, bist dann soweit, dass du dich erschießen willst! Du siehst keinen anderen Ausweg mehr … Alles ist weg! Innerhalb von zwei Stunden hat sich dein Leben total verändert! Du hattest ein Auto, eine Wohnung und Geld! Jetzt hast du nichts mehr! Du weißt auch nicht wohin, wovon du Leben sollst oder was du anziehen kannst! Du kommst an deine Sachen nicht mehr ran! Du bist total ruiniert! Innerhalb von zwei Stunden stürzt man dich vom Himmel in die Hölle! Du bist überhaupt nicht darauf vorbereitet, weil der Soziopath dich vor zwei Stunden noch total geliebt hat! Es ist unglaublich, aber du wirst von deinem Soziopathen eiskalt und absolut unvorbereitet und innerhalb von Minuten beim Frühstück geschächtet und von einem „Ich liebe dich so sehr" zu einem: „Hau ab! Los! Raus! Raus! Raus! Los! Raus! Raus! Oder ich hole die Polizei!" geführt! Es gibt dafür keinen Grund! Keinen einzigen Grund! Und bis du überhaupt kapierst, was los ist, schlägt hinter dir die Türe zu und wird zweimal abgesperrt…

Du fängst an, zu verstehen, dass jetzt alles, was du jemals hattest, in den Händen des anderen ist. Und noch dazu wirst du von all den Menschen, denen du jahrelang geholfen hast, und die deine Freunde waren, angefeindet und bespuckt, weil „dein Soziopath" schon vor Wochen verbreitet hat, dass „du" ein Monster bist und ihn nur schlägst… Deine besten Freunde und deine eigene Familie sagen dann zu dir (ohne nachzufragen und ohne zu denken natürlich!): „Man hat uns schon erzählt, was du für eine Drecksau bist! … Los! Hau ab! Und komm nie wieder!" … Und all das, obwohl du niemals jemanden etwas getan hast und wirklich immer nur ein guter Mensch warst! … Und das packst du nicht!

Dass solche Intrigen nicht jeder überlebt, oder das so ein Opfer in einem Sanatorium endet oder auf der Straße landet oder sich tot säuft … das kann man sich jetzt wohl gut vorstellen, oder? Während der, der dir das angetan hat, eine Reise nach der anderen macht und dir auch noch Fotos davon schickt! Übrigens mit einem Smiley drauf, unter dem dann steht: „Mit deinem Geld! Kein Sekt! Champagner! Ich kann's mir leisten! ;-)"

Kapitel 2: Schweigen hilft nur den Tätern:

Ja… Es ist ein großer Fehler der Menschheit: Dass keiner aufsteht und sagt: „Seht hin! Das ist ein Narzisst! Dieser (hier kannst du selbst das Wort einfügen, das dir gefällt) hat das und das mit mir gemacht!" … „Und der da! Das ist ein Soziopath! Diese (hier kannst du selbst das Wort einfügen, das dir gefällt) hat das und das mit mir gemacht!"… Und der da! Das ist ein Psychopath! Diese (hier kannst du selbst das Wort einfügen, das dir gefällt) hat das und das mit mir gemacht und mich vergewaltigt!" …

Es ist ein Fehler der Menschheit, dass keiner aufsteht und sagt: „DER hat sich an mich ran gemacht! DER hat mich benutzt und DER mich bestohlen! Und ich weiß, dass DER das auch schon mit anderen Menschen vor mir gemacht hat! Dafür habe ich Beweise!"

Und ja... Es ist ein großer Fehler der Menschheit, dass es keine Gesetzte gibt, mit denen man solche bösartigen Wesen zur Rechenschaft ziehen kann! Es ist ein Fehler, dass Narzissten und Soziopathen stehlen, morden und vergewaltigen dürfen, ohne dafür behelligt zu werden.

Warum Morden? Ganz einfach: Der Narzisst/Soziopath wird für den „Selbstmord" eines anderen nicht verurteilt werden, obwohl „er" ihn zu hundert Prozent ausgelöst und manchmal sogar vorsätzlich geplant und herbeigeführt hat! ... Und dieser Typ weiß das! ... Und genau deswegen macht er dass auch genauso, wie er es macht!

Vergewaltigen: Wenn du mit jemanden zusammen bist, der dich vom ersten Tag an belügt und betrügt, um dich auszunehmen und dir dein Geld zu stehlen, oder der dich dazu benutzt, dass du für ihn arbeitest und für ihn den Haushalt machst und der dich dann jeden Abend auf eine perverseste Art und Weise zusammenficken wird... Der dich, vom ersten Tage an geplant, nicht liebt und dich, wenn du ihm überdrüssig bist, auf die Straße wirft ... Ist Sex mit so einem dann eine Vergewaltigung? Na?

(Geht übrigens auch von Frau zu Mann! Der weiß nämlich in dem Moment auch nicht, dass „die" nur mit ihm fickt, weil sie sein Geld will!)

Und frag mal die Opfer! Die kotzen dir vor die Füße, wenn sie nur an den Sex mit diesem Vieh denken müssen! Den Dreck von so einem Monster bringst du nie mehr los! Du kannst waschen wie du willst! Dieser asoziale Kotzschleim von diesem Vieh... der klebt ein Leben lang an dir! ... Du kannst mit keinem anderen Menschen mehr schlafen oder ihn küssen, weil du sofort anfängst, zu kotzen! Also: Vergewaltigung ja oder nein? Anders gefragt: Hättest du mit „dem" geschlafen, wenn du gewusst hättest, dass „der" schon vom ersten Kennenlernen an geplant hat, dir alles zu stehlen? Und das er nur deswegen mit dir fickt, weil er dich ausnehmen will?

Es gibt ja auch eine Art der Seelenvergewaltigung! - Hättest du mit „dem" geschlafen, wenn du gewusst hättest, dass „der" vom ersten Tag an auf dich scheißt, auf dich pisst, dir nochmal so richtig in die Seite tritt, wenn du eh schon am Boden liegst und nicht mehr kannst? Dich vom ersten Tag an belügt und dich irgendwann wegwerfen wird, als wärst du seine persönliche „Wichsunterlage"? Die er jetzt nicht mehr braucht, weil er eine neue Wichsunterlage hat, die er jetzt noch mehr ausbeuten kann? Wohl kaum…

Bedenke: „Er", dein Narzisst/Soziopath tut das gerne mit dir! Er ist geil auf sowas! Er vögelt dich, ohne mit der Wimper zu zucken, obwohl er ganz genau weiß, dass er dich morgen fast ermorden wird! Wenn du es nicht glaubst, dann sprich mit den Opfern … „Sie" fühlen sich nämlich vergewaltigt! Und zwar auf die brutalste und dreckigste Art und Weise, die es gibt!

Und natürlich gibt es auch hier keine Gesetzte, die man anwenden könnte! Man muss diese dreckige Vergewaltigung ein Leben lang hinnehmen und jeden Tag dreimal darüber kotzen… Mehr kannst du nicht tun! Und das wirklich ein Leben lang …

Wir sagen: Es ist ein Fehler, dass Narzissten und Soziopathen Lügen über dich verbreiten dürfen, ohne dass sie vor Gericht dafür verurteilt werden!

Wir sagen: Es ist ein Fehler, dass Narzissten und Soziopathen Gesetzteslücken anwenden dürfen, um dich zu bestehlen!

Wir sagen: Es ist der größte Fehler der Menschheit, dass Narzissten und Soziopathen nicht dafür bestraft werden, Menschen zu manipulieren und sie einzuwickeln und dadurch ihre kriminellen Straftaten zu „legalisieren"!

Darum an alle Opfer: Steht endlich auf und sagt was! Fangt endlich an zu denken! Klagt sie an! Auch wenn „dein Fall" schon so lange her ist. Und er vor dem Gesetz verjährt ist. Wenn es die Wahrheit ist, dann erzähle sie! Erzähle sie jedem! Und gerade dann, wenn der Täter euch suggeriert hat, dass ihr „selber" schuld seid! Macht diesen Dreckschweinen die Hölle heiß! Klagt sie an und zieht diese Leute zur Rechenschaft! Zeigt laut mit dem Finger auf sie hin und sagt laut und deutlich, was war! Geht zur Polizei! Jetzt! Schreit es ihnen öffentlich ins Gesicht hinein, was sie euch angetan haben! Denn das ist das, was sie am wenigsten erwarten! Das jemand aufsteht und was sagt! … Und dir? Dir kann es doch egal sein! Du bist eh nur noch ein lebender Toter… Und das mit Verlaub … das hat „der" aus dir gemacht! …

Narzissten und Soziopathen erwarten es nicht, dass einer mal was sagt! Sie erwarten nicht, dass die Opfer aufwachen und sich wehren! Also wehrt euch! Steht auf! Und denkt daran: „Die" sind eiskalt zu euch! Also seid ihr genauso eiskalt zu ihnen! Haut sie in die Pfanne, wo immer ihr sie findet, diese überheblichen Schweine! Eine einzige Zeugenaussage genügt … um so einen Verbrecher daran zu hindern, dass er das, was er mit dir gemacht hat, auch mit seinem nächsten Opfer tun kann! Darum: Steht auf und sagt, was los war! Und ja, es stimmt! … Leider geht das nicht immer…

Wenn dir dein Narzisst dein Geld gestohlen hat, zum Beispiel… oder dich vergewaltigt hat … dann braucht der Narzisst oder Soziopath nur vor allen Leuten vorsätzlich und sehr laut zu lügen… Und schon ist er aus dem Schneider. Eine einzige Lüge wird ihm dein Vermögen schenken!

Er könnte zum Beispiel behaupten: „Mein Ex Geschäftspartner /Freund/Freundin hat mir seine Firmenanteile und das ganze Geld und die Immobilien und die Einrichtungen und die Autos und die Geräte, und, und, und, … ja geschenkt! … Ja, ja! … Per Handschlag! Er hat mir alles geschenkt! Und da war niemand dabei…! Das hat niemand gesehen! … Aber es ist wahr! Er hat mir alles geschenkt! Das schwöre ich!"… Und schon steht Aussage gegen Aussage! (Ja, du hast schon richtig gelesen – Es geht wirklich sehr oft um richtig viel, viel, viel Geld!)

Jeder wird jetzt wissen, dass der Soziopathen lügt! … Selbst der Richter wird erkennen, dass es Lügen sind! … Aber niemand kann etwas dagegen tun! „Aussage gegen Aussage" bedeutet, dass er nicht verurteilt werden kann! Ganz einfach! Und genau das! weiß er! Er weiß, dass es ohne einen wirklichen Beweis nicht geht! Und stell dir nur vor: Nicht einmal sechzig Bankauszüge, auf denen klipp und klar steht, wie viel wer wem wann überwiesen hat, zählen als Beweis! … Du hast alles verloren, dieses (das Wort wurde vom Autor gelöscht) hat dein Leben zerstört, dein komplettes Umfeld wurde gegen dich umgedreht und mit Lügen gegen dich ausgerichtet… und du kannst nichts dagegen tun … Außer hassen! Ein Leben lang hassen!

Ach ja - Die Vergewaltigung: Natürlich kann dein Vergewaltiger (wenn es überhaupt so eine Art der Beziehung zwischen euch gab, was sehr oft bei den Beutezügen der Soziopathen der Fall ist) auch behaupten: „Die/der wollte es doch selber, dass wir miteinander so brutal gevögelt haben! … Und schon ist deine Vergewaltigung hinfällig! … Ja … Diese Viecher wissen das! Und sie benutzen unsere Gesetzte, die uns eigentlich schützen sollen, dazu, ihre kriminellen Taten zu verdecken …

Darum schütze dich! Und erkenne diese Wesen, bevor es zu spät ist! Ein Soziopath ist ein Parasit! Nicht mehr und nicht weniger! Einer der nicht arbeitet und dem anderen alles nimmt, damit er was hat! Er ist ein Lügner und eine eiskalte Killermaschine, die sich hinter dem Deckmantel des „guten Menschen" versteckt … frag mal die Opfer.

Kapitel 3: Nun… das war's!

Das war jetzt mal ein Buch über Soziopathen, Narzissten, Psychos und empathielose Wesen… Und ganz zum Schluss und exklusiv für euch, schreibe ich euch auf, was ich sehr schmerzhaft und enttäuschend aus all den Gesprächen mit den Opfern und sogar (ganz exklusiv für euch) in den Gesprächen mit einer meisterhaften, narzisstischen Soziopathin gelernt habe. Nämlich:

FÜR DIE SEELE GIBT ES KEINE HEILUNG

Ja… Für die Seele gibt es keine Heilung!

Einmal kaputt gemacht, bleibt sie für immer kaputt. Man kann sie nicht heilen. Man kann dir nur zeigen, wie du mit diesen Schmerzen umgehen kannst. Das ist alles. Mehr ist nicht möglich. Die Schmerzen bleiben. Sowie der blanke Hass. Ein Leben lang.

Darum:

Vertraue niemals!

Sag niemals offen, was du denkst!

Sprich mit keinem!

Wenn dich jemand anspricht, dann schweige und geh weg!

Lass nie jemanden wissen, was du tust!

Und erzähle nie jemanden, was du denkst oder fühlst!

Gib nie jemand die Hand und baue niemals eine Freundschaft oder eine Beziehung auf!

Wenn dich Menschen ansprechen, die sich als „deine Familie" ausgeben und dich gleichzeitig fragen, ob du etwas für sie bezahlen oder arbeiten kannst, dann dreh dich um und geh weg!

Rede nicht mit ihnen!

Und … Vermeide es, zu lieben!

Glaube niemals an ein Versprechen und glaube niemals jemanden, der dir etwas verspricht!

Nicht einmal deinem Vater oder deiner Mutter, geschweige denn einem Menschen, den du nicht länger als zehn Jahre kennst!

Tu nie etwas für einen anderen Menschen selbstlos und wahrhaftig, nur weil er dir verspricht, dass du ihm vertrauen kannst und dass er ewig „dein Freund" bleiben und für immer zu dir stehen wird!

Prüfe jeden, der dir sagt, er wäre dein Freund und der dich im gleichen Atemzug fragt, ob du Geld für ihn hast!

Wenn dir jemand dreimal sagt „Ich liebe dich"… Dann drehe dich um und geh!

Wenn du selbst jemanden sagen willst, dass du ihn liebst, dann sage es nicht!

Sage diese drei Worte niemals in deinem Leben!

Sage niemals: „Ich liebe dich!"

Tue das für immer:

Liebe niemals!
Vertraue niemals!
Und glaube niemals einem anderen!
Befolge diese Regeln und du wirst vielleicht ein Leben lang einsam sein … Aber du wirst auch niemals das Opfer deiner Tugenden werden! Einen anderen Schutz sehen wir nicht! Leider sind diese (diese Wörter wurden vom Autor gelöscht) in ihrer Gier und in ihrer Geilheit viel zu gerissen, als dass du sie von Anfang an erkennen könntest!

Und du? Du dreckiger Soziopath? Ja … Ließ es nur … Du (diese Wörter wurden vom Autor gelöscht) … Das ist das, was du und deine teuflische Brut uns angetan hast … DU hast Menschen zerstört, DU hast sie ermordet! DU hast sie auf dem Gewissen oder ihre Seelen für immer ruiniert! DU hast sie bestohlen, belogen, betrogen, teuflische Intrigen und Lügen erfunden und gegen sie ausgeübt, Kriege ausgelöst, ganze Völker vernichtet oder eingesperrt, Menschen tot gefickt, Kinder tot ficken lassen und dabei auch noch zugesehen! Wegen deiner unermesslichen Gier hast du sogar deine eigenen Kinder und dein eigenes Volk geschächtet, gefickt, belogen und betrogen! Ja, lies es nur! Wir meinen genau dich! Du Narzisst und Soziopath! Krieche in das Loch, aus dem du gekommen bist und lass die Menschheit endlich in Ruhe! Ihr dreckigen, schmierigen Monster! Ihr Narzissten, Soziopathen und ihr toxisches Gewürm…

Und ihr anderen, merkt euch: Mit dem Teufel kannst du nicht verhandeln! Ein Soziopath wird dir niemals wirklich zuhören! Ein Soziopath wird niemals ein ehrliches Gespräch mit dir suchen oder dir eine ehrliche Antwort geben! Und er wird niemals den Frieden wollen!

Alles, was er will ist: Mehr! Mehr! Mehr! Mehr! Mehr! Mehr! Mehr! Mehr! Mehr! Mehr! Mehr! Mehr! Mehr! Mehr! Immer mehr und mehr und mehr und mehr und mehr! Er will mehr Geilheit! Mehr Sex! Macht! Geld! Jemanden quälen! Jemanden ficken und vergewaltigen! … Du wirst niemals die Wahrheit von so einer (dieses Wort wurde vom Autor gelöscht) hören! Und du wirst niemals Frieden vor ihr haben! Es gibt nur drei Möglichkeiten, die du nutzen kannst, wenn du mit einem Soziopathen zu tun hast:

Entweder du erkennst ihn und läufst weg …
Oder du vernichtest ihn…
Oder „er" vernichtet dich …

Viel Glück…

Den Frieden auf dieser Erde gibt es erst dann, wenn der letzte Soziopath gestorben ist! Das ist unsere Meinung!

Die Kinder von Larkfield

„Larkfield" ist ein schlimmer Ort
Der Teufel trägt den Frieden fort
Er fraß seine Brut und gierte sich
Belog sie alle sicherlich

Er hat euch immer schön getan
Er hat vor euch geschworen
Auf Knien bat er euch heran
Und weinte jämmerlich in eure Ohren

Doch in der gleichen Stund, als man euch alls versprach
Hat er euch nur belogen
Sie scheißt auf euch und dachte sich
Hat sich vor Lachen über euch nur so gebogen

Keine Stunde hielt´s! Dann hurt es los
Im Bett mit einem Schweine
Das Kind sah zu, bei jedem Stoß
Ihr wisst schon, was ich meine

Ein andres öffnet einen Schrank
Darin des Mannes kalter Samen
Lüge und Zerstörung
Das sind des Teufels Namen

Der Teufel weinte jammervoll
Da habt ihr ihm vergeben
Doch er scheißt auf euch und lügt euch voll
Und nimmt schon wieder euer Leben

Anmerkung:

Die Geschichten und Erzählungen, die Sie hier lesen, sind frei erfunden. Sie sind animiert von Berichten, welche Opfer von Narzissten und Soziopathen mir persönlich erzählt haben, oder wie ich sie im Internet oder in der Zeitung gelesen habe. Von diesen Berichten wurden Teile genommen, um Geschichten zu erzählen, wie sie täglich passieren und wie sie täglich in der Zeitung stehen. Alle Ähnlichkeiten mit lebenden Personen sind rein zufällig.

Die Geschichten und Erzählungen sollen aufklären und ein mögliches Opfer vor den Angriffen eines Narzissten oder Soziopathen schützen. Das ist das Ziel dieses Buches.
Es will aufklären.

Ende

DIE LIEBE IST EIN GELBER PFEIL DER NACH WESTEN ZEIGT

Das Buch über den Jakobsweg

Franz Hirmer

388 Seiten
ISBN-13: 9783754349922
Verlag: Books on Demand
Sprache: Deutsch / Mit vielen Bildern

Aus einer Kundenrezession:

Dieses Buch vom Camino in Spanien hat mich so oft berührt, manchmal durfte ich sogar weinen. Habe mitgefühlt, mitgezittert, mitgelitten, gestaunt, die Natur vor mir gesehen, mich mit Francisco gefreut wie ein Kind und war mit jedem einzelnen Wort ganz nah dabei, auf diesem Jakobs-Lebens-Weg. Ich ziehe meinen Hut vor dem Autor! Danke!
Eine Leserin aus Österreich

GEDICHTE DIE EIN ESEL SCHRIEB

oder

THE GLORY DAYS OF LARKFIELD

Franz Hirmer

118 Seiten

ISBN-13: 978 - 3756224692

Verlag: Bocks on Demand

Sprache: Deutsch

Aus einer Kundenrezension:

Supersüßes Cover. Lustig. Eindringlich. Lesenswert.
Das ideale Geschenk! Der Hingucker im Zugabteil oder auf dem
Wohnzimmertisch. Super süß gestaltet. Lesenswerte Gedichte. Die letzten sind
schwarz bis dunkelgrau. Ich würde es jederzeit wieder kaufen…

! NEU !

DAS KLEINE BUCH DER GROSSEN FOLTER

oder

EIN SCHAUDERHAFTES BUCH ÜBER SCHAUDERHAFTE
MENSCHEN DIE SCHAUDERHAFTE DINGE TATEN

Franz Hirmer
252 Seiten
ISBN - 9783758339967
Verlag: Books on Demand

! NEU !

DIE TOXISCHEN

oder
ÜBER NARZISSTEN, SOZIOPATHEN
UND TOXISCHE PERSONEN

Franz Hirmer
218 Seiten
ISBN - 9783842367883
Verlag: Books on Demand